Silke Wehmann

Hawaii, Hula und ein Humuhumunukunukuapua'a

Das Abenteuer meines Lebens

D1727325

TELESCOPE VERLAG

Impressum

1. Auflage: August 2021
© Telescope Verlag
www.telescope-verlag.de

Layout und Fotos Buchcover und Klappentext: Silke Wehmann
Zeichnung Seite 5: Silke Wehmann (Karte Hawaii)
Zeichnung Seite 3: Thomas Anton (Schildkröte)

ISBN: 978-3-95915-084-2
Preis: 14,90 Euro

Für meinen Mann & meinen Sohn.
In unendlich großer Liebe.
Me ke aloha pau 'ole.

Inhaltsverzeichnis

Prolog

Heute ist der 28. März 2020. Unser Planet Erde befindet sich in Schräglage. Das Coronavirus hinterlässt seit Monaten eine Spur der Verwüstung im Leben der gesamten Menschheit. Das Virus richtet furchtbares Leid an. Stürzt die Menschen in tiefe Trauer, Verzweiflung und Entsetzen. Es ist verantwortlich dafür, dass Menschen unmenschliche Entscheidungen treffen müssen. Fieberhaft suchen Experten weltweit nach Lösungen auf allen Gebieten und für alle Lebensbereiche. Die Weltwirtschaft steht vor dem Abgrund, Aktienmärkte befinden sich im ungebremst freien Fall, und das schlimmste aller Szenarien ist eingetreten. Das Coronavirus, nur 120 Nanometer klein, hat mehr als 600.000 Menschen teilweise schwer erkranken lassen und tötete bisher über 30.000 Erdenbewohner. Stand 28. März 2020.

Ich arbeite seit nunmehr sieben Monaten an meinem Buch und habe soeben die letzten Zeilen niedergeschrieben. Ich bin mir nicht sicher, ob ich in dieser schweren Zeit, in der so viel Kummer und Sorgen den Alltag der Menschen beherrschen, dieses Buch zur Veröffentlichung anbieten soll. Denn schließlich schwärme ich darin von einem sagenhaft schönen Urlaub. Schwärmereien und Urlaubsberichte sind jedoch nicht hilfreich, wenn es um die Bekämpfung eines todbringenden Virus geht. Ich denke mir jedoch, vielleicht können meine Zeilen in dieser harten und von Schrecken gezeichneten Zeit einigen Menschen ein wenig Zerstreuung bringen. Einen Moment der Aussicht auf etwas Schönes oder Interessantes schenken oder vielleicht sogar die Hoffnung auf eine positive Zukunft, wie auch immer diese für uns alle aussehen mag. Ich denke an all die bis zur Erschöpfung arbeitenden Menschen der medizinischen und pflegerischen Berufe, die mit aller Entschlossenheit, mutig und aufopfernd und auch ihre eigene Gesundheit gefährdend, um das Leben und die Genesung ihrer Patienten kämpfen. An die Wissenschaftler, die unermüdlich und unter Hochdruck all ihre Kräfte darauf konzentrieren, einen Impfstoff oder ein anderes Gegenmittel zu finden, um das Virus auszuschalten. An alle Berufszweige, die momentan mehr als hart schuften, um die Versorgung der Bevölkerung zu gewährleisten, und an diejenigen, die durch ihre Arbeit dafür sorgen, dass unser alltägliches Leben nicht zusammenbricht. Aber meine Gedanken weilen auch bei den von der Erkrankung Betroffenen, ihren Familien und Freunden. Sie bangen, hoffen, kämpfen, und leider müssen sich einige von ihnen in diesem Kampf geschlagen geben ... Es ist ergreifend und zutiefst berührend, die Empathie unter den Mitmenschen in dieser Krisensituation zu erleben. Gegenseitige Unterstützung, Zusammenhalt, Uneigennützigkeit, Rücksichtnahme, Hilfsbereitschaft. Es würde mir eine große, sehr große Freude bereiten, wenn mein Buch einen winzig kleinen positiven Beitrag leisten würde, in dieser aufgewühlten Zeit.

Übrigens, mein Name ist Silke. Ich bin 55 Jahre alt, seit 31 Jahren mit einem tollen Mann verheiratet und habe einen wundervollen Sohn. Ich bin um die halbe Welt geflogen, um eine sehr weite Reise zu unternehmen, welche gleichzeitig eine Reise zu mir selbst war. Es war von mir nicht geplant, dieses Buch zu schreiben. Es ergab sich im Anschluss an meinen Hawaiiaufenthalt oder, genauer gesagt, auf der Insel Oahu. Denn ich kehrte nach Deutschland zurück, völlig überwältigt von Eindrücken und Gefühlen und gefangen in einer riesengroßen Sehnsucht, welche mich seit unserer Abreise aus dem pazifischen Inselreich befallen hat. Ich hoffe, wenn ich meine Erlebnisse und Gefühle niederschreibe, all die Geschehnisse und Emotionen endgültig verarbeiten zu können und dass somit dieses mich momentan beherrschende, übermächtige Verlangen nach einer Rückkehr ins „Paradies" nachlässt.

Diese Anziehungskraft, welche Oahu auf mich ausübt, fühlt sich wie Heimweh an. Ich versuche, diesem starken Wunsch entgegenzuwirken, indem ich nach hawaiianischer Rezeptur backe, um mich so wieder an „den Aromen Hawaiis" erfreuen zu können. Ich lese von Zeit zu Zeit auf der Website des „Honolulu Star-Advertiser", um mich so über Neuigkeiten auf dem hawaiianischen Archipel auf dem Laufenden zu halten. Ich höre mir hawaiianische Musik an und gebe mich dem Klang und den Melodien der polynesischen Rhythmen hin, mal mitsummend, mal mittanzend. Unentwegt sehe ich mir unsere Urlaubsfotos an. Wenn ich meinen Ring oder meine Halskette anlege, welche ich mir in Honolulu gekauft habe, dann trage ich jedes Mal ein Stück *Aloha* mit mir. Als unser Sohn auszog, haben wir kurzerhand sein ehemaliges Kinderzimmer als ein „Hawaiizimmer" eingerichtet. Mit Bambustapete, exotischen Blumen, Stoffen im tropischen Design und ganz vielen gerahmten Fotografien von unserer Reise nach Oahu an den Wänden. Ich weiß nicht, ob wir jemals wieder nach Hawaii reisen können, aber jede Faser meines Herzens wünscht es sich.

Um es vorwegzunehmen ... Dies war bereits meine zweite Hawaii-Reise. Die erste, 2016, verlief katastrophal und endete abrupt. Wichtig erscheint mir jedoch, den Grund zu nennen, aus welchem es unbedingt eine Reise nach Hawaii sein sollte ... Ich habe jahrelang sehr viel gearbeitet. Zu viel. Mich in meinem Beruf sehr engagiert. Immer war ich verfügbar. Überstunden nach der regulären Arbeitszeit, am Wochenende, sogar an Feiertagen. Das war ein Anspruch, den ich an mich selbst hatte. Ich wollte all die mir auferlegten Arbeiten bewältigen. Selbständig, fehlerfrei und pünktlich. Ein Nein kannte ich nicht. War der Berg Arbeit, der vor mir lag, auch noch so groß, wenn der Chef oder eine Kollegin mit einem zusätzlichen Auftrag kamen, war ich stets bereit, helfend zur Seite zu stehen. Mitzuziehen. Und wenn das für mich mehr Arbeitszeit bedeutete, so nahm ich das in Kauf. An meine Gesundheit habe ich dabei niemals gedacht. Warum auch? Nur nicht jammern! Das schaffe ich schon. Viele andere müssen das auch! Und meine Familie? Hat es toleriert. Bis mein Mann dann irgendwann warnende Worte aussprach. Die ich anfangs in den Wind schlug. Und als ich dann endlich bemerkte, dass seine Sorgen um mich berechtigt waren, fand ich kein Zurück mehr aus meiner Spirale, aus meinem von eigener Hand verursachten Strudel an selbstzerstörerischem Eigenanspruch.

Ich habe meinen Sohn, der an ADS und Rechtschreibschwäche leidet, die gesamte Schulzeit über begleitet und nach Kräften unterstützt. Unzählige Stunden habe ich nachts damit verbracht, seine Mitschriften in den Unterrichtsheftern zu kontrollieren und zu vervollständigen, bei anstehenden Klassenarbeiten Übungen für ihn auszuarbeiten, um ihn so bestmöglich auf den Test vorzubereiten. Ich habe online nach interessanten und passenden Themen recherchiert und Material zusammengetragen als Basis für die Ausarbeitung mündlicher Vorträge, damit er so eine gute Note erlangen konnte. Dies alles tat ich, um ihn schulisch voranzubringen, damit er einen guten Abschluss bekommt und somit hoffentlich seinen Traumberuf erlernen kann. Das war mir so wichtig, eine Herzensangelegenheit! Mein Mann und ich hatten sehr früh bei unserem Sohn eine hohe Technikaffinität bemerkt. Alles, was er auseinander- und wieder zusammenbauen konnte, fand er toll. Und er war sehr gut darin. Außerdem gelang es ihm, sich dabei über längere Zeiträume zu konzentrieren. Für Menschen mit ADS ein wirklicher Gewinn! Und er teilte uns bereits in diesen jungen Jahren mit, dass er später einmal, wenn er groß sei, einen technischen Beruf ausüben wolle. Dies wollte ich ihm unbedingt ermöglichen und verwandte so einen Großteil meiner Kraft darauf, ihn zu unterstützen, wo ich nur konnte. Wohlgemerkt! Ich wollte unseren Sohn nicht zum Klassenprimus machen. Es war mein Ziel, ihn zu befähigen, bestmögliche Noten zu erreichen. Dies in der Hoffnung, dass sein gutes Abschlusszeugnis ihm den Weg zu seinem Traumberuf ebnet.

Ich wollte auch eine perfekte Hausfrau sein und war unentwegt damit beschäftigt, Haus und Hof in Ordnung zu halten. Täglich gab es abends eine frisch gekochte Mahlzeit. Und dann war da ja noch die Ehefrau, deren Bestimmung auszufüllen ebenfalls mein Anliegen war. Mit Liebe und Zärtlichkeit, Verständnis und Hingabe. All das hat in unserer kleinen Familie über Jahre hinweg funktioniert. Vor allem habe ich funktioniert.

Mein Mann war ebenfalls stark in seinen Job involviert. In seinem handwerklichen Beruf hatte er viele Baustellen bundesweit abzuarbeiten. Das bedeutete im Klartext, dass er sehr viel unterwegs war, manchmal die gesamte Woche außerhalb schlief und hier, vor Ort, nicht verfügbar war. Wenn es Probleme gab oder ich seinen Rat brauchte, konnten wir zwar am Abend telefonieren, die ausführende Kraft war dann aber immer ich. Das war schwierig. Für ihn genauso wie für mich. Er fehlte hier! Er fehlte als Partner und Papa. Andererseits fehlten mein Sohn und ich ihm ebenso! Wir konnten das Problem seiner Abwesenheit nicht lösen. Dazu hätte er seinen Job kündigen müssen. Aber diesen Gedanken schoben wir beide weit von uns. Seit der Wende hatte er in verschiedenen Baufirmen gearbeitet. Das war eine schlimme Zeit. Es war jedes Mal dasselbe Dilemma. Die Baufirmen hatten zwar große Aufträge, die sie abarbeiteten. Die Bezahlung durch die Auftraggeber ließ jedoch ewig auf sich warten. Oder erfolgte gar nicht. Dann erhielten die Angestellten, wie mein Mann, eben auch mal monatelang den Lohn in Abschlagszahlungen. Oder gar kein Geld. Die Firmen gingen letzten Endes Pleite. Arbeitslosigkeit folgte. Dann ein neues Arbeitsverhältnis in einer neuen Baufirma. Das Spiel ging von vorn los. Arbeiten, schuften. Jedoch keine Lohnzahlung. Firmeninsolvenz. Endlich hatte er einen Arbeitsplatz, den jetzigen, mit Perspektive. Er bekommt seinen Lohn und den sogar pünktlich! Außerdem fühlt er sich sehr wohl in der Firma. Zum Glück ist er nun nicht mehr so oft unterwegs. Wenn er hier vor Ort arbeitet, agieren wir in unserem Alltag als Team. Wenn er außerhalb sein Geld verdient, dann bleiben uns halt in schwierigen Momenten nur die Telefonate. Wir haben mit der Gesamtsituation unseren Frieden geschlossen.

Im Laufe der Zeit fragte ich mich, ob all diese Mühen, die wir auf uns nahmen, es nicht wert seien, anerkannt zu werden. Dieser Zeitpunkt trat ziemlich genau ein, als wir die Jugendweihe unseres Sohnes mit Familie und Freunden feierten. Es war ein wirklich wunderbares Fest. Vor allem freute es mich, unseren Sohn unbeschwert und glücklich zu erleben. Denn sein täglicher Kampf mit mir an der Seite, eingeschränkt durch seine Handicaps und mit ausgerichtetem Blick auf die Erreichung eines großen Ziels, war auch an ihm nicht spurlos vorbeigegangen. Aber wir haben als Familie immer zusammengehalten, wenn es Probleme gab mit dem Job, mit der Schule oder auch schon mal miteinander. Es gab immer einen Weg, eine Lösung. Wir haben uns nicht kleinkriegen lassen und zusammengerauft. Keiner hat hingeschmissen. Wenn einer von uns dreien am Boden lag, haben die anderen zwei ihn aufgerichtet, Rückhalt gegeben, und es ging weiter. Nie geradeaus. Immer über Umwege. Das war wahnsinnig anstrengend, kräftezehrend und manchmal auch beängstigend.

Damals stand bereits fest, dass in naher Zukunft noch einige schöne Ereignisse auf uns zusteuern, die gefeiert werden wollten ... Der 50. Geburtstag meines Mannes, mein 50. Geburtstag, unsere Silberhochzeit und dann (hoffentlich) der Realschulabschluss unseres Sohnes. Also dachte ich mir: Das sind doch alles tolle Jubiläen! Weshalb nicht dies alles zum Anlass nehmen und etwas noch nie für uns Dagewesenes tun? Warum nicht uns einmal selbst belohnen? So entstand der Wunsch, etwas zu unternehmen, das für uns drei etwas ganz Außergewöhnliches sein sollte. Etwas, das wir wahrscheinlich nur einmal im Leben tun würden und das uns immer als etwas Kostbares und Wertvolles im Gedächtnis bleiben sollte. Warum nicht eine Reise? Und diese Reise wollte ich gemeinsam mit den beiden Menschen unternehmen, die ich über alles liebe – meinem Mann und meinem Sohn! Für uns als ostseeerprobte Wassersportler sollte es unbedingt eine Reise ans Meer sein. Aber in warme Gefilde, wo wir täglich surfen, tauchen, Kajak fahren und baden können, wann immer wir wollen. Zu jeder Tageszeit. Morgens, mittags, abends. Ich hatte auch sofort das Ziel vor Augen – das Paradies: **H A W A I I**. Solange ich denken kann, hatte ich Hawaii als ein abstraktes Wort im Kopf. Ich kann mich nicht mehr erinnern, wann und in welchem Zusammenhang ich das erste Mal von Hawaii hörte. Aber es hat sich positiv in meine Gedanken eingebettet – dieses Wort – Hawaii.

Ich muss leider zugeben, dass ich ein „Geschichtsmuffel" bin. Schon in der Schule erweckte der Geschichtsunterricht ein Gefühl der Langeweile und der Teilnahmslosigkeit in mir. Die außergewöhnliche Historie Hawaiis jedoch entflammte mein Interesse. Und so, erzählte ich meinem Mann Lothar und unserem Sohn von Hawaii. Lothar war auf der Stelle begeistert, ihn hatte ich sofort mitreißen können. Unser Sohn hingegen hatte Bedenken. Die lange Anreise, die Fremdsprache, Urlaub in einem Hotel – das hatten wir seit seiner Geburt noch nie getan! Aber es gelang meinem Mann und mir, seine Bedenken zu zerstreuen, und so folgte im Rahmen eines abgehaltenen Familienrates der gemeinsame Entschluss – in ein paar Jahren fliegen wir nach Hawaii! Um es kurz zu machen: Unser Sohn hat seine Schulzeit mit einem Realschulabschluss beendet. Er bekam einen Ausbildungsplatz zum Kfz-Mechatroniker und arbeitet heute voller Leidenschaft und Hingabe in seinem Beruf.

2016 sind wir zu dritt nach Hawaii geflogen. Wir wollten drei Wochen bleiben. Nach sechs Tagen mussten wir zurück nach Deutschland. Ich konnte nicht mehr. Ich hatte so etwas wie einen Zusammenbruch. Ich wusste damals nicht, was mit mir los war. Ich wusste nur, es geht mir so schlecht, dass ich befürchtete, ich könne auch sterben, bei all den Zeichen, die mein Körper mir damals sendete. Es war furchtbar! Ich hatte das Gefühl, meinem Mann und meinem Sohn diese Chance auf etwas einmalig Schönes genommen zu haben! Keiner von beiden hat mir jemals einen Vorwurf gemacht. Im Gegenteil! Beide haben mir damals auf Hawaii klargemacht, dass es keine andere Möglichkeit gibt als die sofortige Rückkehr nach Deutschland! Das Thema „Traumreise nach Hawaii" hatte sich für uns drei erledigt. Vor allem unser Sohn war es, der nach unserer Rückkehr immer wieder sagte, wenn wir später über Hawaii sprachen, er werde niemals wieder dorthin reisen.

Ich habe dann noch ein halbes Jahr durchgehalten, bin arbeiten gegangen – weiterhin mit Engagement und Einsatz … Bis im November 2016 der endgültige Zusammenbruch kam. Ich war zu nichts mehr in der Lage. Weder im Job noch zu Haus. Ich wollte nur noch Ruhe, Stille, für mich sein. Der erste Termin in einer psychotherapeutischen Praxis brachte dann das ganze Ausmaß der Notlage, in welcher ich mich befand, ziemlich deutlich hervor. Es war eine Depression, welche mich in die Knie gezwungen hatte. Ein unsichtbarer Feind, der sich besitzergreifend als dunkles, schweres Tuch über meine Seele, mein Herz, meine Gedanken ausgebreitet hatte und alle Lebensfreude, allen Mut und alle Kraft überdeckte. Nun hieß es also wieder kämpfen. Aber diesmal gegen mich selbst. Oder besser! Für mich selbst! Widerstand und Gegenwehr konnte ich nur leisten, weil ich glücklicherweise nicht allein dastand. Unterstützung, Zuspruch und Liebe formten Schild und Schwert, welche in meine Hände gelegt wurden. Auch hier war es meine Familie, die mir beistand. Und ich hatte die Hilfe und Unterstützung meiner Psychotherapeutin. Einer ganz besonderen Frau, von der ich sehr viel gelernt habe. Vor allem über mich. In einer unserer Sitzungen erzählte ich ihr von dem schrecklichen Verlauf unserer Hawaii-Reise 2016. Aber auch von der Motivation, die dahinterstand. Sie sagte mir: „Das müssen Sie unbedingt noch mal tun! Fliegen Sie

noch mal dorthin und holen Sie diese für Sie so wichtige Reise nach!"
Dieser Zuspruch traf mich unerwartet. Im ersten Moment dachte ich:
„Wirklich? Was ist, wenn ich wieder zusammenbreche? Wenn wir wieder vorzeitig zurückkehren müssen oder noch Schlimmeres passiert –
mit mir?" Wenn, wenn, wenn ... Aber dann siegte ziemlich schnell das
tiefe Vertrauen in meine Ärztin, und mein logischer Verstand schaltete
sich ein, vertrieb Ängste und Zweifel. Und ich kam zu der Erkenntnis:
Meine Ärztin wird mir auf keinen Fall zu dieser Reise raten, wenn sie
nicht überzeugt davon ist, dass ich, vor allem mental, in der Lage bin,
dieses Unternehmen zu bewältigen. Und fühlte ich mich in der Lage?
Jawohl!!! Es ging mir nach zweieinhalb Jahren Psychotherapie wieder
gut! Ich hatte inzwischen jede Menge Lebensenergie zurückbekommen. Hatte für mich kleine Strategien entwickelt, besser auf mich zu
achten, und gelernt auch mal Nein zu sagen, wenn ich mich überfordert fühlte. Ich kann an dieser Stelle nicht weiter darüber berichten,
weil dieses Thema zu umfangreich ist, um es hier ausführlich und in
aller Ernsthaftigkeit abzuhandeln. Ich will es jedoch angesprochen haben, weil ich denke, dass es erforderlich ist, meine Erkrankung zu erwähnen. Es wird, denke ich, dabei hilfreich sein, meine Gedanken und
Gefühle, welche ich auf den kommenden Seiten beschreiben werde,
besser einzuordnen.

Dann, eines Abends, erzählte ich meinem Mann und unserem Sohn
von dem Gespräch mit meiner Ärztin und fragte die beiden nach ihrer
Meinung. Ich wollte wissen, ob sie sich vorstellen könnten, noch einmal diese Reise in Angriff zu nehmen. Unser Sohn schmetterte mir ein
entschlossenes „Niemals!" entgegen. Zu tief saßen die schlimmen Erinnerungen, die Enttäuschung und Traurigkeit in ihm fest. Die strikte und mit aller Bestimmtheit ausgesprochene Absage traf mich tief.
Ich fühlte mich augenblicklich in die Zeit unseres damaligen Hawaii-
Aufenthaltes zurückversetzt und für sein Trauma verantwortlich. Ich
war sehr traurig, dass er diese Reise nicht noch einmal mit uns un-

ternehmen wollte. Schlussendlich sollte es ja etwas ganz Wunderbares für uns drei, für unsere kleine Familie sein! Aber ich wollte ihn nicht bedrängen oder versuchen, ihn umzustimmen. Das wäre egoistisch von mir gewesen. Mein Mann hakte noch mal nach und ließ sich von unserem Sohn die Gründe erklären, die ihn dazu bewogen, diese Reise nicht noch einmal antreten zu wollen. Es war plausibel und nachvollziehbar und für unseren Sohn offensichtlich nicht so wichtig wie für mich, diesen Trip noch einmal zu unternehmen. Dabei beließen wir drei es dann. Mein Mann hingegen hatte tief in seinem Herzen noch ein Türchen offen gelassen für eine weitere Expedition an das andere Ende der Welt. Auch er wollte unserem Traum von Hawaii eine zweite Chance geben. Und so gab es unverhofft einen neuen Lebensplan. Und dieser lautete: Wir fliegen nach Hawaii – genauer gesagt nach Oahu!

Und diese Neuigkeit behielten wir natürlich nicht für uns. Als wir meiner Schwägerin Ines und meinem Schwager Detlef eines Abends bei einem Glas Wein von unseren Plänen berichteten, waren die beiden sehr angetan von unserer Absicht, Hawaii noch einmal zu besuchen. Sie kannten die traurige Geschichte unseres ersten Hawaiibesuchs und waren damals tröstend und Mut machend nach unserer Rückkehr für uns da. Und man sollte es nicht für möglich halten! Am Ende des Abends stand fest – sie kommen mit! Wir werden also zu viert auf Entdeckerreise gehen.

Das war ein wirklich schöner Moment! Wir vier verstehen uns nämlich richtig, richtig gut! Wir helfen einander, stehen uns gegenseitig bei und können über alles reden. Mit ehrlichen Worten, die manchmal auch unbequem sind. Wir sind Familie und gute Freunde zugleich! Tja, und da nun feststand, dass wir vier gemeinsam den großen Teich überqueren werden, stellte sich die Frage, wer denn die Organisation des ganzen Vorhabens übernehmen solle. Selbstverständlich ich!!! Die drei waren sich einig, dass sie, vorausgesetzt, ich würde mich der Aufgabe kräftemäßig gewachsen fühlen, die Vorbereitung unseres Abenteuers in meine Hände legen wollten. Schließlich hatte ich ja bereits schon einmal eine Reise nach Hawaii organisiert und kannte mich in der Materie bestens aus. Und ich freute mich riesig über diese Aufgabe und das Vertrauen der anderen in mich und legte auch sofort los. Ich sprudelte über vor lauter Ideen und Vorschlägen. Wir beratschlagten dann und stimmten ab, ob wir dieses oder jenes auf Oahu unternehmen wollten oder auch nicht. Als das Grundgerüst stand, war ich überglücklich. Mir wurde immer bewusster, was da plötzlich meine Aufgabe war. Ich hatte noch einmal die Möglichkeit bekommen, einen gehegten Traum zu planen und vorzubereiten. Ihn Wirklichkeit werden zu lassen. Mit dem kompletten Drum und Dran! Das war großartig! Diese Vorstellung beflügelte mich in meinem Handeln. Damals, während unseres „Hawaiiurlaubs" 2016, hatten wir aufgrund meines schlechten Gesundheitszustandes lediglich eine Inselrundfahrt auf Oahu unternehmen können. Wir hatten keine Chance, das echte Hawaii kennenzulernen. Das sollte nun anders sein!!! Die Gedanken in meinem Kopf überschlugen sich. Es gab so viel zu tun. Ich hatte die Bedürfnisse von vier unterschiedlichen Menschen unter einen Hut zu bringen! Jeder von uns vieren sollte sich einen speziellen Wunsch erfüllen können. Alles sollte gerecht sein. Niemand sollte übervorteilt oder benachteiligt werden! Und da ich für mein Leben gern organisiere, machte ich mich mit Feuereifer daran, nachzuforschen, abzugleichen, wieder zu verwerfen, zu verhandeln und letztendlich zu buchen. Ich habe die unterschiedlichen Flugrouten von Deutschland nach Oahu recherchiert, Flugpreise verglichen, die Entwicklung der Hotelpreise beobachtet, mich über die interessantesten Sehenswürdigkeiten informiert und habe mir per Google Street View vorab die schönsten Strände Oahus angeschaut. Außerdem frischte ich parallel dazu noch mein Englisch auf, welches ich mir vier Jahre zuvor in Vorbereitung unserer ersten Hawaii-Reise selbst beigebracht hatte. Natürlich ließ ich es mir auch nicht nehmen, ein paar Worte Hawaiianisch zu lernen. Fremde Sprachen fand ich schon immer interessant, und es macht mir Spaß, sie zu erlernen. Erfreut und glücklich bin ich dann, wenn ich sie im Reiseland nutzbringend anwenden kann. Keinesfalls perfekt, aber ausreichend für eine gute Verständigung.

Die schönsten Momente während meiner Nachforschungen für unsere Reise waren jedoch die, als ich über die Geschichte und Kultur Hawaiis las. Ich war zutiefst ergriffen. Es entwickelte sich in mir der immer größer werdende Wunsch, das, was ich gelesen hatte, in der Realität kennenlernen zu dürfen. Es hat Monate gedauert, alles so hinzukriegen, wie wir es uns vorstellten und bis es vor allem meinen Ansprüchen entsprach. Ich kann manchmal ziemlich pedantisch sein ... Wenn ich mir etwas in den Kopf gesetzt habe, von dem ich erwarte, dass es genauso sein muss, wie ich es mir vorstelle, dann verfolge ich dieses Ziel mit aller Hartnäckigkeit und bin auch zu keinem Mittelweg bereit. Ich setze alles daran, mein gewünschtes Ergebnis zu erreichen, und scheue keine Anstrengung, keinen Kraftaufwand. Gott sei Dank ist das nicht (mehr) so oft der Fall. Im Laufe der letzten Jahre, während meiner Psychotherapie, habe ich gelernt, wie wichtig es ist, auch mal loszulassen, Kompromisse zu schließen und nachzugeben, wenn vielleicht das Unterfangen zu viel Kraft erfordert. Mitunter ist das schmerzlich, aber nicht der Weltuntergang!

Im Fall meiner Reiseplanung gab es glücklicherweise nur wenige Eckdaten, welche wir zu 100 Prozent so erfüllt haben wollten wie angedacht. Im Gegenteil! Bei so einem Vorhaben gibt es gar keine andere Möglichkeit als die, kompromissbereit zu sein. Die Sache ist nämlich so. Hawaii ist eines der teuersten Reiseziele weltweit. Das bedeutet, vieles regelt sich über das persönlich zur Verfügung stehende Budget. Wenn man also spezielle Wünsche und Vorstellungen hat, so muss man diese dem eigenen Geldbeutel anpassen. Um mal eine Zahl zu nennen: Für einen dreiwöchigen Urlaub für zwei Personen kann man locker mit 8.000 € rechnen. Das bedeutet: Flüge in der Economy Class, Mittelklassehotel (nur Übernachtung), Selbstverpflegung und Taschengeld (für Eis und Souvenirs). Ausflüge und große Shoppingtouren kosten zusätzlich! Wir haben mehrere Jahre für diese Reise gespart. Und in meinem Kopf stellte sich auch nicht die Frage: War diese Reise mir diese enorm hohen Ausgaben wert? Ein kleines Paket Toast für vier Dollar und ein Glas Nutella für neun Dollar lassen mich fast das Wort Wucher in den Mund nehmen. Aber das, was wir erlebt haben auf Oahu, das, was uns die Menschen dort entgegengebracht haben, das lässt sich nicht in Zahlen ausdrücken. Das lässt sich nicht kaufen und ist auch nicht bezahlbar. Es waren Momente puren Glücks! Angefüllt mit *Aloha*.

Bereits im Vorfeld zu unserer ersten Hawaii-Reise begann meine Recherche zu „Land und Leuten". Auf Online-Portalen und den verschiedensten Websites im Internet habe ich gelesen und mir dann kleine Notizen gemacht. Ich habe mir einen Reiseführer und eine Hawaii-DVD gekauft, mir YouTube-Videos angeschaut und so ebenfalls viel Interessantes über die hawaiianischen Inseln, ihre Geschichte, Kultur und Natur sowie hervorstechende Persönlichkeiten in Erfahrung bringen können. Am spannendsten und fesselndsten jedoch waren für mich, die mir von den Einwohnern Oahus im persönlichen Kontakt übermittelten Erzählungen und Berichte. Hawaiianische Menschen, welche ich kennenlernte, ließen mich warmherzig ihre Begeisterung und ihre Wertschätzung für ihre Heimat spüren. Die Liebe zu Hawaii und der Stolz auf die ursprüngliche Verwurzelung ihrer Vorfahren, klangen in jedem ihrer gesprochenen Worte mit. Ihr Backgroundwissen über historische Ereignisse, über die Tier- und Pflanzenwelt aber auch über bemerkenswerte Mitmenschen Hawaiis sowie aktuelle Themen, teilten sie mit mir. All diese (bei Weitem nicht vollständigen) zusammengetragenen Informationen habe ich auf den folgenden Seiten immer wieder eingebettet, in meine Erzählungen über unseren Reise-alltag auf der wundervollen Insel Oahu. Also, los geht's!

Wir fliegen los – die Reise beginnt
und mit ihr die Probleme …

Ines, Detlef, Lothar und ich freuten uns unbändig auf unser Reiseziel … Hawaii, im Zentralpazifik gelegen, besteht der Archipel aus 137 Inseln, welche allesamt aus Hotspot-Vulkanismus entstanden. Die meisten von ihnen sind jedoch unbevölkert. Zu den wichtigsten bewohnten Inseln zählen (in der hawaiianischen Schreibweise) *Maui, Moloka'i, Lana'i, Kaua'i, Ni'ihau, Kaho'olawe, O'ahu* und die auch *Big Island* genannte Insel *Hawai'i*, welche Namensgeberin der Inselkette ist. Ungefähr 3.682 Kilometer trennen das Inselreich, welches dem polynesischen Kulturraum zuzuordnen ist, vom nordamerikanischen Kontinent und machen es somit zu der am weitesten vom Festland entfernten Inselgruppe der Welt. Hawaii wurde im Jahre 1959 als 50. Bundesstaat der USA aufgenommen. Heute zählt der Bundesstaat Hawaii ca. 1,4 Millionen Einwohner. Die Hauptstadt Hawaiis ist Honolulu und befindet sich auf der Insel Oahu.

Wie bereits erwähnt, die Planung dieser Reise war eher ein Geschenk als eine Last für mich. Ich hatte alles präzise vorbereitet, mehrmals auf Fehler und Schwachstellen überprüft und sogar kleine Notfallprotokolle erarbeitet für den Fall, dass doch etwas schiefgehen sollte. Wir wollten vom 1. bis 22. Mai 2019 auf Oahu bleiben. Ich hatte unsere Hinflüge von Frankfurt über Vancouver (Kanada) nach Honolulu gebucht. Leider gibt es keinen Direktflug von Europa aus nach Honolulu. So entschieden wir uns, den schnellsten Flug mit nur einem Zwischenstopp zu nehmen. Schnellster Flug bedeutete in unserem Fall eine Flugzeit von neun Stunden 55 Minuten von Frankfurt am Main nach Vancouver. Der dortige Zwischenstopp dauerte zwei Stunden 45 Minuten gefolgt von nochmals sechs Stunden Weiterflug nach Honolulu. Wir wussten, was auf uns zukam. Die Anreise würde kein

Zuckerschlecken werden! So eine lange Reisezeit würde anstrengend sein. Das stand fest! Dennoch konnte ich unseren Abflug kaum erwarten.

Nach langer Zeit des Hinarbeitens und Hinfieberns auf diese Reise war er endlich da – der 30. April 2019. Da einige aus unserem Vierergespann an diesem Dienstag noch arbeiten mussten, ging es also erst gegen 17 Uhr los. Wir setzten uns ins Auto und fuhren auf der Autobahn in Richtung Frankfurt am Main. Dort hatten wir im Flughafenhotel Zimmer für uns gebucht. Wir blieben eine Nacht und stärkten uns morgens mit einem reichhaltigen Frühstück. Unser Auto konnte bis zu unserer Rückkehr auf dem Parkplatz des Hotels stehen bleiben. Ein Shuttlebus brachte uns vom Hotel zum Flughafen. Die Fahrt dauerte etwa 20 Minuten. Der Flughafen Frankfurt ist schon imposant! Ich bin noch nicht sehr oft geflogen. Aber jedes Mal imponieren mir die Technik und die Abläufe, die Logistik. Ich liebe die Flughafenatmosphäre! Diese vielen Menschen aus allen Teilen der Erde. Ihr Anblick bereitet mir große Freude. Ich frage mich, woher sie kommen und wohin sie ihre Reise wohl führt. Einige sind in prächtige, landestypische Trachten gekleidet. Das ist so schön anzuschauen! Die unterschiedlichen Sprachen, in denen sich die Menschen unterhalten, hören sich toll an. Einige klingen romantisch andere wiederum rhythmisch, teilweise musikalisch. Ich verstehe zwar kein Wort, finde es aber super interessant und aufregend und wünsche mir so manches Mal, dass ich auch so eine Sprache beherrschen würde. Zurück zum Thema Flughafen. Einige Fluggesellschaften haben am Flughafen Frankfurt am Main auf Automatenbetrieb umgestellt. Es gibt also Check-in-Automaten, an denen man eigenständig eincheckt. Zum Glück konnten wir dies in der eigenen Muttersprache tun. Das erleichtert den Vorgang erheblich. Falls man sich jedoch unsicher fühlt oder irgendetwas nicht funktioniert, stehen überall Flughafenmitarbeiter bereit, welche jederzeit behilflich sind. Wir benötigten Hilfe am Gepäckautomaten.

Eine freundliche Servicemitarbeiterin erledigte für uns mit ein paar flinken Handgriffen das Einchecken unseres Gepäcks. Und nachdem wir die Sicherheitskontrollen passiert hatten und das Boarding erledigt war, saßen wir auf unseren Plätzen an Bord einer Boing 747-400. Mein Mann und ich hatten uns dazu entschieden, Sitzplätze mit erweiterter Beinfreiheit zu buchen, da der erste Streckenabschnitt unseres Fluges bis nach Vancouver ja fast zehn Stunden betragen sollte. Das war eine super Entscheidung! Wir hatten bis zu der Sitzreihe vor uns ewig viel Platz. Wir konnten die Beine sogar ausstrecken! Damit hatten wir nicht gerechnet. Das war echt luxuriös! Unsere Sitzplätze befanden sich in der Mittelreihe des Fliegers. Wir konnten also weder links noch rechts aus dem Fenster schauen. Das war jedoch nicht weiter schlimm für uns, denn wir hatten Bücher und Zeitschriften im Handgepäck und dann gab es ja auch noch das Entertainmentprogramm an Bord. Meine Schwägerin und mein Schwager saßen ein paar Reihen hinter uns. Wenn sie zur Toilette gingen, kamen sie immer an unseren Plätzen vorbei und wir redeten ein paar Worte. So war es nie langweilig und letzten Endes kamen mir die fast zehn Stunden Flugzeit gar nicht so lang vor.

Als wir uns im Landeanflug auf Vancouver befanden, schlug mein Herz schneller. Ich war gespannt auf den großen Flughafen und hoffte, dass wir uns dort gut zurechtfinden würden. Außerdem stand uns dort die Immigration in die USA bevor. Nach unserer Landung auf dem Airport Vancouver war ich dann nicht mehr so entspannt wie im Flieger. Ich hatte die Organisation der Reise übernommen und mich im Vorfeld genau über den Flughafen und das Prozedere der amerikanischen Immigration dort sowie den Weiterflug informiert. Ich war verantwortlich! Ich war die Einzige von unserer Vierergruppe, die Englisch sprach! Das setzte mich schon ziemlich unter Druck. Aber es machte mir riesigen Spaß und mich auch ein wenig stolz, meinen anderen drei Reiselustigen Fragen zu beantworten, wie es denn jetzt weitergehe, oder Schildaufschriften und Flughafendurchsagen zu übersetzen. Auf alle Fälle war der Airport Vancouver in der Tat sehr, sehr groß. Wir liefen mit unseren Handgepäck-Trolleys endlos lange Korridore entlang, immer den Schildern mit der Aufschrift „US-Connections" folgend. Und dann landeten wir endlich im Bereich des kanadischen Zolls. Auch dort Automaten! Zum Glück konnten wir ebenfalls alle Eingaben in unserer Muttersprache erledigen. Alles funktionierte reibungslos. Wir passierten den Sicherheitsbereich. Uns allen ist die Freundlichkeit der kanadischen Zöllner aufgefallen und noch mehr ihre Entspanntheit. Mit ruhigen Worten und einem Lächeln im Gesicht wünschten sie uns eine gute Weiterreise.

Und so standen wir auch schon direkt vor den Schaltern der US-Immigration. Außer uns vieren waren in dem Moment keine weiteren Reisenden dort. Ich spürte, wie die Anspannung in mir wuchs. Jetzt musste ich konzentriert sein. Zwei Schalter waren besetzt. Die Beamtin des nächstgelegenen Schalters winkte uns zu. Ich bat meine Leute, erst einmal zu warten, und trat allein an den Schalter heran. Ich grüßte die Beamtin und fragte, ob wir gemeinsam herantreten dürften, da wir eine Familie seien und nur ich Englisch sprechen würde. Die Beamtin wollte von mir wissen, ob wir alle in einem Haushalt leben würden. Und da dies nicht der Fall war, sollten wir paarweise an den Schalter kommen. Zuerst also Lothar und ich. Wir beantworteten ein paar Fragen, es wurde ein Foto gemacht, Fingerabdrücke genommen und dann gab es einen Stempel in den Reisepass. Das war's! Mein Mann trat beiseite, und ich fragte die Beamtin, ob ich bitte noch stehen bleiben dürfe, um meiner Schwägerin und meinem Schwager zu dolmetschen. Ich durfte! Das war wirklich sehr freundlich, mir fiel ein Stein vom Herzen! Denn die beiden haben wirklich viele Talente – Fremdsprachen gehören jedoch definitiv nicht dazu. Nachdem nun auch meine Schwägerin und mein Schwager die Einreiseprozedur durchlaufen hatten, verließen wir den Bereich der US-Immigration, sprich „amerikanischen Boden". Hinter einer großen Glasschiebetür, durch die wir traten, befanden wir uns wieder auf dem kanadischen Territorium des Flughafens.

So liefen wir also weiter an Shops und Restaurants vorbei und beschlossen, vor unserem Weiterflug noch eine Kleinigkeit zu essen, denn Zeit hatten wir noch reichlich. Die beiden Männer gingen schon mal voraus und bestellten sich ein Bier. Ich wollte meine Reiseunterlagen noch ordnen und gut verstauen, und so setzten sich Ines und ich auf eine Bank gegenüber dem Restaurant. Ich nahm meinen Reisepass und wollte mir den frisch erhaltenen Einreisestempel anschauen. Ich blätterte in meinem Pass und da war er auch schon! Ein Oval aus blauer Farbe, mittig das Datum unserer Einreise in leuchtendem Rot. Die Signatur der Beamtin machte es offiziell. Ich steckte meinen Pass ein und warf noch einen Blick in den meines Mannes. Ich blätterte und blätterte und blätterte ... Kein Stempel! Noch mal das Ganze! Ich fing vorn an, zu suchen. Jede Seite des Reisepasses sah ich mir an. Kein Stempel! Mein Herz raste. Mein Magen zog sich zusammen. In meinen Ohren rauschte es. Das kann doch nicht sein! Ich reichte meiner Schwägerin den Pass und bat sie, nachzuschauen. Auch sie blätterte Seite für Seite um und konnte keinen Stempel entdecken. Ratlosigkeit wich blanker Panik, die sich in mir langsam aber immer stärker werdend aufbaute. Was nun? So ein Stempel ist doch bestimmt wichtig! Was ist, wenn mein Mann ohne diesen Stempel im Pass bei der Ausreise aus den USA Probleme bekommt? Was machen wir nur? In solchen Situationen bin ich weder cool noch souverän. Ich bin ein sehr gewissenhafter Mensch und für mich stand fest, wir brauchen diesen Stempel! Auf keinen Fall wollte ich, dass wir irgendwelchen Ärger bekommen, und wenn wir die Angelegenheit begradigen wollten, dann musste das jetzt und hier geschehen auf dem Flughafen in Vancouver! Ines war genauso perplex und hatte mittlerweile ebenfalls einen besorgten Gesichtsausdruck. Das kommt nicht oft vor bei ihr, denn sie ist ein fröhlicher, optimistischer Mensch – immer positiv. Die Alarmglocken in meinem Bauch läuteten inzwischen auf Hochtouren. Mir war übel, und ich konnte nur noch an den Stempel denken. Also holten wir die Männer, erzählten von dem Dilemma und beschlossen, sofort wieder zurückzulaufen zur amerikanischen Immigration. Mein Mann und mein Schwager sahen das Problem nicht ganz so eng und versuchten, durch lockere Sprüche mein aufgewühltes Gemüt zu besänftigen. Wirkte aber nicht bei mir! Im Gegenteil! Ich lief immer schneller und schneller und wollte nur noch alles in Ordnung bringen.

Nach einer gefühlten Ewigkeit erreichten wir die Glasschiebetür, durch die wir die US-Immigration verlassen hatten. Sie war geschlossen. Außerdem wurde mir ein neues, großes Problem bewusst ... Diese Glastür markierte eine Grenze. Die Grenze zwischen einem amerikanischen und einem kanadischen Bereich auf dem Flughafen Vancouver. Das bedeutete, selbst wenn diese Tür sich öffnete, könnten wir nicht einfach in den amerikanischen Bereich hineinlaufen. Das käme einer Grenzüberschreitung von kanadischem Boden zurück auf amerikanischen Boden gleich. Das erklärte ich meiner Truppe, und alle sahen mich ungläubig an. Betretenes Schweigen, Unsicherheit. Vor lauter Aufregung pochte mein Herz wie wild, ich hatte wieder dieses Rauschen in den Ohren so, als würde ich gleich ohnmächtig werden. Ich sah mich nach einem Sitzplatz um. Da entdeckte ich ein paar Meter von uns entfernt eine kanadische Zollbeamtin. Ihre Uniformjacke lag neben ihr auf dem Stuhl, deshalb hatten wir sie nicht sofort bemerkt. Das war vielleicht die Rettung! Ich ging zu ihr hinüber und entschuldigte mich, sie in ihrer Pause zu stören. Ich erzählte ihr, woher wir kommen und wohin wir wollen, und kam dann auf den fehlenden Stempel im Reisepass meines Mannes zu sprechen und fragte sie, ob sie uns helfen könne. Die nette Kanadierin sprang augenblicklich auf, schlüpfte in ihre Jacke, schloss alle Knöpfe und zog noch mal ihre Uniform glatt. Dann sagte sie, sie werde sich um die Angelegenheit kümmern und mit ihren amerikanischen Kollegen sprechen. Sie deutete auf die Glasschiebetür. Mit erhobenem Zeigefinger und ernster Miene beschwor sie uns fast, hier stehen zu bleiben. Ihr nicht hinterherzulaufen und schon gar nicht durch die Tür! Das war der Moment, in welchem uns vieren die Ernsthaftigkeit der Situation in die Knochen fuhr. Die Beamtin ging durch die Schiebetür hin zu ihren amerikanischen Amtsbrüdern. Die Tür blieb geöffnet und so konnten wir aus der Entfernung sehen, wie alle miteinander diskutierten. Jede Faser, jeder Muskel meines Körpers war aufs äußerste angespannt. In meinem Kopf hämmerte es. Dann endlich kam die kanadische Ordnungshüterin zurück. Sie lächelte. Sie nahm uns zur Seite und sprach die erlösenden Worte: „Everything is okay!" Augenblicklich fiel all die Anspannung, die tonnenschwer auf mir gelastet hatte, von mir ab. Ich stieß einen tiefen Seufzer der Erleichterung aus. Auch die anderen drei waren sichtlich befreit. Die kanadische Beamtin berichtete uns, dass ihr die amerikanischen Kollegen erklärt hätten, dass es wirklich kein Problem darstelle, wenn der Stempel im Pass meines Mannes fehle. Manchmal würde ein Stempel eingebracht werden, manchmal nicht. Ich konnte es nicht glauben! So einfach ist das! Ich fragte noch mal nach, ob ich sie richtig verstanden hätte, und wiederholte alles. Aber die Beamtin lächelte, strich beruhigend über meinen Arm und bestätigte uns nochmals, wir sollen uns keine Sorgen machen, es gibt kein Problem, alles sei in Ordnung.

Ich war ihr unendlich verbunden und bedankte mich für ihre Hilfe und Unterstützung. Diese Hilfsbereitschaft und Freundlichkeit der Kanadierin haben mich sehr ergriffen. Denn obwohl dies sicher nicht ihre Aufgabe war, hat sie sich unseres Problems angenommen und eine Lösung herbeigeführt. In einer Zeit voller Ellenbogenmentalität und Karrieredenken leben viele Menschen in dem Glauben, nur vorankommen zu können, indem sie zuallererst (oder ausschließlich) an sich denken. Das ist sehr schade, denn es verhindert den wirklichen Aufbau von echten, tiefen Beziehungen der Menschen untereinander. Es freute mich deshalb umso mehr, einen Menschen wie diese kanadische Beamtin kennengelernt zu haben. Einen Menschen mit Empathie ... Wir verabschiedeten uns nochmals mit einem herzlichen „Thank you very, very much!", und dann begaben wir uns auf den direkten Weg zu unserem Gate für unseren sechsstündigen Weiterflug nach Honolulu.

Die Maschine der Air Canada hob pünktlich ab und war gefühlt nur zu 50 Prozent besetzt. Das bedeutete jede Menge Platz für uns! Wir konnten es uns also auf unseren Plätzen und den freien Plätzen neben uns, so richtig bequem machen. Geschlafen haben wir aber alle nicht. Ich brauchte immer noch Zeit, um den Schock mit dem fehlenden Stempel zu verarbeiten. So bin ich nun mal. Aber dann, irgendwann, als meine drei Reisegefährten sich aufgeregt und freudig über unsere bevorstehenden drei Wochen Urlaub unterhielten, legte sich der Schalter in meinem Kopf um. Ich stieg in das Gespräch mit ein. Und schon war es wieder da. Das Kribbeln im Bauch bei dem Gedanken daran, was ich für uns alles geplant und organisiert hatte. Kultur, Geschichte, Sport und jede Menge Natur.

Gegen 21 Uhr Ortszeit landete unsere Maschine auf dem „Daniel K. Inouye International Airport" in Honolulu. Wir verließen das Flugzeug. Warme Luft und eine leichte Brise nahmen uns in Empfang. Und als wir das Flughafengebäude betraten, übermannte mich ein großes Gefühl von Freude und Dankbarkeit. Dankbarkeit dafür, dass das Leben meinem Mann und mir nochmals die Chance zu dieser unglaublichen Reise gegeben hatte, und Freude darüber, dass meine Schwägerin und mein Schwager dieses Erlebnis mit uns teilen wollten. Ich konnte nicht anders. Ich ließ meinen Gefühlen freien Lauf, umarmte jeden meiner drei Weggefährten und bedankte mich mit einem Kuss auf die Wange und einem tiefen Blick in die Augen mit den Worten: „Aloha, e komo mai! Herzlich willkommen auf Oahu! Und danke, dass du diese Reise mit mir machst!" Mein Mann erwiderte meine kleine Ansprache mit einer festen Umarmung, küsste mich und sagte: „Ich freue mich auch sehr, wieder hier zu sein. Vor allem mit dir!" Wir beide haben in diesem Moment unseren Sohn sehr vermisst ...

Es war bereits dunkel, und so konnten wir nicht viel vom Flughafen erkennen. Da wir unsere Immigration bereits in Vancouver erledigt hatten, begaben wir uns schnurstracks zu den Gepäckbändern und nahmen unsere Koffer in Empfang. Dann bedienten wir uns noch schnell an den zahlreich vor Ort befindlichen Prospektständern. Es ist wichtig, zu wissen, dass Amerikaner *Couponing* lieben! Und so liegen für die eintreffenden Touristen bereits am Airport allerlei Broschüren bereit, welche eine Vielzahl von Coupons beinhalten. Diese kann man in Restaurants, beim Shopping oder z. B. bei der Buchung von Ausflügen einsetzen und damit so einige Dollars sparen!

Wir begaben uns zum Ausgang. Vor dem Flughafengebäude drängte sich bereits eine stattliche Anzahl von Fluggästen vor den Taxiständen. Ich steuerte auf einen Fahrer zu und fragte, ob er noch Platz für vier Personen nach Waikiki habe. Hatte er! Und gemeinsam mit zwei älteren amerikanischen Damen bestiegen wir unser Shuttle und los ging's. Die Ladys fragten uns gleich aus, woher wir kommen, wie lange wir geflogen seien, ob es unsere erste Reise nach Hawaii sei ... Ich antwortete brav und höflich und dolmetschte zwischen den Amerikanerinnen und meiner Familie hin und her. Nach 20 Minuten erreichten wir Waikiki. Zuerst setzten wir die beiden Damen an ihrem Hotel ab. Dann fuhren wir auf die *Kalakaua Avenue*. Das ist die Hauptstraße in Waikiki, die parallel zum Strand verläuft. Die Lichter der Hotels und die Straßenbeleuchtung erhellten die Umgebung so gut, dass wir im Vorbeifahren einige Gebäude und Sehenswürdigkeiten erkennen konnten. Mein Mann und ich waren völlig aufgedreht. Wir riefen dann immer ganz aufgeregt zu meiner Schwägerin und meinem

Schwager: „Schaut mal! Das müssen wir uns unbedingt ansehen, da gehen wir auch noch hin!" Der Taxifahrer war sichtlich amüsiert über unseren Eifer. Er sprach ein paar Empfehlungen aus, was wir uns noch alles anschauen könnten. Dann erreichten wir unser Hotel. Ich bezahlte den Fahrer (plus 15 Prozent Trinkgeld). Das ist in Amerika so üblich. In Deutschland runden wir beim Bezahlen gern auf. In den USA hingegen gibt man für eine erhaltene Dienstleistung ein Trinkgeld zwischen zehn und 20 Prozent. Je nachdem, wie zufrieden man war. In vielen Jobs gehören die Trinkgelder zu einem festen und wichtigen Bestandteil des Einkommens. Die Verdienste, speziell im Bundesstaat Hawaii, sind niedrig im Verhältnis zu den Lebenshaltungskosten. So sind die erhaltenen Trinkgelder weit mehr als eine Anerkennung für die erbrachte Leistung, sie sind überlebensnotwendig. Zurück zu unserem Taxifahrer ... Wir verabschiedeten uns, und er überreichte mir noch seine Visitenkarte – die wir vielleicht für die Rückfahrt zum Flughafen nutzen könnten ...

Dann war er da, der große Moment! Wir standen vor unserem Hotel und würden es in ein paar Sekunden betreten. Hoffentlich sah es in Wirklichkeit so hübsch aus wie auf den Fotos im Internet! Ein Hotelpage war sofort zur Stelle und schnappte sich unser Gepäck. Das ist mir immer noch unangenehm! Ich kann doch meine Koffer allein tragen! Aber ich habe gelernt, dass so ein Hotelpage ja auch eine Familie hat, zu deren Einkommen er beiträgt. Und dass man es als Hotelgast nicht ablehnen sollte, wenn man das Angebot bekommt, dass die Koffer einem aufs Zimmer gebracht werden. Also ließen wir den netten, jungen Mann im Hawaiihemd gewähren. Er stellte erst einmal alle Koffer in der Lobby ab, während wir am *Front desk* von den beiden lächelnden Mitarbeiterinnen der Rezeption mit einem freundlichen „Aloha!" begrüßt wurden. Wir checkten ein. Das übliche Prozedere. Buchungsvoucher und Pässe vorlegen, Bezahlung über die Kreditkarte. Ach ja, die Kreditkarte. Da gab es ein Problem! Die junge Dame am Empfang legte mir eine Rechnung vor, die ich so nicht bezahlen wollte und konnte ... Zur Erklärung: Ich hatte unser Hotelzimmer bereits ein Jahr vor unserer Reise gebucht. Im Internet, direkt über die Website des Hotels. Damals noch zu einem horrend hohen Preis. Im E-Mail-Austausch mit der Buchungsabteilung des Hotels wurde mir jedoch versichert, dass, würden die Hotelpreise gesenkt werden, diese günstigeren Preise an uns weitergereicht würden. Ich habe aufgepasst und die Preisentwicklung akribisch beobachtet, und dann, irgendwann, wurden die Preise reduziert. Das Hotel hat selbstverständlich Wort gehalten, und unsere vorher immens hohe Rechnung wurde korrigiert. Nun jedoch, bei unserem Check-in, sollte unsere Kreditkarte mit dem zuerst gebuchten Betrag belastet werden. Ich verstand nicht warum!? Ich legte noch mal die E-Mails mit der herabgesetzten Korrekturrechnung vor, aber die junge Dame am Empfang erklärte mir, dass es technisch nicht anders möglich sei. Die Kreditkarte müsse erst einmal mit der hohen Summe der Erstbuchung belastet werden. Mir schnürte sich der Hals zu. Das war nicht möglich! Unsere Kreditkarte war begrenzt und diese geforderte Summe überstieg unser Kreditkartenlimit bei Weitem. Ich war fassungslos! An so etwas hatte ich bei all meiner Planung nicht gedacht! Wieso auch? Dafür gab es auch keine Lösung! Die zweite Empfangsmitarbeiterin schaltete sich ein. Sie hatte die Problematik mitbekommen und unterbreitete den Vorschlag, am kommenden Tag den Supervisor hinzuzuziehen. Sie machte mit den Händen eine beruhigende Geste. „Bitte gehen Sie erst einmal auf Ihre Zimmer und schlafen Sie sich aus! Morgen sprechen wir mit dem Supervisor!"

Es war mittlerweile 23 Uhr Honolulu-Zeit. Wir waren seit mehr als 29 Stunden auf den Beinen. Ohne in der Zwischenzeit geschlafen zu haben. Ich konnte auch nicht mehr klar denken. Ich hatte die Diskussion am Empfang hin- und her übersetzt. Keiner aus unserer kleinen Reisegruppe wusste Rat. Wir bezogen dann erst einmal unsere Zimmer. Meine Schwägerin und mein Schwager waren in der siebten Etage untergebracht. Wir verabschiedeten uns im Fahrstuhl. Mein Mann und ich bezogen unser Quartier im vierten Stockwerk. Als wir unser Zimmer betraten, nahm ich gar nichts mehr wahr ... Ich hatte nur noch diesen einen Gedanken im Kopf ... Was machen wir, wenn das Hotel morgen weiterhin darauf besteht, die Kreditkarte so hoch belasten zu wollen? Dann können wir einpacken und nach Hause zurückfliegen! Wir hatten zwar noch eine zweite Kreditkarte dabei, aber die wollte man nicht akzeptieren, weil Prepaid ... Ich war fix und fertig. Die Koffer schoben wir in eine Ecke, öffneten die Balkontür und setzten uns aufs Bett ... Lothar versuchte, mich zu beruhigen. Er war optimistisch und sagte mir, dass sich morgen bestimmt alles aufklären werde. Das Hotel wolle ja schließlich nicht einfach so vier Gäste verlieren, die für drei Wochen gebucht hatten. Üblicherweise bleiben die meisten Touristen nämlich nur ein paar Tage in einem Hotel und ziehen dann weiter, auf die andere Seite der Insel, oder sie fliegen weiter nach *Maui*, *Kauai* und *Big Island*. Seine lieb gemeinten Worte erreichten mich nicht. Ich konnte mich einfach nicht beruhigen. Ich dachte unentwegt, dass Hawaii wohl doch nicht unser Traumziel und dort vom Schicksal einfach kein Platz für uns vorgesehen sei. In meinem Kopf machte sich langsam ein schrecklicher Gedanke breit. Wahrscheinlich ist es so ... Die Vorsehung hat für uns andere Pläne geschmiedet. Und Hawaii passt da nicht mit hinein! Schon unser erster Urlaub hier endete vorzeitig und dramatisch. Zeigten uns jetzt Hawaii oder das Schicksal, dass hier auf Oahu nicht der richtige Ort für Lothar und mich sei?

Wir saßen im dunklen Zimmer auf unserem Bett. Von draußen fiel schwaches Licht aus den angrenzenden Hotel- und Apartmentkomplexen in unser Zimmer. Ich war am Boden zerstört. Traurig, aufgewühlt, verzweifelt, enttäuscht und ratlos. Mit Sorge dachte ich an den kommenden Tag und das anstehende Gespräch mit dem Supervisor. Ich hatte plötzlich das Gefühl, dem nicht gewachsen zu sein.

Ich musste an meinen Zusammenbruch vor drei Jahren denken. Was ist, wenn uns morgen keine Einigung mit dem Hotel gelingt? Wenn ich meinem Mann, meiner Schwägerin und meinem Schwager sagen muss: „Das war's Leute! Ende im Gelände. Wir müssen zurück nach Deutschland!" Mein Herz raste, wieder dieses Rauschen im Ohr! Das kann doch alles nicht wahr sein! Das kann uns das Schicksal doch nicht wirklich antun! Ich konnte nur stumm den Kopf schütteln. Mein Mann nahm meine Hand. „Schatz, bitte hör auf, dich da so reinzusteigern!" Aber genau das ist mein Problem! Sich in irgendwas reinsteigern kann ich gut! Eine unangenehme Eigenschaft, an der ich noch arbeite. Ich möchte sie nur allzu gern ablegen, diese Schwarzmalerei!

Und da ich inzwischen kurz vor einer Panikattacke stand, fasste ich einen Entschluss. Mein Mann und ich hatten im Jahr 2019 unseren 30. Hochzeitstag. Dieses Jubiläum war ebenfalls ein Grund für die Reise nach Oahu. Wir hatten gemeinsam überlegt, wie wir dieses wunderbare Ereignis in unsere Reisepläne einbinden könnten. Ich sah mir im Internet die Seiten der Anbieter von Heiratsarrangements auf Hawaii an. Traumhaft schön! Es gab nichts, was es nicht gab! Alles war möglich! Man konnte am Strand heiraten. Auf einer eigens gecharterten Yacht. Sogar unter Wasser, mitten im Ozean, war eine Trauung möglich. Aber das alles war nicht wirklich das, was wir wollten. Mal davon abgesehen, dass die geschnürten Wedding-Packages ein kleines Vermögen kosten, haben sie auch diesen kommerziellen Beigeschmack. Wir wollten etwas Eigenes, Intimeres! Unser gemeinsamer Wunsch war es, unser Eheversprechen zu erneuern. Im traumhaft schönen *Ho'omaluhia Botanical Garden*. Dort wollte jeder von uns beiden dem anderen sagen, was er nach 30 gemeinsamen Ehejahren für den anderen empfindet... Das war der Plan.

Aber nun saßen wir in unserem kleinen Hotelzimmer, und ich war völlig durcheinander nach der strapaziösen Anreise, dem ständigen

Hin und Her zwischen zwei Sprachen, dem Reisepassproblem, dem Kreditkartenproblem. Ich dachte nur noch an den kommenden Tag und daran, dass wir vielleicht morgen schon wieder zurück nach Deutschland müssen oder ich einen Herzanfall oder Schlaganfall oder Ähnliches erleide bei all der Aufregung. Mein Mann hielt noch immer meine Hand. Ich blickte ihn an, teilte ihm meine Befürchtungen mit. Und dann platzte es aus mir heraus. Ich wollte ihm jetzt all das offenbaren, was ich mir in schönen Worten für unsere Zeremonie in der malerischen Kulisse des *Hoʻomaluhia Botanical Garden* zurechtgelegt hatte. Bevor ich vielleicht nie mehr die Gelegenheit bekomme, tue ich das jetzt! Und ich tat es! Ich weiß nicht genau, wie lange ich erzählt habe, aber es war ziemlich lange. Es gab auch viel, über das es sich zu reden lohnte. Viele Momente unseres gemeinsamen Lebens, die es verdienten, angesprochen zu werden. Wir hatten ja schließlich auch eine bewegte gemeinsame Vergangenheit.

Wir lernten uns kennen und waren sofort eins. Drei Jahre später heirateten wir. Jeder von uns beiden hatte im anderen die Liebe seines Lebens gefunden. Und nachdem wir lange Zeit vergeblich versucht hatten, Kinder zu bekommen, brachte die ärztliche Diagnose eine traurige, bittere Wahrheit hervor. Wir werden kinderlos bleiben!! Was tun? Wie damit umgehen? Wir beide hatten uns aus tiefstem Herzen Kinder gewünscht! Wir konsultierten mehrere Ärzte. Alle entließen uns mit einem Bedauern in der Stimme und konnten uns doch nur die gleiche Diagnose wie ihre Vorgänger stellen. Es war eine harte Zeit. Aber unsere Liebe zueinander war stark genug, uns positiv in eine gemeinsame, wenn auch kinderlose Zukunft blicken zu lassen. Wir beschlossen, unser Leben neu auszurichten. Und dann, im Dezember 1988, wurde bei mir eine Schwangerschaft festgestellt. Einfach so. Nach all den Arztbesuchen, den vergossenen Tränen, den korrigierten Prioritäten in unserem Leben, da erfüllte sich plötzlich unser allergrößter Wunsch! Wir sollten Eltern werden! Ich hatte eine wunderbare Schwangerschaft. Wir waren so glücklich über das wachsende, neue Leben in mir und so stolz auf meinen immer größer werdenden Bauch. Der Tag, an dem unser Kind zur Welt kommen sollte, rückte immer näher. Und dann, eine Woche vor dem errechneten Entbindungstermin, hatte ich abrupt keine Kindsbewegungen mehr. Ich fuhr sofort, an einem Freitag, zu meiner Frauenärztin. Diese untersuchte mich und teilte mir mit, es sei alles in Ordnung. Es sei „die Ruhe vor dem Sturm", sagte sie. Das Kind würde in der richtigen Geburtsposition liegen und die Wehen sicher bald einsetzen. Falls dies über das Wochenende nicht geschehe, solle ich am Montag zur Untersuchung ins Krankenhaus fahren. Und da weder am Samstag noch am Sonntag die Wehen einsetzten, fuhr ich am Montagmorgen in die Klinik. Dort konnte niemand helfen. Ich brachte ein totes Kind zur Welt. Eine Obduktion ergab, dass unser Kind an einer schweren Anämie gelitten hatte und daran verstorben war. Dieser Abschnitt unseres Lebens war eine Zeit, die tiefe Wunden auf unser beider Seelen hinterlassen hat. Mein Mann und ich gingen gemeinsam durch die Hölle. Noch heute fällt es uns schwer, darüber zu sprechen. Zu schmerzlich und grausam sind die Erinnerungen. Aber irgendwie haben wir es geschafft, nicht an diesem Schicksalsschlag zu zerbrechen.

Nachdem uns die Natur entgegen aller ärztlichen Diagnosen die große Hoffnung, die Aussicht auf eine gemeinsame Zukunft mit einem leiblichen Kind gegeben hatte, brannte dieser Wunsch in unseren beiden Herzen weiter. In den folgenden acht Jahren hatte ich zwei erfolglose In-vitro-Fertilisationen, welche mit einer Fehlgeburt endeten. Wieder Trauer, Enttäuschung, Schmerz! Die dritte In-vitro-Fertilisation war bereits geplant. Und dann, im Februar 1998, wurde erneut eine Spontanschwangerschaft bei mir festgestellt. Diese Schwangerschaft verlief ganz anders als die erste. Es ging mir sehr schlecht. Ich war mehrmals im Krankenhaus, weil ich starke Kreislaufprobleme hatte. Es war eindeutig psychisch bedingt. Zu groß war die Angst, dass wieder etwas

Furchtbares passieren könnte. In dieser Zeit war mein Mann immer an meiner Seite. Er hat versucht, alles Unangenehme von mir fernzuhalten. Er hat mich beschützt. Er war bei der Geburt unseres Sohnes dabei, die eine Woche vor dem errechneten Entbindungstermin eingeleitet wurde. Die Geburt unseres Sohnes war der kostbarste Moment in unserem Leben. Der Augenblick, in dem ich unseren Sohn in den Armen hielt, mit meinem Mann an meiner Seite, bestand aus Liebe und Glück und Dankbarkeit. Wir sind uns dieses größten aller Geschenke täglich bewusst!!! Das Leben hat uns belohnt, indem es uns einen wundervollen (kleinen) Menschen gab, der uns von da an auf unserem gemeinsamen Lebensweg begleitete ...

Es gab in den zurückliegenden 30 Jahren unserer Ehe viele Berg-und-Tal-Fahrten. Es ist wunderbar, wenn man glückliche Momente miteinander teilen und genießen kann. Das ist für mich nichts Selbstverständliches. Zweifellos waren es unglaublich großartige Gefühle, die uns erfüllten, wenn wir gemeinsam etwas ganz Tolles erlebt oder erreicht hatten. Wir spürten dann in inniger Verbundenheit Augenblicke voller Freude, Ausgelassenheit, Heiterkeit, Begeisterung und Nähe. Die Erinnerung an diese positiven Begebenheiten trage ich tief in meinem Herzen. Darüber sprach ich auch mit meinem Mann in dieser Nacht in unserem Hotelzimmer ... Und darüber, wie unsagbar glücklich ich bin, dass wir gerade in Zeiten des Kummers, der Angst und Verzweiflung immer füreinander da waren. Dem anderen treu, selbstlos und mit aller Kraft zur Seite standen. In der Gegenwart meines Mannes fühlte ich mich geborgen. Unser tiefes, gegenseitiges Vertrauen war das Fundament eines selbstverständlichen Gefühls der Zusammengehörigkeit. Es dauerte einige Zeit, bis ich mir alles, was ich ihm so gern sagen wollte, von der Seele geredet hatte. Mein Mann hingegen wollte sich seine Worte für den *Hoʻomaluhia Botanical Garden* aufheben. Er war unerschütterlich positiv. Für ihn stand felsenfest, dass wir nicht abreisen werden und sich alles zum Guten wenden wird.

Er war der positive Pol zu meinem negativen Gegenpol.

Und so brach er an, der kommende Morgen. Nach einer schlaflosen Nacht und mit tiefen Augenringen rief ich Ines und Detlef auf ihrem Hotelzimmer an, und wir alle verabredeten uns in der Lobby. Wir gingen zur Rezeption. Dort herrschte bereits geschäftiges Treiben. Ich sprach eine Mitarbeiterin an. Zufällig war sie der Supervisor, die richtige Gesprächspartnerin für unser Anliegen. Ich erklärte also nochmals das Problem mit unserer Kreditkarte, welche ja ausreichend gedeckt wäre, wenn sie mit dem korrekten Rechnungsendbetrag belastet werden würde. Die nette Dame am Empfang nickte zwischendurch ein paar Mal und wandte sich der Tastatur ihres PCs zu. Mein Hals war zugeschnürt. Ich war so aufgeregt, dass ich nicht verstand, was sie mir dann antwortete. Sie musste es noch einmal wiederholen. Ich sah sie an, und mit freundlicher Stimme teilte sie uns mit, dass sie unsere Kreditkarte mit der realen Rechnungssumme belasten werde und falls weitere Kosten anfallen würden, wir diese cash, also bar bezahlen könnten. Sie würde uns vertrauen! Nun war alles in Ordnung! Eine riesengroße Last und Anspannung fielen von mir ab. Mir standen augenblicklich Tränen der Erleichterung in den Augen. Ich ergriff ihre Hand, dankte ihr aus vollstem Herzen. Ich glaube, sie war zuerst etwas überrascht über meinen extremen Gefühlsausbruch, nahm dann meine Worte des Dankes jedoch gern entgegen. Ich übersetzte für meine Familie noch schnell das zuvor Gesprochene. Eigentlich brauchte ich das gar nicht, denn die Situation erklärte sich von selbst. Nun waren wir alle vier erleichtert. Es war geschafft! Die (hoffentlich!) letzte Hürde war genommen! Es konnte beginnen, unser Abenteuer auf Oahu ...

Unser Hotel – genau so, wie wir es wollten ...

Ich möchte an dieser Stelle ein paar Worte zu unserem Hotel schreiben. Es gibt viele Unterbringungsmöglichkeiten auf Oahu. Man kann sich in einem Hotelzimmer einquartieren, in einer Ferienwohnung (*Condo* genannt) oder einem Ferienhaus. Hostels stehen zur Verfügung, sogar Zelten ist möglich ... Wir hatten uns für ein Hotel entschieden. Aber welches? Die Auswahl erscheint schier unendlich. Zu allererst fallen mir die Luxushotels ein, wie z. B. das „Royal Hawaiian Hotel" oder das „Moana Surfrider". Beide Hotels liegen direkt am *Waikiki Beach* und sind von beeindruckender Architektur, allerdings finanziell unerreichbar für uns. Dann gibt es riesengroße Hotelkomplexe, wie z. B. das „Hilton Hawaiian Village", in welchen man wie in einem kleinen Dorf lebt. Dort steht einem alles zur Verfügung: Pools, Animationen, Restaurants, sogar ein Friseur und eine Poststelle. Und man teilt sich all diese Annehmlichkeiten mit sehr vielen weiteren Hotelgästen. Es ist also ganz schön was los. Hauptsächlich und sehr gern werden die großen Hotelanlagen von amerikanischen Touristen gebucht. Der größte Teil der Hotels in Honolulu ist im Stadtteil Waikiki vorzufinden.

Was das bedeutet, wurde mir auch erst während unseres ersten Hawaii-Aufenthaltes 2016 bewusst. In Honolulu leben rund 390.000 Einwohner. Jährlich besuchen ca. fünf Millionen Touristen die Insel Oahu. So entwickelte sich Honolulu, zum Schmelztiegel einer Weltmetropole. Wohin das Auge blickt, überall stehen riesige Hochhäuser, Hotels, Apartmenthäuser. Es ist laut, denn auf den Straßen drängt sich der Verkehr. Es gibt auch viele Baustellen. Und wenn man Pech hat, erlebt man diese Unruhe (je nach Lage) in seinem Hotelzimmer. So erging es uns leider 2016, da hatten wir ein Hotel mitten in Waikiki gebucht.

Aber nun war ich ja schlauer und, um diesem ganzen Trubel zu entgehen, hatte ich ein Hotel herausgesucht, das ein wenig abseits am südöstlichen Ende Waikikis und der *Kalakaua Avenue* lag: das „New Otani Kaimana Beach Hotel", in direkter Strandlage, nur 15 Gehminuten vom Zentrum Waikikis entfernt. Gegenüber vom Hotel befindet sich der *Kapiʻolani Park*. Seitlich, hinter dem *Kapiʻolani Park*, ruht das wohl berühmteste Naturdenkmal der Insel Oahu: der *Diamond Head*, ein riesiger Tuffsteinkrater vulkanischen Ursprungs. Das „New Otani Kaimana Beach Hotel" besticht mit seinem familiären Charme. Es verfügt über einen hoteleigenen Parkplatz, an welchen ein paar kleine Shops grenzen. Das Hotel besitzt zwei Restaurants, das „Miyako" – ein japanisches Restaurant (*indoor*) und das „Hau Tree Lanai". Dieses befindet sich im Außenbereich des Hotels. Man sitzt dort in direkter Nähe zum Meer. Das Rauschen des nur ein paar Meter entfernten Ozeans ist zu hören, und man hat einen fantastischen Blick auf den Pazifik. Das „Hau Tree Lanai" ist durch kleine, in strahlendem Weiß leuchtende Balustraden vom Strand abgegrenzt, und die Tische werden von den *Hau Trees*, wunderschönen, alten Hibiskusbäumen, Schatten spendend überdacht. Am Abend werden *Torchlight* (Fackeln) angezündet. Das verleiht dem Ganzen eine sehr romantische Atmosphäre. In der hoteleigenen Bar, der „Sunset Lanai Lounge", haben wir mehrmals während der Happy Hour ein paar Kleinigkeiten gegessen und ein Bier getrunken. Beides war sehr lecker. Das Hotel verfügt über 118 Gästezimmer bzw. Suiten. Unser gebuchtes Zimmer (*moderate*) befand sich in der vierten Etage. Es war nicht sehr groß. Ich schätze mal, es hatte annähernd 20 Quadratmeter. Ausgestattet war es mit einem Queensize-Bett, einem kleinen Wandschrank, einer Kommode, einem kleinen Tisch mit zwei Stühlen. Ebenfalls gehörten zur Einrichtung: ein Flatscreen-Fernsehapparat, ein Minikühlschrank, Telefon und eine Kaffeemaschine. Da man eine Hotel-Fee bezahlt, ist es üblich, dass man jeden Tag u. a. frische Kaffeepads an die Kaffeemaschine gelegt bekommt. Mein Mann hat diesen hawaiianischen Kaffee geliebt und vermisst ihn schon ein wenig seit unserer Rückkehr ... Im ebenfalls kleinen Badezimmer befinden sich eine Duschwanne, ein Waschbecken sowie die Toilette. Zugegeben, das Zimmer war wirklich nicht groß. Da unsere beiden Koffer nicht in den Wandschrank passten, räumten wir einfach ein wenig um. Und siehe da! Alles konnte verstaut werden. Unser Balkon (hawaiianisch: *Lanai*) bot uns einen seitlichen Ausblick zum *Kapiʻolani Park* mit *Diamond Head* in die eine Richtung und auf den Pazifischen Ozean in die andere Richtung. Direkt geradeaus sahen wir über einen Parkplatz hinweg zu den angrenzenden Hotel- bzw. Apartmenthäusern. Es war für uns völlig o. k. Das war unser finanzieller Kompromiss. Natürlich kann man auch ein Zimmer mit Meerblick buchen, mit einem traumhaft schönen, unverbauten Ausblick. Aber das konnten wir nicht bezahlen. Außerdem haben wir den Balkon nur zum gelegentlichen Frühstück genutzt und unser Zimmer wirklich nur zum Schlafen.

Der Strand vor dem Hotel heißt *Kaimana Beach*. Er ist nicht sehr groß, jedoch durch seine etwas isolierte Lage keinesfalls überfüllt. So besteht die Möglichkeit, sich dort gut auszubreiten, ohne jemanden zu stören oder bedrängt zu werden. Der Strand verläuft flach abfallend ins Meer. Man kann ein ganzes Stück ins Wasser hineinlaufen, ohne dass man gleich tief im Meer versinkt. Es gibt auch ein vorgelagertes Riff, ein prima Schnorchelrevier! Bei Ebbe sieht man die Riffspitzen aus dem Wasser ragen. Ein Rettungsturm befindet sich ebenfalls am *Kaimana Beach*. Der Strand wird also professionell bewacht. Das war mir wichtig. Bei unserer ersten Reise 2016 habe ich in der *Hanauma Bay* eine Rettungsaktion miterlebt. Hautnah. Der Ozean ist nun mal nicht unser Lebensraum. Leider gibt es immer wieder Menschen, die das nicht beherzigen und sich überschätzen. Und so kommt es dann zu Situationen, in denen Menschen in Lebensgefahr geraten und dringend Hilfe benötigen. Dann ist es ein wahrer Segen, einen *Lifeguard* in der Nähe zu haben!

Ich muss unbedingt noch etwas zu den Hotelangestellten loswerden. Alle, ausnahmslos alle Mitarbeiter, zu denen wir Kontakt hatten, waren ausgesprochen freundlich und hilfsbereit. Unsere Fragen wurden immer mit Geduld beantwortet, Probleme kompetent und zielführend gelöst. Wenn wir die Hotelhalle betraten, blickten wir immer in die lächelnden Gesichter der Angestellten. Wir wurden stets mit einem herzlichen „Aloha!" begrüßt. Darüber haben wir uns immer sehr gefreut! Und manchmal, wenn unser aller Zeit es erlaubte, blieben wir auf einen kleinen Plausch stehen, und die Hawaiianer erkundigten sich nach unserem Befinden, wie wir den Tag verbracht hatten oder was wir noch so unternehmen wollten. Wir bekamen dann gute Tipps mit auf den Weg. Manchmal sprachen wir auch über Hawaii oder über unsere Heimat. Das war für sie nämlich auch sehr interessant. Denn viele Menschen auf Hawaii haben eine ganz besondere Verbindung zu Deutschland. Alles in allem haben wir uns genau das richtige Hotel ausgesucht. Und ich muss auch gar nicht lange nachdenken. Ich würde nicht tauschen wollen und es immer wieder buchen!

Der Tag nach unserer Anreise – wir erkunden die Umgebung ...

Die erste Nacht nach unserer Ankunft in Honolulu war zumindest für mich schlaflos. Aber nun gab es kein Halten mehr. Alles hatte sich zum Guten gewendet und Hawaii – oder besser Oahu – empfing uns mit weit geöffneten Armen. Unser Vierergespann machte sich sodann auf den Weg, dem ersten Frühstück entgegen. Wir verließen unsere Unterkunft und liefen erst einmal um das Hotel herum, hin zum *Kaimana Beach*. Es war inzwischen 10 Uhr am Morgen. Die Sonne stand am wolkenlosen Himmel. Sie glitzerte auf den herannahenden, schäumenden Wellen des Pazifiks. Es war ein unglaublich zauberhafter Anblick, der sich uns bot! Diese Farben! Das türkisfarbene Wasser des Ozeans schillerte in unterschiedlichen Blautönen, und der Himmel wollte dieses Blau anscheinend noch übertreffen! Am Ende des Horizonts trafen sich Himmel und Wasser. Es war eine endlose Weite, die vor uns lag. Links von uns befand sich eine kleine Mole, bestehend aus aufgeschichteten Steinen, im Wasser. Dahinter lagen bunt angestrichene Auslegerkanus im Wasser. Die Dünung des Meeres ließ sie auf den Wellen leicht auf und nieder wippen. Die Blätter der Palmen wiegten sich lautlos im Wind. Ein Anblick wie auf einem Postkartenidyll! Aber, kneif mich bitte. Das ist keine Postkarte! Das ist echt! Wirklichkeit! Der Passatwind ist hier allgegenwärtig. Sanft berührte er meine Haut und pustete vorsichtig durch mein Haar. Die warmen Strahlen der Sonne vollendeten dieses augenblickliche Gefühl vollkommener Harmonie. Hier will ich bleiben! Ich freute mich unbändig auf unseren ersten Strandtag und konnte es kaum erwarten, endlich ins Wasser zu springen.

Auf der rechten Seite entdeckten wir etwas, das wir auf den ersten Blick nicht einordnen konnten: das *Waikiki Natatorium War Memo-*

rial. Es ist ein Meerwasserschwimmbad, errichtet zu Ehren der Frauen und Männer Hawaiis, welche im Ersten Weltkrieg dienten. Es wurde am 24. August 1927 eingeweiht. Leider ist es heute aufgrund seines baufälligen Zustandes geschlossen. An seinem hübschen Eingang sind bebilderte Tafeln angebracht, auf denen man einiges über die Geschichte des Denkmals nachlesen kann. Meine Mitstreiter mahnten jedoch, unser jetziges Ziel, das Frühstück, nicht aus den Augen zu verlieren. Und so begaben wir uns auf die *Kalakaua Avenue*, welche direkt vor unserem Hotel entlangführt. Wir hatten zwei Rucksäcke und zwei Handgepäck-Trolleys dabei, denn nach dem Frühstück wollten wir Waikiki ein wenig zu Fuß erkunden und anschließend Einkäufe erledigen. Wir ließen unser Hotel hinter uns und liefen die *Kalakaua Avenue* Richtung Waikiki auf der linken Straßenseite ganz gemächlich entlang. Als Erstes fielen uns sagenhafte Eisenholzbäume auf, welche den Straßenrand flankierten. Sie sahen so märchenhaft aus! Ihre unglaublich dicken Stämme waren an der Basis gedreht wie ein Korkenzieher, wurden, nach oben verlaufend, schmaler. Von den verknöcherten, dicht bewachsenen Ästen hingen lange Nadeln herunter, wie wir sie von unseren europäischen Kiefern kennen. Die Eisenholzbäume wurden offensichtlich allesamt zum gleichen Zeitpunkt gepflanzt, denn sie hatten exakt dieselbe Höhe und standen alleeartig in Reih und Glied.

Nach ungefähr 500 Metern erreichten wir das „Waikiki Aquarium". Ich hatte mir seine Website vor unserer Reise schon im Internet angeschaut. Jede Menge Meeresbewohner kann man sich dort ansehen und Veranstaltungen werden auch regelmäßig durchgeführt. Auf der Internetseite des „Waikiki Aquariums" kann man dies gut nachlesen. Es gibt dort außerdem eine sehr wichtige Information – den *Box Jellyfish Calendar*. Der *Box Jellyfish* ist eine giftige Würfelqualle. Eine Berührung seiner Tentakel löst sehr starke Schmerzen aus. Schlimmstenfalls kann das Gift der Würfelqualle zum Tod eines Menschen führen.

Einmal im Monat wird Oahu von diesen Quallen besucht. Man kann sich vor der geplanten eigenen Anreise also schon mal informieren, wann mit dem Eintreffen der Quallen zu rechnen ist. Dieses wird mit acht bis zehn Tage nach dem Vollmond angegeben. Die Vorhersagen sind ziemlich genau und variieren nur um ca. plus/minus zwei Tage. Sind die Tiere eingetroffen, werden sofort an den bewachten Stränden Hinweisschilder aufgestellt. Man sollte diese unbedingt ernst nehmen und auf keinen Fall ins Wasser gehen. Die Tiere bleiben vier bis fünf Tage und verschwinden dann genauso schnell, wie sie gekommen sind. Wir betrachteten das Aquarium jedoch erst einmal nur von außen und schlenderten weiter Richtung Waikiki. Im Anschluss an das Aquarium beginnt eine kleine Parkanlage. Auf den grünen Wiesen stehen ebenfalls wunderschöne Bäume. Palmen, Akazien, *Banyan*-Bäume, *Koa*-Bäume und andere Arten, die ich namentlich nicht kenne. Diese Parkanlagen erstrecken sich bis zum „Eingang Waikiki", in Höhe des *Honolulu Zoo*.

Zwei weitere Gehminuten vom Aquarium entfernt blickt man linker Hand auf die Rückseite des „Barefoot Beach Cafe". Wir haben es geliebt! Dazu später mehr. Wir liefen weiter, ließen das „Barefoot Beach Cafe" hinter uns und wechselten die Straßenseite. Nun befanden wir uns auf der rechten Straßenseite der *Kalakaua Avenue* in Richtung Waikiki. Diese Straßenseite wird in ihrer gesamten Länge, von unserem Hotel ausgehend, bis fast zum *Honolulu Zoo* vom *Kapiʻolani Park* begleitet. Dort, wo wir die Straße überquerten, gab es eine kleine Überraschung für uns. Wir befanden uns Höhe *Kapiʻolani Band Stand*, welcher sich etwas abseits im Inneren des Parkes befindet. Der *Band Stand* ist ein hübscher Pavillon, der für Aufführungen, wie kleine Konzerte oder Hula-Vorführungen, genutzt wird. Direkt am Fußweg der *Kalakaua Ave* fanden wir dann aber etwas ganz Bezauberndes vor: eine Statue der Namensgeberin des Parkes – eine Statue von Queen Kapiʻolani. Die lebensgroße Figur wurde auf einen kleinen Sockel gesetzt. An diesem befindet sich eine Tafel mit dem Schriftzug „Queen Kapiʻolani" sowie die Inschrift „Kulia I Ka Nuʻu". Das bedeutet so viel wie: „Strebe nach dem Höchsten". Diesem Motto hatte Queen Kapiʻolani sich zeitlebens verschrieben. Beharrlich und aufopfernd setzte sie sich vor allem für die Gesundheit der Menschen ihres Volkes ein. So ließ sie das „Kapiʻolani Maternity Home" erbauen, in welchem Mütter und ihre Neugeborenen versorgt wurden. Während ihrer Regentschaft wütete die Lepra auf den hawaiianischen Inseln. Eine Siedlung von an Lepra erkrankten Menschen befand sich in dem Ort *Kalaupapa* auf der Insel *Molokaʻi*. Queen Kapiʻolani besuchte diesen traurigen Ort und war voll Mitgefühl. Sie versprach den Betroffenen Hilfe, und diese bekamen sie umgehend. Queen Kapiʻolani sammelte Spenden und ließ in Honolulu, im Stadtteil *Kakaʻako*, das „Kapiʻolani Home for Girls" errichten, ein Haus, in welchem Mädchen aufwachsen konnten, deren Eltern an Lepra erkrankt waren. Es war Queen Kapiʻolanis Herzenswunsch, die Welt für die kranken und bedürftigen Menschen ihres Volkes etwas besser zu machen. Und nun standen wir hier vor ihrem Monument. Die Statue war über und über mit *Leis* geschmückt (das sind die hawaiianischen Blumenkränze). *Leis* lagen auf ihrem Haupt und bildeten einen farbenprächtigen Kopfschmuck. Duftende Blumenketten waren um ihren Hals drapiert, um ihre Hände geschlungen. Auf dem Sockel der Statue lagen zuhauf tropische Blumen, einzeln oder zu Sträußen gebunden. Eine Huldigung der hawaiianischen Menschen, die noch heute Queen Kapiʻolani für ihre gelebte Großherzigkeit und Wohltätigkeit verehren.

Das hat mich schon sehr berührt! Auch hier hieß es: „Weitergehen!". Wir überquerten dann die *Monsarrat Avenue* und hatten bereits den Zooeingang vor Augen. Den ließen wir dann aber rechts neben uns liegen und überquerten die *Kapahulu Avenue*. Vor uns lag das „Queen Kapiʻolani Hotel". Es wurde neu renoviert. Ines und ich wären nur allzu gern hineingegangen, um es zu besichtigen. Das musste jedoch warten. Denn wir betraten in diesem Augenblick die *Lemon Road*. Sie ist etwas schmal, ohne Fußweg und zwischen den Hochhäusern eingebettet. Sie wirkt deshalb ein wenig wie eine Gasse. Ziemlich am anderen Ende der *Lemon Road* befindet sich das „Waikiki Beachside Kitchen". Dort wollten wir frühstücken. Wir entdeckten es auch. Anhand der Werbeplakate im Fenster wusste ich – hier sind wir richtig. Aber es gab ein Problem. Das „Waikiki Beachside Kitchen" war geschlossen. Laut den angeschriebenen Öffnungszeiten hätte es geöffnet sein müssen. Aber dann fiel mir ein, wir leben hier ja nach „Honolulu-time" ... soll heißen: Die Bewohner Hawaiis oder in unserem Fall die Bewohner Honolulus richten ihren Tagesablauf gern nach der *Hawaii-Surf-Report*-App aus. Wenn diese gute Surfbedingungen voraussagt, also gute Windverhältnisse, optimale Wellenhöhen, dann fragt man einfach beim Chef nach, ob man später zur Arbeit kommen kann oder sich den Tag freinehmen darf, um die hervorragenden Surfbedingungen nutzen zu können. Ist wirklich so! Die Hawaiianer sind da durchaus entspannt und tolerant in gleicher Weise und schaffen sich somit ein kleines Stück Lebensqualität, was ich ausgesprochen sympathisch finde.

Vielleicht nutzten die Betreiber des „Waikiki Beachside Kitchen" gerade in diesem Moment ja auch dieses ungeschriebene Gesetz und surften im Pazifik vor dem *Waikiki Beach* ein paar Wellen ab ... Was aber nun mit uns? Langsam knurrte uns allen der Magen! Es half nichts. Plan B kam zum Tragen. Und Plan B hieß in diesem Fall – auf zu „McDonald's"! Da kam uns unser erster Hawaiiaufenthalt zugute. Mein Mann und ich kannten uns dadurch schon ein wenig in Waikiki aus. Ruckzuck fanden wir den richtigen Weg und standen vor einer „Mäckes-Filiale". Ich bat meine drei hungrigen Mitreisenden, mir mitzuteilen, was sie denn essen möchten, damit ich die Bestellung aufgeben konnte. Zehn Minuten später und um einige Dollars erleichtert, saßen wir an einem Tisch im Außenbereich mit Blick auf die *Kala-*

kaua Ave und ließen es uns schmecken. Auf der *Kalakaua Ave* herrschte bereits reges Treiben. Der Verkehr und die Vielzahl der vorbeispazierenden Touristen machten mich unruhig. Auf der gegenüberliegenden Straßenseite konnten wir den Strand und den Ozean sehen. Ich hätte am liebsten mein Frühstück geschnappt und mich damit an den Strand gesetzt. Das teilte ich auch meinen anderen dreien mit. Aber die ermahnten mich, es erst einmal geruhsam angehen zu lassen, und so blieben wir. Die Option mit dem „Strandfrühstück" wollten wir für die Zukunft jedoch im Hinterkopf behalten!

Nun waren wir alle für den Tag gestärkt. Der Tatendrang setzte ein, und ich schlug vor, eine kleine Sightseeing-Tour durch Waikiki zu unternehmen. Natürlich auf eigene Faust! Schließlich hatte ich im Vorfeld unserer Reise mithilfe von Google Street View Honolulu erkundet. Wir schlenderten kreuz und quer durch Waikiki. Lothar und ich zeigten meiner Schwägerin Ines und meinem Schwager Detlef Orte, die uns von unserem ersten Hawaii-Trip gut in Erinnerung geblieben waren. Dadurch kannte ich nicht nur den Namen bestimmter Gebäude, Plätze oder Statuen, mir fiel auch ein, was ich darüber gelesen hatte. Diese Informationen nahmen die anderen gern entgegen. Es war eine kurzweilige Zeit! Und während wir so durch Waikiki liefen und ich erzählte und erzählte, überfiel mich plötzlich ein Gefühl, das ich zuerst nicht einzuordnen wusste ... War es Zufriedenheit? War es Wohlbehagen oder so etwas wie Geborgenheit? Ich wollte in Ruhe darüber nachdenken – abends, in einer stillen Minute ... Inzwischen waren wir mehrere Stunden unterwegs. Auf der To-do-Liste für den heutigen Tag stand noch der Einkauf. Und so lenkten wir unsere Schritte Richtung *Kuhio Avenue*. Diese verläuft fast parallel zur *Kalakaua Avenue*, sozusagen in zweiter Reihe. Auf der *Kuhio Avenue* sind ganz viele Hotels vorzufinden. Shops und Restaurants drängen sich dicht an dicht. Und recht bald standen wir vor dem Eingang eines Supermarktes – der „Food Pantry". Wir traten ein und nahmen sofort den Duft von Kaffee und frisch zubereitetem Essen war. Ein Coffeeshop und ein Stand, an welchem gerade Steaks gegrillt wurden, verbreiteten diese Gerüche. Wir betrachteten neugierig die Werbetafeln. Nach den Preisen muss man nämlich immer Ausschau halten! Vergleiche lohnen sich. Man spart so manchen Dollar. Wir nahmen uns einen Einkaufswagen, begaben uns in den Verkaufsraum und begannen, die prall gefüllten Regalreihen zu erkunden. Mir machte es großen Spaß, die Auslagen zu durchstöbern. Die Verpackungen waren bunt, das Angebot riesig, ständig gab es Ablenkungen. Konzentration! Was war noch mal unser Vorhaben? Richtig! Der Einkauf von Lebensmitteln sowie von Getränken. Die Männer schlugen vor, doch erst einmal Bier auszusuchen ... Wir betraten den Verkaufsbereich für den beliebten Gerstensaft. Ich war wie erschlagen. Die Regale waren bis unter die Decke vollgestopft mit Bier. Von wegen: Es gibt kein Bier auf Hawaii ...! Ganz im Gegenteil! Es gab nichts, was es nicht gab! Die Männer kämpften sich durchs Sortiment, und ich nutzte die Zeit, um mir alles in Ruhe anzuschauen. Die Verpackungen sahen großartig aus! Auf den Kartons der Sixpacks waren Vintage-Motive in knalligen Farben abgedruckt. Feuer spuckende Vulkane, deren Lavaströme ins Meer flossen, Klippenspringer, welche sich aus großer Höhe ins Meer stürzten, Surfer, die vor einer traumhaften Bergkulisse im Ozean die Wellen ritten. Die Bierdosen zierten Motive von Kugelfischen, gefährlich blickenden Haien oder auch hawaiianischen Symbolen. Die unterschiedlichen Biere trugen wohlklingende Namen, wie „Wailua Wheat", „Big Wave", „Longboard" oder „Fire Rock". Egal ob Pils, Lager, Hefeweizen – es gab einfach alles ... Und das war offensichtlich ein bisschen zu viel des Guten für unsere Männer. Sie entschieden sich letztendlich für etwas, das sie schon aus Deutschland kannten ... Es wurde ein Karton Budweiser mit 30 Büchsen für 27,99 Doller plus Steuern, welche später an der Kasse noch hinzugerechnet wurden. Das ist so üblich in Amerika. Die in den Geschäften für die meisten Waren ausgewiesenen Preise enthalten nämlich noch nicht die Steuer (*Sales Tax*). Diese variiert in ihrer Höhe von Bundesstaat zu Bundesstaat. Auf Hawaii betrug die *Sales Tax* im Jahr 2019 vier Prozent. Okay, das Bier landete also schon einmal in unserem Einkaufswagen. Wir hielten sodann Ausschau nach Wasser. Auch dort hatten wir eine enorm große Auswahl. Wir entschieden uns schnell für ein Angebot und kauften einen großen Behälter mit einer Gallone Fassungsvermögen – das sind knapp 3,8 Liter. Der Kostenpunkt (netto) betrug 2,89 Dollar. Aber wir wollten ja noch ein paar Snacks für unsere Ausflugstage, an denen wir unterwegs sein würden, besorgen. So durchforsteten wir weiter die Regale und staunten über die Preise. Ein Glas Nutella für 9,69 Dollar, ein Glas Honig für 11,98 Dollar, 125 Gramm Butter für 3,58 Dollar, eine Packung Toast für 3,69 Dollar, eine Packung Gouda für 4,59 Dollar. Heftig! Wir entschieden uns für Kekse, Obst und Chips.

Ich hatte mich während meiner Reiseplanung bereits über das hawaiianische Preisniveau erkundigt, und Lothar und ich wussten von unserem vorangegangenen Aufenthalt auf Oahu, in welcher Höhe Verpflegungskosten auf uns zu kamen. Wir hatten mit Ines und Detlef vorab ausführlich über diese Thematik gesprochen. Dennoch waren wir teilweise über die ausgewiesenen Preise geschockt. Wir mussten die Dinge so nehmen, wie sie waren, und konnten nur versuchen, das Beste aus der Situation zu machen, indem wir „sparsam" einkauften, Sonderangebote und z. B. Coupons nutzten. Wir haben lange für diese Reise sparen müssen, dafür hart gearbeitet. Natürlich fällt es da schwer, diese hohen Preise anzunehmen. Mit jedem weiteren Einkauf stellte sich dann aber eine zunehmend nüchterne Akzeptanz ein. Grämen wir uns nicht über Dinge, die wir nicht ändern können, genießen wir stattdessen jede Sekunde unseres Urlaubs und seien wir dankbar, hier sein zu können ...! An der Kasse wurden wir von der Kassiererin mit einem freundlichen Lächeln und diesem unglaublich schön klingenden „Aloha!" empfangen. Wir bezahlten. Normalerweise packen die Kassierer an der Kasse für den Kunden alles in Tüten ein, aber wir baten die Kassiererin, dies nicht zu tun. Wir hatten ja unsere Rucksäcke und Trolleys dabei. Darin verstauten wir unsere Einkäufe. Vor allem das Bier musste „blickdicht" transportiert werden. In den USA ist der Konsum von Alkohol in der Öffentlichkeit strafbar. Das gilt für die Straßen, Verkehrsmittel, den Strand ebenso wie für Parks. Und vielerorts ist es verboten, den Alkohol öffentlich sichtbar zu transportieren. Aus diesem Grund benutzen die Amerikaner oft die *Brown Bags*, diese braunen Einkaufstüten, um ihren Alkohol vor Blicken geschützt nach Hause zu tragen.

Wir jedenfalls schnappten unsere Taschen und machten uns auf den Rückweg zu unserem Hotel. Von der „Food Pantry" aus hatten wir 25 Minuten Fußmarsch vor uns. Es war warm. Herrliche 28 Grad Celsius. Da waren wir schon dankbar, unsere Einkäufe nicht schleppen zu müssen. Wir zogen einfach alles hinter uns her. Die Rollen unserer kleinen Köfferchen ratterten beflissen über den Asphalt. Unterdessen beratschlagten wir, was wir nach unserer Ankunft im Hotel noch unternehmen wollten. Der einstimmige Entschluss war schnell getroffen: Selbstverständlich gehen wir schwimmen! Die 25 Minuten Fußweg bis zu unserem Hotel boten viel Zerstreuung. Ständig gab es etwas zu sehen. Ich saugte alles um mich herum begierig in mich auf. Angefangen von der Ampelschaltung, welche schon etwas anders aussieht als unsere daheim. Die Fahrzeuge auf den Straßen. Diese riesigen Trucks mit ihren röhrenden V-8-Motoren. Ich liebe den Sound. Eine Feuerwehr kam uns entgegen – sie war gelb! Die Hotels, an denen wir vorbeiliefen, hatten sehr gepflegte Außenanlagen, welche hübsch bepflanzt waren. Die Eingangsbereiche waren geschmackvoll mit hawaiianischen Elementen dekoriert. Dazu zählten immer wieder Surfboards, Auslegerkanus, geschnitzte Kunstwerke aus *Koa*-Holz – wie z. B. übergroße Hibiskusblüten oder Schildkrötenmotive. Übrigens ist der gelbe Hibiskus die Staatsblume Hawaiis. Die Angestellten der Hotels waren einheitlich gekleidet, d. h., die Männer trugen Hawaiihemden und die Frauen Blusen oder Kleider, die allesamt aus einem einheitlichen Stoff gefertigt wurden. Auf mich wirkte das sehr bezaubernd. In den Geschäften, Bars und Restaurants, an welchen wir vorbeischlenderten, war ein ständiges Kommen und Gehen. Wir waren inzwischen am Ende der *Kuhio Avenue* angekommen und bogen rechts ab auf die *Kapahulu Avenue*. Wir befanden uns schon in Sichtweite des Zoos und nahmen denselben Weg, den wir gekommen waren.

Keine 15 Minuten später erreichten wir unser Hotel. Schnell verstauten Lothar und ich die Einkäufe im Kühlschrank, sprangen rein in die Badesachen, schnappten unsere Strandtasche und los ging's! Wir vier hatten uns in der Lobby verabredet. Ines und Detlef warteten schon. Neben der Rezeption befand sich ein kleines Pult. Dort konnte man sich Handtücher und Matten für den Strand abholen. Der freundliche hawaiianische Angestellte dahinter lächelte uns an und rief uns schon aus einiger Entfernung „Aloha!" entgegen. Wir erwiderten ebenfalls mit einem herzlichen „Aloha!". Ich bat um vier Matten und Handtücher und bedankte mich mit „Mahalo!" – dem hawaiianischen Wort für „danke". Nur eine Minute später waren wir am Strand. Mein Herz hüpfte vor Freude! Gleich würde es so weit sein. Ich würde das erste Mal im Pazifik baden (2016 war mir das nicht möglich gewesen, weil ich mich so schlecht gefühlt hatte). Wir breiteten rasch die mitgebrachten Matten und Handtücher aus. Nun gab es kein Halten mehr. Schnellen Schrittes steuerten wir geradewegs durch den heißen Sand aufs Meer zu. Der Passatwind blies sanfte Wellen dem Ufer entgegen. Das Wasser erreichte meine Füße. Es war angenehm warm. Ich lief ins Wasser, Lothar war an meiner Seite. Wir lachten vor Freude und strahlten uns gegenseitig an. Ich konnte es im Gesicht meines Mannes ablesen: Er fühlte in diesem Moment ebenso wie ich. Es war etwas ganz Besonderes für uns. Uns beiden war klar, dass wir uns immer mehr in unserem gemeinsamen großen Traum befanden, der uns oftmals unerreichbar erschienen war. Und nun waren wir mittendrin und lebten ihn! Ines und Detlef befanden sich inzwischen auch im Wasser und kamen zu uns. Sie sind schon viel in der Welt herumgekommen und haben bereits so einiges gesehen und erlebt. Für die beiden war es ebenfalls ein toller Augenblick, welchen sie als reiseerfahrene Weltenbummler jedoch nicht ganz so hoch einordneten, wie wir es taten.

Wir blieben noch eine ganze Weile in dem wunderbar angenehm temperierten Ozean. Als wir das Wasser verließen und uns auf unseren Strandmatten ausruhten, ließ ich meinen Blick über das Strandgeschehen schweifen. Wir hatten es wirklich bestens getroffen! Der *Kaimana Beach* war gut besucht. Dennoch war jede Menge Platz für die anwesenden Badegäste vorhanden. Einige Leute hatten Strandmuscheln oder sogar kleine Pavillons aufgestellt. Wir hatten uns einen kleinen Sonnenschirm aus Deutschland mitgebracht. Sonnenschirme und Liegen kann man am *Kaimana Beach* nicht ausleihen. An den großen Stränden in Waikiki ist es selbstverständlich möglich, komplettes Strandequipment zu mieten. Das könnte jedoch eine ziemlich kostspielige Angelegenheit werden. Für zwei Liegen und einen Schirm kann man schnell mal 50 Dollar pro Tag loswerden.

Ich bemerkte erst jetzt, dass sich auch mehrere Hunde am Strand befanden. Sie schliefen in der Sonne oder tollten ausgelassen mit „Herrchen" und/oder „Frauchen" im Wasser. Am Strand liefen sie jedoch nicht allein umher. Sie schienen überhaupt alle „wohlerzogen". Was ich dann sah und auch noch des Öfteren in den kommenden drei Wochen, hat mich voll geflasht. Surfende Hunde! Sie stehen auf dem Board, meist vorn auf der Spitze, während Herrchen oder Frauchen das Brett surfend durch die Wellen lenken. Es scheint den Vierbeinern richtig Spaß zu machen. Mit festem Stand, die Augen nach vorn gerichtet, genießen sie den Ausflug auf dem Wasser durch das schäumende Nass ... Es war jedes Mal eine Freude, diesen kleinen (oder auch großen) Surftalenten zuzusehen. Jährlich findet auf Oahu das

„Duke's OceanFest"statt, ein Festival zu Ehren seines berühmten Namensgebers Duke Kahanamoku, über welchen ich unbedingt später noch berichten werde! Jedenfalls dreht sich während des Festivals alles um den Surfsport. Es gibt viele verschiedene Kategorien, in denen die Wassersportler gegeneinander antreten. Eine dieser Kategorien ist die „Dogs SurFur ComPETition", in welcher der am besten surfende Hund gekürt wird. Ein riesengroßer Spaß für die ganze Familie und selbstverständlich für die Hauptakteure dieser Kategorie – die Hunde!!! Leider fand das „Duke's OceanFest" nicht während unseres Aufenthaltes auf Oahu statt. Wir hätten liebend gern daran teilgenommen.

Zurück zum *Kaimana Beach* ..., an welchem wir uns ja noch befanden und den Nachmittag verbrachten. Wir blieben eine ganze Weile am Strand und waren noch ein paar Mal im Wasser. Ich konnte die Augen einfach nicht von dieser paradiesischen Kulisse abwenden. Es war der Anblick des Ozeans. Das unglaubliche Farbspiel zwischen hellbeigefarbenem Sand, grünen Palmen, türkisfarbenem Wasser und dem im kraftvollen Blau strahlenden Himmel. Atemberaubend schöne Natur! Irgendwann mahnte dann jemand aus unserer kleinen Gruppe zum Aufbruch. Zu Recht! Inzwischen ging der Zeiger der Armbanduhr auf 18 Uhr zu. Wir packten also ein und machten uns fürs Abendessen „tischfein". Geschniegelt und gestriegelt trafen wir uns in der Lobby und verließen das Hotel, wieder begleitet mit einem Lächeln und freundlichen „Aloha!" der Hotelangestellten. Es war inzwischen 19 Uhr und immer noch angenehm warm. Man brauchte keine Jacke. Wer jedoch empfindlich gegenüber dem Passatwind ist, legt sich einfach ein Tuch um die Schultern, das reicht völlig aus.

Was nicht heißt, dass man bei einem Hawaii-Urlaub nicht z. B. auch einen Skianzug in den Koffer packen könnte. Denn aufgrund ihrer außergewöhnlichen Topografie sind auf den hawaiianischen Inseln elf von 13 Klimazonen unserer Erde vorzufinden. Die vorherrschenden klimatischen Bedingungen reichen von subtropisch bis subarktisch. Man findet Regenwälder ebenso vor wie z. B. Wüste und Tundra. Der höchste Berg auf dem Archipel ist der inaktive Vulkan *Mauna Kea*. 4.205 Meter erhebt er sich über dem Meeresspiegel. Man könnte also, wenn man Lust darauf hat, morgens im warmen Wasser des Pazifiks baden und anschließend durch Regenwälder hindurch hoch auf den schneebedeckten Gipfel des *Mauna Kea* wandern, um dort eine Schneeballschlacht zu veranstalten.

Wir jedenfalls liefen Richtung Waikiki, der untergehenden Sonne entgegen. Auf der *Kalakaua Avenue* und in den Parkanlagen warfen die Bäume lange Schatten. Wenn wir zum Meer hinüberblickten, konnten wir sehen, dass dort immer noch sehr viele Surfer unterwegs waren. Männer und Frauen auf Stand-up-Paddling-Boards bewegten sich mit eleganten Bewegungen auf dem Wasser. Das sah alles so einfach aus! Aus Erfahrung von unseren Ostseeurlauben wusste ich jedoch, dass es schon jede Menge Übung und Körperbeherrschung braucht, um so meisterhaft durch die Wellen zu gleiten und nicht abgeworfen zu werden.

Auf unserem Marsch dem Abendessen entgegen entschieden wir uns, „Teddy's Bigger Burgers" einen Besuch abzustatten. Es befindet sich in der Nähe des Honolulu Zoo, gleich gegenüber auf der anderen Straßenseite. Vergleichbar mit den anderen Fast-Food-Ketten bekommt man dort Burger, Pommes, Salate und Shakes zu moderaten Preisen. Wir traten ein und waren erfreut. Der große Ansturm hatte noch nicht eingesetzt. Wir konnten uns also noch einen schönen Platz aussuchen. Ich war begeistert! So hatte ich mir ein American Diner vorgestellt. Der Fußboden sowie die Sitzmöbel erstrahlten knallrot. Die leuchtend gelben Tische hoben sich farblich deutlich ab. Die Wände sowie der Verkaufstresen waren halbhoch in schwarz-weißem Schachbrettmuster gefliest. Vor dem Tresen standen schon einige Gäste und orderten ihre Bestellung. Wir stellten uns am Ende der kleinen Schlange an und warfen einen Blick auf die riesige Menütafel über dem Tresen. Ich übersetzte für meine Begleiter, und jeder von uns vieren suchte sich etwas aus. Als ich bestellte, fragte mich der junge Mann hinterm Tresen, woher wir denn kämen. Ich sagte ihm, wir seien aus Magdeburg, Deutschland. Er lächelte und erzählte mir, dass sein Großvater ebenfalls aus Deutschland käme. Ich fragte ihn, ob er denn auch ein wenig Deutsch sprechen würde. Nein, war die Antwort, das könne er nicht. Dafür trage er aber einen deutschen Nachnamen. Wir konnten unser Gespräch leider nicht fortsetzen, denn hinter mir warteten ja noch mehr Gäste darauf, ihre Bestellung abgeben zu können. Es war jedoch schön, von diesem deutsch-hawaiianischen Familienbündnis zu hören. Es sollte auch nicht das letzte Mal sein, dass mir von so einer Familienkonstellation berichtet wurde ... Als ich unsere Bestellung aufgab, sollte ich meinen Vornamen nennen. Dieser wird nämlich für die Bestellung eingetragen. Ich buchstabierte ihn: „S-I-L-K-E". Eine Viertelstunde später wurde mein Name aufgerufen. Eine junge Frau schrie ihn lauthals in das Diner hinein. Nun wusste jeder der hier Anwesenden, wie ich heiße! Hat aber nicht wirklich jemanden interessiert. Es wurden ja ständig irgendwelche Namen ausgerufen. Wir vier jedenfalls kannten das noch nicht und fanden es wirklich amüsant. Ich schlug vor, bei jeder weiteren Bestellung abwechselnd den Vornamen eines anderen von uns vieren anzugeben, damit mal jeder von uns in den Genuss käme, seinen Namen so laut ausgerufen zu hören. Ich machte mich mit Handzeichen bemerkbar. Das Essen wurde uns an den Tisch gebracht. Es duftete köstlich! Und genauso schmeckte es auch! Wir waren uns einig. Hier essen wir noch mal. Wir machten noch ein paar Fotos vom Diner, von unserem Essen und von uns selbst. Als wir das Lokal verließen und auf die Straße traten, war es bereits dunkel. Wir entschieden uns, ins Hotel zurückzukehren. Laaangweilig!!! Aber uns allen steckte der lange und anstrengende Flug noch immer in den Knochen. Unterwegs beschlossen wir, uns im Zimmer von Ines und Detlef noch auf einen „Absacker" zu treffen. Das taten wir dann auch. Vom Balkon aus blickten wir auf die schwarze Silhouette des *Diamond Head* und die beleuchteten Hotel- und Apartmentanlagen um uns herum. Durch eine zarte Wolkendecke über uns blinzelten die Sterne, und der Mond strahlte zum Greifen nah. Der Abstand zwischen ihm und unserer Erde schien hier viel geringer zu sein. Bei einem Bier und einem Glas Wein ließen wir an diesem lauen Abend noch einmal unsere Erlebnisse des Tages Revue passieren und verabschiedeten uns dann voneinander. Glücklicherweise hatte niemand von uns mit Jetlag zu kämpfen. Und so schlief auch ich in dieser Nacht tief und fest in unserem himmlisch ruhigen Hotelzimmer.

Das „Ala Moana"-Shoppingcenter –
shop till you drop ...

Nachts gegen 4 Uhr wurde ich wach. Mir war einfach zu warm. Wir hatten die Klimaanlage absichtlich nicht laufen lassen, und nun waren es gefühlte 30 Grad Celsius in unserem Raum. Ich wollte die Klimaanlage dennoch nicht einschalten. Da wir uns in der vierten Etage des Hotels befanden, öffnete ich die Balkontür. Angenehme Luft strömte herein. Zwar fallen nachts die Temperaturen auf Oahu zu dieser Zeit im Mai nicht unter 20 bis 22 Grad Celsius, ich spürte dennoch, dass die Außentemperatur kühler wirkte als die in unserem Hotelzimmer. Wir hatten keinen direkten Blick auf das Meer, aber wir konnten das Rauschen der Wellen genau hören. Das hatte etwas Beruhigendes, Entspannendes. So schliefen Lothar und ich also bei geöffneter Balkontür weiter.

Am Morgen hatten wir vier uns erneut im Hotelfoyer verabredet. Diesmal waren Lothar und ich die Ersten vor Ort. Wir machten es uns auf den Loungemöbeln bequem und ließen unsere Blicke umherschweifen. Die Wand neben uns zierten zwei riesige Bilder aus kunstvoll gefertigten Wandfliesen. Auf deren Hintergrund erkannte man deutlich den *Diamond Head*, während im Vordergrund der Ozean dargestellt war, in welchem sich Delfine und Schildkröten tummelten. Eingerahmt war das Ganze von einer Art Mosaik. Auf diesem war die bunte Vielfalt der hawaiianischen Tierwelt dargestellt. Ich glaube, dass es sich bei den dargestellten Fischen und Vögeln vielleicht auch um endemische Arten handelte, also Tiere, die nur hier auf Hawaii vorkommen und nirgendwo sonst auf der Welt. Außerdem waren hübsche polynesische Motive zu erkennen. Wirklich sehr schön anzusehen und ein handwerkliches Meisterstück! Aufgefallen sind mir auch die frischen Blumen im Foyer unseres Hotels: zwei große Vasen, eine in der Vorhalle, die zweite im Zugangsbereich zu den beiden Aufzügen, üppig geschmückt mit farbenprächtigen Pflanzen der Pazifikinsel. Ein sehr hübscher Blickfang!

In der Lobby herrschte schon geschäftiges Treiben. Abreisende Hotelbesucher checkten aus, andere waren, mit Handtüchern und Strandtaschen bepackt, auf dem Weg ans Meer. An der kleinen, weißen Treppe, welche zum „Hau Tree Lanai"-Restaurant führte, begehrte eine kleine Gruppe von Gästen Zutritt zu ihren Tischen. Ich denke, sie hatten ihre Tische vorbestellt. Das „Hau Tree Lanai" ist sehr beliebt und bekannt für seine sehr gute Küche. Es dinieren dort auch gern „Nicht-Hotelgäste". Aufgrund der hohen Nachfrage macht es also Sinn, einen Tisch vorab zu reservieren.

Und da waren sie! Ines und Detlef standen vor uns. Strahlend und frisch geduscht, begrüßten sie uns mit einem – wie sollte es auch anders sein – „Aloha!". Lothar und ich erhoben uns von den bequemen Polstern. Wir umarmten uns alle, und dann ging es los: erst einmal auf zum Frühstück. Zweiter Versuch: das „Waikiki Beachside Kitchen" in der *Lemon Road*. Als wir die *Lemon Road* betraten und uns dem „Waikiki Beachside Kitchen" näherten, konnten wir schon aus der Entfernung eine geöffnete Tür erkennen. Es sah gut aus für uns! Und tatsächlich, als wir direkt vor der Eingangstür eintrafen, stand fest – hier bekommen wir heute etwas zu essen! Wir traten ein. Es war winzig! Geradezu ein kleiner Tresen, dahinter eine Miniküche. Links und rechts neben uns zwei schmale, horizontal angebrachte Bretter an der Wand. Davor standen jeweils zwei Barhocker. Aus die Maus! Das war's. Mehr Mobiliar war nicht verfügbar. Durch eine seitlich angebrachte Tür trat eine Frau ein, so in den Mittvierzigern, sehr schlank mit zusammengebundenen Haaren. Sie trug ein T-Shirt und kurze Shorts. Sie begrüßte uns und fragte auch gleich, was wir denn essen wollen. Ich bestellte für uns alle Toast, Bacon und Eier *sunny side up*. So bezeichnen die

Amerikaner ihr Spiegelei, welches nur von einer Seite gebraten wird. Dabei sollte das Eigelb flüssig und unversehrt bleiben – eben mit der sonnigen Seite nach oben. Meine anderen drei kannten diesen Ausdruck noch nicht, und als ich die Bedeutung erklärte, machte sich eine heitere Stimmung breit. Die nette Dame bat uns, im Außenbereich Platz zu nehmen (welcher offensichtlich zu dem angrenzenden Hostel gehörte), während sie unser Frühstück zubereitete. Auch dort haben wir ein Erinnerungsfoto geschossen, und wenig später saßen wir im winzigen „Waikiki Beachside Kitchen" und machten uns genüsslich über unser wirklich leckeres Frühstück her. Nun konnte er beginnen! Unser Ausflug in den Stadtteil Ala Moana. Wir verabschiedeten uns bei unserer freundlichen Gastgeberin/Köchin mit Worten des Lobes und hinterließen ein *Tip* (Trinkgeld) im eigens dafür beschrifteten und bereitgestellten Glas auf dem Tresen.

Keine drei Minuten später standen wir in der *Paoakalani Avenue* an der Haltestelle des *Waikiki Trolley*. Der *Waikiki Trolley* ist eine Institution und bezeichnet eine Flotte von (meist) orangefarbenen Bussen, welche unermüdlich auf sechs verschiedenen Routen unterwegs sind. Alle Linien fahren von verschiedenen Standorten Waikikis ab und enden auch wieder dort. Die *Purple Line* (lilafarbene Linie) fährt hinaus bis zum *Aloha Stadium*, vorbei an Pearl Harbor und dann wieder zurück nach Waikiki. Mit der *Green Line* (grünen Linie) wird man bis in den *Diamond Head Crater* chauffiert oder steigt am Zoo, am Aquarium oder der „Kahala Mall", einem Einkaufscenter, aus. Mit der *Blue Line* (blauen Linie) lässt sich wunderbar die östliche Seite Oahus erkunden. Es gibt Stopps am *Halona Blow Hole*, der *Hanauma Bay* und dem *Sandy Beach* sowie *Sea life Park* – einem beliebten Ausflugsziel für Familien mit Kindern. Die *Yellow Line* (gelbe Linie) gibt es, glaube ich, noch nicht so lange. Sie deckt ein kleines Stück des nördlichen Honolulus ab. Ein Stopp wird an „Leonard's Bakery" gemacht. Das ist die berühmte Bäckerei, in welcher superleckere *Malasadas* produziert werden, köstliche Hefeteigkrapfen, ähnlich einem Donut. Diese zu probieren, ist übrigens ein absolutes Muss auf einer Hawaii-Reise! Dann gibt es noch die *Red Line* (rote Linie). Diese bedient Downtown Honolulu mit Haltepunkten z. B. am sehenswerten *Foster Botanical Garden*, dem *Iolani Palace* oder – für alle Kunstinteressierten – mit einem Stopp am *Honolulu Museum of Art*. Wir jedoch warteten auf die *Pink Line* (rosa Linie). Diese macht Halt an einigen großen Hotelanlagen in Waikiki und fährt dann weiter zum „Ala Moana"-Shoppingcenter. Und dort wollten wir hin.

An der Haltestelle des *Waikiki Trolley* in der *Paoakalani Avenue* wartete bereits eine ganz schöne Menschentraube. Wir stellten uns dazu, denn es gab keine Schlange, in welcher man anstand. Die Touristen harrten in einem ungeordneten Durcheinander aus. Dann erschien ein Trolley. Die Menschenmenge setzte sich in Bewegung, wir uns mit ihr. Aber es war nicht der richtige Trolley für uns! Einige Touristen stiegen ein. Da sah ich das Schild über der Frontscheibe des Busses. Auf diesem stand „Red Line". Nein! Da wollten wir nicht mit. Wir traten zurück, warteten nochmals, und kurz darauf erschien erneut ein Trolley. Ein Doppeldeckerbus mit der Aufschrift „Pink Line". Der war genau richtig für uns. Wir stiegen ein, und ich kaufte vier Tickets für insgesamt acht Dollar, d. h. zwei Dollar pro Person für eine Fahrt von Waikiki bis zum „Ala Moana Center". Das war echt ein fairer Preis. Wir hatten das Glück, noch freie Sitzplätze auf dem Oberdeck vorzufinden. Es machte Spaß mit dem *Waikiki Trolley* unterwegs zu sein. Wir konnten die Fahrt und Aussicht genießen, mussten uns nicht auf den Verkehr konzentrieren (wie beim Selbstfahren) und konnten nebenbei in aller Ruhe Fotos machen. Der Bus hatte auf dem Oberdeck keine Fensterscheiben, so gab es keine Sichtbehinderung beim Fotografieren, und die Bewegungsfreiheit war ebenfalls uneingeschränkt. Die Haltestellen wurden im Trolley über Lautsprecher vom Busfahrer angesagt. Man musste also schon ein wenig aufpassen. Die Fahrt dauerte ungefähr 20 bis 25 Minuten, und wir bekamen einiges von Honolulu zu sehen. Man könnte sagen, es war eine Stadtrundfahrt im Miniformat.

Ich erinnere mich zu gern an die vielen Statuen, welche in Honolulu aufgestellt sind. Meist ehren sie die Monarchen, welche Hawaii über viele Generationen hinweg regierten. Andere Statuen symbolisieren die hawaiianische Kultur und Geschichte. Auf unserer kleinen Stadtrundfahrt entdeckten wir eine dieser Statuen oder, besser gesagt, eine Gruppe, bestehend aus drei Stauten. Am Eingang des „Hilton Hawaiian Village", einem großen Hotelkomplex in Honolulu, ziehen diese drei Bronzestatuen im XXL-Format magisch alle Blicke auf sich. Sie laden förmlich dazu ein, innezuhalten und der Schönheit dieses Kunstwerkes einen Moment der Beachtung zu schenken. Die Figuren stellen zwei Frauen und einen Mann dar, welche kraftvoll, anmutig und voller Leidenschaft den *Hula Kahiko* tanzen. Ihre bis ins kleinste Detail erfolgte Ausarbeitung lässt sie lebensecht erscheinen. Auf mich wirkten die drei Tänzer, als würden sie jeden Moment aus ihrer Starre erwachen und beginnen, sich nach alter Tradition zu bewegen. Ich habe natürlich nachgelesen ... Geschaffen wurde diese Trinity-Skulptur von dem Künstler Kim Duffett, und sie trägt den wundervollen Namen „Der Falke steigt mit den Winden auf".

Aus unserem Bus heraus konnte ich leider nur einen kurzen Blick auf die Statuen werfen, unsere Fahrt ging ja weiter ... Je näher wir unserem Ziel kamen, um so dichter wurde der Verkehr. Dann ertönte die Ansage des Busfahrers durch den Lautsprecher: „Next stop: „Ala Moana Center"! Wir verließen den Bus und mussten uns erst einmal orientieren. Links oder rechts – ja, wohin denn nun? Am besten den anderen Fahrgästen aus dem Bus hinterher! Wir liefen durch eine Tiefgarage, die scheinbar kein Ende nehmen wollte. Das war irgendwie komisch, da ich mir einen prunkvollen Eingangsbereich vorgestellt hatte, durch welchen wir das „Ala Moana Center" betreten würden. Jedenfalls standen wir dann plötzlich vor einem unspektakulären Zugang (von der Tiefgarage aus) und traten ein.

Erst einmal sah alles aus wie in einer „gewöhnlichen" Shoppingmall. Geschäft an Geschäft, die Schaufenster geschmackvoll dekoriert, zum Bummeln und Einkauf einladend. Wir hielten Ausschau nach einem Fahrstuhl, entschieden uns dann aber für die Rolltreppe, welche wir auf Level 4 verließen. Unsere beiden Männer hatten nämlich vorab schon mal angekündigt, keine große Lust auf Shopping zu haben. Sie schlossen jedoch nicht aus, die Mall auf eigene Faust zu erkunden, während wir beiden Frauen durch die Geschäfte ziehen wollten. So war die vierte Etage ein guter Startpunkt für uns alle. Dort befand sich nämlich die „Mai Tai Bar". Diese sollte unser Treffpunkt sein, an welchem wir uns für den späteren Rückweg verabredeten.

Unweit der „Mai Tai Bar" entdeckten wir das „Bubba Gump Shrimp Co.", ein Restaurant, dessen Namensgeber den meisten Menschen aus dem Film „Forrest Gump" bekannt sein dürfte. Das mussten wir uns ansehen! Der Eingangsbereich mutete ein wenig wie ein kleines Museum an. An den Wänden hingen Schaukästen, in welchen allerlei Exponate zu dem Filmdreh zusammengetragen worden waren. Überhaupt war das gesamte Restaurant liebevoll dekoriert mit Fotos und Requisiten, welche den Betrachter gedanklich mitten in den mit mehreren Oscars prämierten Hollywood-Blockbuster hineinkatapultierten. Vor dem Lokal befand sich eine kleine Kuriosität. Es war eine Bank, genau so eine wie die, auf welcher Tom Hanks alias Forrest Gump in der Eingangsphase des Films sitzt und an einer Haltestelle auf den Bus wartet. An dieser Bank im „Ala Moana Center" war ein kleines Metallschild angebracht, auf welchem ein Zitat von Gump eingraviert ist. Die Schachtel Pralinen und der kleine Koffer, welche Forrest bei sich trägt, lagen dort ebenfalls auf der Bank. Man kann

Platz nehmen und ein paar Erinnerungsfotos machen, was wir auch gern getan haben.

Anschließend sind wir auf die angrenzende *Hoʻokipa Terrasse* hinausgetreten. Von dort aus blickt man hinüber zum *Ala Moana Beach Park* und dem Meer, welches sich in unmittelbarer Nähe befindet. Herrlich! Wir besprachen kurz die Lage. Wir wollten uns in zwei Stunden an der „Mai Tai Bar" treffen. Die beiden Männer wollten allein losziehen, und so gingen Ines und ich ebenfalls unserer Wege, welche uns mitten in den Shoppinghimmel führten. Wir liefen von Geschäft zu Geschäft. Alles war überdimensioniert. Wahnsinnig groß. Ich hatte ständig Panik, dass wir uns aus den Augen verlieren. Ich weiß nicht, in wie vielen Läden wir bereits waren. Wir stellten dann irgendwann ernüchternd fest, dass wir uns in diesem riesigen Seitenflügel der Shoppingmall nur ein kleines Stück „vorangeshoppt" hatten. Ich fühlte mich reizüberflutet, konnte gar nichts mehr so richtig wahrnehmen. Ich denke, so ging es Ines auch. Gekauft hatten wir nichts. Wir waren einfach zu erschlagen von den vielen Eindrücken. Ein Blick auf die Uhr verriet nichts Gutes! Wir mussten uns langsam in Richtung Treffpunkt bewegen.

Auf dem Weg zur Rolltreppe erfüllte plötzlich laute Musik die Gänge der Mall. Wir entdeckten auch sofort den Ursprung. Von unserem Level aus konnten wir hinab auf die Centerstage, die Bühne des Shoppingcenters, blicken. Hier finden täglich zu festgelegten Zeiten Aufführungen statt. Und wir waren zufällig zur richtigen Zeit am richtigen Ort ... Eine Gruppe von Hula-Tänzerinnen betrat gerade die Bühne. Ein Moderator begrüßte die Zuschauer, welche sich um die Bühne herum versammelt hatten. Ines und ich sahen uns kurz an. Wir mussten keine Worte wechseln. Wir wollten beide dasselbe. Hierbleiben und uns den Hula anschauen. Es ging los! Musik ertönte, und die Tänzerinnen bewegten sich geschmeidig zu den Klängen hawaiianischer Rhythmen. Ihre bunten Kostüme und ihr exotisches Aussehen sahen hinreißend aus und erfreuten die umherstehenden Beobachter. Ich stellte mir vor, wie schön es doch wäre, wenn auch ich Hula erlernen könnte ... Leider war die Hula-Aufführung nach ein paar Minuten vorbei. Das Publikum applaudierte. Wir waren ebenfalls begeistert und klatschten wie wild in die Hände! Das war ganz, ganz toll! Da waren Ines und ich uns einig!

Wir konnten jedoch die Männer nicht länger warten lassen. So begaben wir uns schnurstracks zur „Mai Tai Bar". Wir entdeckten unsere beiden Gatten jedoch nicht vor, sondern in der Bar. Sie saßen an einem kleinen Tisch mitten im Raum und hatten sich einen Pitcher Bier bestellt. (Ein Pitcher ist ein Krug mit einem Fassungsvermögen von ca. 1,89 Litern.) Ines und ich setzten uns zu unseren beiden zufrieden wirkenden Männern an den Tisch und nahmen gern das Angebot an, einen Schluck kühles Bier zu trinken. Das tat gut! Es war nämlich inzwischen schon fortgeschrittener Nachmittag, und die Sonne hatte die Tagestemperaturen auf über 30 Grad Celsius anwachsen lassen. Das macht durstig. Ines und ich erzählten aufgeregt von der Hula-Vorstellung, und ich konnte die anderen mit der Idee begeistern, in Waikiki eine Hula-Show zu besuchen. Bald darauf machten wir uns auf den Heimweg. Ich bat die anderen, noch einen kurzen Stopp am Servicepoint des Centers einzulegen. Ich wollte mich nach einer Broschüre oder einem Jubiläumsheft erkundigen, denn das „Ala Moana Center" feierte im August 2019 seinen 60. Geburtstag. Leider gab es kein entsprechendes Informationsmaterial.

So zogen wir weiter und entdeckten einen Stand der „Honolulu Cookie Company". Dort wurden Kekse verkauft, kleines Backwerk in Form einer Ananas, in den verschiedensten Geschmacksrichtungen. Schokoliert oder pur. Wir blieben kurz stehen und betrachteten die geschmackvoll dekorierten Auslagen mit den eleganten Keksverpackungen. Eine Verkäuferin trat mit einem „Aloha!" an uns heran. Sie hatte uns wohl miteinander reden hören und fragte (auf Englisch) interessiert, aus welchem Ort in Deutschland wir kommen. Ich antwortete: „Wir kommen aus Magdeburg. Das liegt zwischen Berlin und Hannover." Und schon waren wir mitten im Gespräch. Sie nannte mir ihren Namen. Gerda! Das ist ja nun wahrlich kein hawaiianischer Vorname! Es stellte sich heraus, dass Gerdas Mutter aus Deutschland stammte, und zwar aus Lübeck. Da war sie wieder. So eine vom Leben geschaffene Verbindung deutsch-hawaiianischer Wurzeln. Ich stellte mir vor, dass Gerda bestimmt auf eine interessante Lebens- und Familiengeschichte zurückblicken konnte. Sie lud uns noch ein, ein paar Kekse zu probieren. Aber heute lehnten wir dankend ab. Wir hatten die Rückfahrt nach Waikiki vor Augen. Wir verabschiedeten uns herzlich von Gerda und strebten dem Ausgang zu.

Auf der dem Meer zugewandten Seite des Shoppingcenters befanden sich die Haltestellen für die Busse bzw. Trolleys. Sie sind gar nicht zu übersehen. Sehr, sehr lange Schlangen hatten sich gebildet. Die Touristen warteten geordnet in langen Reihen. Dispatcher standen bereit, welche die Reisenden den ankommenden Bussen zuordneten. Den Mitarbeitern entging nichts. Ein Mogeln war nicht möglich. Dies wurde Vordränglern höflich, aber bestimmt mit energischer Artikulation und eindeutigen Gesten deutlich gemacht. Schließlich kommen in Honolulu Urlauber vieler unterschiedlicher Nationalitäten zusammen. Jede Nation hat ihre ganz eigene Kultur. Die einen dulden kein Vordrängeln, den anderen ist eine einzuhaltende Reihenfolge völlig fremd. Das könnte zu Unmut führen. Aber hier wurde im Sinne der Allgemeinheit alles bestens organisiert. Wir standen in der prallen Sonne. Eine Überdachung war nur sporadisch vorhanden. Glücklicherweise hatten wir unsere Wasserflaschen dabei. Eine Kopfbedeckung wäre jetzt angebracht gewesen! Es ging zügig voran. Nach 15 Minuten konnten wir in einem Trolley der *Pink Line* Platz nehmen.

Wir saßen wieder auf dem Oberdeck. Dadurch, dass alles offen gehalten ist, spürt man herrlich den Fahrtwind. Das muss man natürlich mögen. Wir mochten es! Auf unserer Rückfahrt durch Honolulu genossen wir nochmals den interessanten Ausblick.

Meine Gedanken blieben noch ein wenig im „Ala Moana Center" hängen. Alles, was ich darüber gelesen hatte, hatte ich nun tatsächlich erleben dürfen. Als größtes Freiluft-Shoppingcenter der Welt ist es wirklich von gewaltigen flächenmäßigen Ausmaßen. Die weitläufige Anlage erstreckt sich über mehrere Etagen. Auch wenn die Mall in diesem Jahr bereits ihren 60. Geburtstag feiert, wirkt sie keinesfalls veraltet. Ganz im Gegenteil! Durch seine offene Bauweise wirkt der Gebäudekomplex eher luftig. Moderne architektonische Elemente wechseln sich ab mit gekonnt gesetzten traditionellen Akzenten und Motiven. Kunst und Kultur bilden durchaus einen Schwerpunkt, um die Besucher des Einkaufstempels zu erfreuen. Im „Ala Moana Center" gibt es einen eigens dafür angelegten „Art Walk" – einer, wie ich finde, durchaus bemerkenswerten Kunstsammlung. Ich habe mich jedenfalls nicht sattsehen können an den perfekt in die Mall integrierten Kunstobjekten. Das Plätschern von Wasserspielen und Springbrunnen schafft eine angenehme Atmosphäre. Mir ist das viele lebendige Grün aufgefallen. Hübsch bepflanzte Blumenrabatten lenken die Blicke auf sich. Kreisrund gruppiert, wachsen riesige Palmen in den Himmel. Die unter ihnen stehenden Bänke laden zum Verweilen ein. Überhaupt gibt es sehr viele dieser Plätze, die die Möglichkeit zum Ausruhen anbieten. Keine schlechte Idee, denn die mehr als 350 Geschäfte wollen erst einmal besucht werden ... Kleine Shops wechseln sich mit Megastores ab, die in ihrer Grundfläche unüberschaubar groß sind. Das Warenangebot ist breit gefächert, und, preislich gesehen, kann man mit einem schmaleren Geldbeutel ebenso gut einkaufen wie mit prall gefülltem Portemonnaie. Shoppingliebhaber finden dort preiswerte Marken ebenso vor wie Luxuslabel. Dennoch ist das Warenangebot – wie überall in

Honolulu – spürbar auf die asiatischen Touristen ausgerichtet. Diese machen nach den US-amerikanischen und kanadischen Touristen den Großteil der Hawaii-Besucher aus. Die geografische Nähe lässt vor allem den Japanern Hawaii als ein verhältnismäßig nah gelegenes Urlaubsziel erscheinen. Sieben Stunden Flugzeit trennen Tokio von Honolulu im Direktflug. Auch im megagroßen *Food Court* des „Ala Moana Centers" konnten wir die asiatische Ausrichtung bei der Angebotspalette der Speisen feststellen. Neben der typisch amerikanischen Systemgastronomie gab es dort sehr viele koreanische, chinesische und japanische Restaurants und Imbisse. Man hatte echt die Qual der Wahl bei diesem enormen Angebot und der Vielfalt, welche man übrigens genauso in ganz Honolulu bzw. Waikiki vorfinden konnte.

Und auf dem Weg dorthin waren wir noch immer mit unserem Trolley ... Es galt, eine Entscheidung zu treffen. Wo essen wir zu Abend? Wir beratschlagten. Es wäre das Cleverste, gleich nach unserer Ankunft in Waikiki dort noch ein wenig Zeit zu verbringen und uns dann vor Ort etwas zu essen zu besorgen, um dann anschließend unseren Fußmarsch zum Hotel anzutreten. Das war der Plan. Unser Trolley näherte sich Waikiki. Von der oberen Plattform unseres Busses konnten wir den Yacht-Club Waikikis erkennen. Wir fuhren über eine Brücke, welche den *Ala Wai Canal* überspannte. Er nimmt für mich persönlich eine Schlüsselstellung in der Entstehungsgeschichte Waikikis ein. Ich hatte so einiges über ihn in Erfahrung gebracht ...

Von Menschenhand geschaffen, wurde der *Ala Wai Canal* im Jahre 1921 als künstliche Wasserstraße angelegt. Waikiki war bis dahin ein Gebiet, bestehend aus alten Fischteichen, Sümpfen und Feldern, auf denen Taro und Reis angebaut wurden. Der Kanal diente dem Zwecke der Entwässerung dieser Flächen. Wenn man so will, war dies der Anfang vom Ende ... vom Ende der paradiesischen Ursprünglichkeit, die dieses Fleckchen Erde bis dahin sein Eigen hatte nennen können. In einem rasanten Tempo entwickelte sich aus einem Ort beschaulicher Ruhe innerhalb nur einiger Jahrzehnte ein touristisches Mekka. Ein enormer Bauboom setzte ein. Zuerst entstanden nur einige wenige Luxushotels. Es gab eine Handvoll Reedereien, welche den Hafen von Honolulu ansteuerten. Hawaii oder besser Honolulu präsentierte den Touristen seine pure Schönheit. Und das sprach sich schnell herum. Immer mehr Menschen wollten dieses Paradies mit eigenen Augen sehen und das, was sie bisher nur aus Erzählungen kannten, selber entdecken. So stieg die Nachfrage nach Hotelzimmern rapide in die Höhe, und es wurden immer mehr Hotels gebaut. Honolulu wuchs und wuchs und wuchs ...

Die tiefe, mit allen Konsequenzen dahinterstehende Bedeutung, die dieser Wandel für die hawaiianischen Menschen, ihre Kultur, die Traditionen und ihr (vor allem heutiges) alltägliches Leben nach sich zieht, kann ich mir nur schwerlich vorstellen. Der Fremdenverkehr ist heute die Einkommensquelle Nr. 1 und Hawaiis wichtigster Wirtschaftszweig. Aber während meines Aufenthaltes auf Oahu wurde mir immer wieder bewusst, dass es kein einfacher Weg war, den die hawaiianischen Menschen gezwungen waren, zu gehen. Haben sie auf diesem Weg letztendlich einen Teil ihrer Identität verloren, zurückgelassen oder besser vielleicht unterdrückt? Mir fehlen die richtigen Worte. Zum Beispiel der Hula: Hula-Aufführungen finden überall auf den hawaiianischen Inseln statt. Die Touristen besuchen diese „Tanz-Vorstellungen" sehr gern. Sie zahlen bereitwillig für einen unterhaltsamen Abend. Aber wie viele dieser Touristen haben sich jemals mit den Wurzeln, dem Ursprung des Hulas befasst? Wie viele dieser Urlauber haben ein echtes Interesse und Verständnis für den Hula, der viel, viel mehr ist als ein ausdrucksstarker Tanz hübsch anzuschauender Männer und Frauen ...? Auf der anderen Seite stehen die Menschen des heutigen Hawaiis, deren Vorfahren, aus den unterschiedlichen Völkern Polynesiens stammend, die hawaiischen Inseln entdeckten und besiedelten. Mutige Frauen und Männer legten Tausende von Kilometern in ihren Einbäumen und Auslegerkanus über das offene Wasser, den Pazifik, zurück und brachten nicht nur ihre wenigen Habseligkeiten nach Oahu, Kauai, Maui, Molokai, Big Island ... Die wertvollste Fracht trugen sie, die *Kanaka Maoli* (polynesischen Ureinwohner), in ihren Herzen und ihren Köpfen. Das, was ihre Identität, ihre Herkunft so einzigartig macht: ihre Kultur, Tradition und Geschichte. Und da die polynesischen Völker zu damaliger Zeit noch nicht über eine Schriftsprache verfügten, so war der Hula ein wichtiges Medium, dies alles an die folgenden Generationen weitergeben zu können. Hula folgt keiner Choreografie. Hula ist getanzte Historie, er erzählt die Geschichten des Lebens, durch ihn werden Vermächtnisse bewahrt. Seitdem Reisende die hawaiischen Inseln besuchen, tanzen hawaiianische Männer und Frauen ihren Hula für die Urlauber. Der Hula hat dabei für die Touristen einen mehr unterhaltenden Charakter. Für die Tänzer dient er dem Zwecke des Lebensunterhaltes. Hula ist gezwungenermaßen zu einem Teil der Fremdenverkehrsmaschinerie geworden. Wenn der getanzte Hula jedoch einen Zuschauer erreicht, ihn berührt, dann ist das etwas ganz Wundervolles! Der Hula war viele Jahre lang verboten. Mit dem Eintreffen der Missionare aus der westlichen Welt wurde der Hula von diesen als anzüglich und unmoralisch abgestempelt und öffentliche Aufführungen untersagt. Erst im Jahre 1874 verhalf der damalige König David Kalakaua dem Hula zu seiner rechtmäßigen Stellung in der Gesellschaft zurück, ließ ihn aufleben und aufblühen. Das Allerwichtigste jedoch ist, dass der Hula nicht verloren gegangen ist. Dass der ursprüngliche Gedanke hinter dem Hula ihn zu einem Transportmittel gemacht hat. Zu einem Transportmittel, welches ein kostbares Gut von Generation zu Generation befördert oder auch von Mensch zu Mensch. Angefüllt mit jahrhundertealten Mythen, Spiritualität und Liebe!!!

Unser Bus erreichte inzwischen Waikiki und unseren Ausstiegspunkt. Der Trolley leerte sich. Wir waren fast die Letzten, die ausstiegen. Wir liefen auf der *Kalakaua Avenue* entlang. Dort war immer etwas los. Dort gab es keinen Stillstand. Die ersten Touristen machten sich bereits auf die Suche nach einem Platz in einem Restaurant bzw. hielten Ausschau nach einem günstigen Angebot. Man sieht dann vor den Restaurants kleine Menschentrauben vor den Schaukästen stehen, in welchen die ausgepreisten Speisekarten auf eine Happy Hour hinweisen oder auf spezielle Angebote für sogenannte „Earlybirds". An diesem Abend waren auch wir „Earlybirds" – Touristen, welche sich früh nach einem Restaurantplatz auf die Suche machten. Auf der *Kalakaua Avenue* war es äußerst schwierig, ein (für uns finanziell) akzeptables Angebot zu finden. Und da wir inzwischen ziemlich fußlahm waren, sannen wir auf eine nahe liegende Option. Die Lösung fiel Lothar ein. Er schlug vor, unser Abendessen in der „Food Pantry" zu kaufen und dieses dann am Strand zu verzehren. Super Idee! Es gab dann letztendlich für die beiden Männer je ein halbes Hähnchen und für Ines und mich ein Sandwich. Am Strand. Mit den Füßen im warmen Sand. Bei untergehender Sonne! Mein bestes Sandwich ever!!!

Waikiki Beach und *Outrigger Canoe* –
unser Ritt auf den Wellen ...

Es war Montag, der 6. Mai. Ich erwachte in unserem bequemen Queensize-Bett. Wir hatten wieder mal bei geöffneter Balkontür geschlafen. Meeresrauschen ... Von der *Kalakaua Avenue* drangen gedämpft die Motorengeräusche vorbeifahrender Fahrzeuge herüber. Die Sonne strahlte den *Diamond Head* an. Bereits um diese frühen Morgenstunden konnte ich auf der Aussichtplattform des *Diamond Head* Wanderlustige entdecken, welche die Aussicht von dort oben genossen. Lothar lag neben mir. Er schlief noch. Aus dem Augenwinkel heraus nahm ich eine Bewegung wahr. Mein Blick fiel auf die Palme, welche vor unserem Balkon wuchs. Ihr Blätterdach endete ungefähr in Höhe der Brüstung unseres *Lanai*. Die Palmenwedel leuchteten in sattem Grün. Keine braune Spitze, keine Verfärbung war zu erkennen. Sie waren perfekt ausgeformt. Der Wind ließ sie leicht auf und ab wippen. Aber was war das denn? Das, was ich aus dem Augenwinkel wahrgenommen hatte, war ein Vogel! Er saß auf einem großen Palmenblatt und putzte sich. Sein tiefschwarzes Federkleid glänzte in der Sonne. Er bemerkte mich nicht. Unbefangen ging er seiner Gefiederpflege mit seinem in knalligem Gelb leuchtenden Schnabel nach. Er war ganz schön groß. Ich wollte später auf meiner eigens zu diesem Zweck ausgedruckten *Bird Identification Card* klären, welche Vogelart ich beobachten durfte. Aber dann kam mir die Idee, ihn zu fotografieren. Auf dem Nachttisch neben mir lag mein Fotoapparat. Ich hatte mir mit Lothar am Abend zuvor noch einige Bilder angesehen, die wir tagsüber aufgenommen hatten. Ich bewegte mich ganz langsam, um den Vogel nicht zu erschrecken. Vom Bett aus hatte ich freie Sicht. Ich musste also nicht mal aufstehen. Vorsichtig nahm ich die Kamera in die Hand und den Vogel ins Visier ... Ich drückte den Auslöser. Mehrmals. Er hatte mich immer noch nicht bemerkt. Ich freute mich!

Die Freude sollte noch größer werden! Von diesem Tag an hatte ich jeden, wirklich jeden Morgen das Glück, Vögel auf dem hübschen Palmendach fotografieren zu können. Es kamen die unterschiedlichsten Gattungen. Kleine, große, dicke und schmalere. Dezent gefärbt oder kunterbunt. Mal war es ein einzelner Vogel, dann wieder zwei oder drei, die sich „direkt vor meiner Nase" niederließen und eine Pause gönnten. Meist blieben sie lang genug, sodass ich ein paar Schnappschüsse von ihnen machen konnte. Ich war dankbar für dieses Geschenk unserer gefiederten Freunde. *Mahalo!*

Aber zurück zum 6. Mai ... Für heute hatte ich einen Ausflug an den Waikiki Beach vorbereitet. Und dort wollten wir etwas ganz Aufregendes unternehmen: eine Fahrt mit dem *Outrigger Canoe*, dem Auslegerkanu. Gegen 9 Uhr standen Ines und Detlef vor unserer Zimmertür. Sie hatten ihren zuvor auf ihrem Zimmer frisch aufgebrühten Kaffee in der Hand. Er duftete herrlich! Ich hatte für Lothar und mich ebenfalls Kaffee zubereitet und auf dem kleinen, runden Tisch in unserem Zimmer bereits alles bereitgestellt. Weil unser *Lanai* ziemlich klein war, stellten wir den runden Tisch mittig in die geöffnete Balkontür. Lothar und Detlef nahmen draußen Platz. Ines und ich setzten uns auf die Bettkante. Wir genossen unseren heißen, aromatischen *Kona*-Kaffee. Die angenehm warmen Sonnenstrahlen und die leichte Brise des Passatwindes fühlten sich unglaublich entspannend an. Das war ein herrlicher Start in den Tag! Wir plauderten noch ein wenig. Ines und Detlef waren schon sehr gespannt auf den *Waikiki Beach*. Lothar und ich freuten uns auch darauf, dem wohl bekanntesten Strand der Welt abermals einen Besuch abstatten zu können. Wir hatten ihn in guter Erinnerung behalten.

Ich wollte Ines und Detlef unbedingt die *Wizard Stones* (oder auch *Stones of life*) zeigen. Diese finden sich am *Waikiki Beach* zwischen der Honolulu-Polizeistation und der Statue von Duke Kahanamoku positioniert. Der Überlieferung nach begaben sich ca. im 17. Jahrhundert 4 Zauberer auf den langen Weg von Tahiti nach Hawaii. In Waikiki fanden sie vorübergehend ihr neues Zuhause. Sie besaßen Heilkräfte, und dieses Wissen gaben sie an die Menschen Hawaiis weiter. Die vier Zauberer wollten jedoch in ihre Heimat zurückkehren, nach Tahiti. Zuvor übertrugen sie ihr Mana, ihre Kraft, auf die Steine, welche fortan dem Zwecke der Heilung dienten. Heute sind die *Wizard Stones* eine heilige Stätte. Die Menschen ehren diesen Ort, indem sie dort *Leis* niederlegen.

Tja, also dann ... Nichts wie los, auf zum *Waikiki Beach*! Auf dem Weg dorthin kamen uns auf der *Kalakaua Avenue* auffallend viele Jogger entgegen. Sport scheint im Allgemeinen ein großes Thema in Waikiki zu sein. Vor allem in den Morgenstunden traf man auf sehr viele Läufer, auf Biker weniger. Ich glaube, ich habe keine Fahrradwege gesehen!? Auf einer Wiese neben dem „Waikiki Aquarium" hatten sich Männer und Frauen zu einer Morgenmeditation zusammengefunden. Sie führten sehr harmonisch wirkende Übungen aus. Es war, denke ich, Tai-Chi oder Qigong, was sie dort praktizierten. Dieses abgeschiedene Ende Waikikis mit dem *Kapi'olani Park*, den vielen grünen Rasenflächen und dem Ozean in greifbarer Nähe bot die perfekte Kulisse für diese Art der Entspannung. Mir fiel spontan mein guter Vorsatz ein, welchen ich schon vor einiger Zeit getroffen hatte: etwas für mich zu tun. Für die körperliche Fitness. Bisher blieb es bei dem Vorsatz. Und gerade, als das schlechte Gewissen ein mulmiges Gefühl in meiner Magengegend einbetten wollte, rissen die anderen drei mich aus meinen trüben Gedanken, mit allerlei Fragen zu unserem bevorstehenden Vergnügen auf dem Wasser.

Ich hatte bereits von Deutschland aus Anbieter und Preise recherchiert. Die entsprechenden Websites waren durchweg übersichtlich und transparent gestaltet. Meine Wahl fiel auf *Waikiki Beach Servi-*

ces, eine Surfschule, welche 1955 gegründet wurde und seitdem vielen Menschen aus aller Welt das Surfen, Stand-up-Paddling und Kanufahren beigebracht hat. Da mussten wir doch in guten Händen sein! Die Buchung funktionierte simpel, und bezahlt habe ich mit Kreditkarte. Sofort nach Buchungsabschluss erhielt ich eine Buchungsbestätigung sowie eine Übersicht der AGB per Mail. Es gab noch eine Besonderheit, welche ich bisher nicht kannte. Ich erhielt per Mail noch eine Art Enthaftungserklärung, welche ich signiert zurücksenden musste. Ich hätte sie jedoch auch vor Ort unterzeichnen können. Außerdem kamen per Mail noch jede Menge nützliche Hinweise und Informationen. Prima! Wir waren also bestens gewappnet ...

Höhe Polizeistation Honolulu verließen wir die *Kalakaua Avenue*, zogen die Schuhe aus und betraten den *Waikiki Beach*. Meine Füße tauchten in den warmen Sand ein. Das fühlte sich unglaublich gut an. Lang gestreckt breitete sich der Strand vor uns aus. Palmenumsäumte Rasenflächen boten schattige Plätze zum Verweilen an. Es gab mehrere Strandduschen, öffentliche Toiletten, Schließfächer für Strandtaschen und Wertsachen, Imbissstände, Restaurants, jede Menge Ausleihstationen für Surfboards und Stand-up-Paddle, Anbieter für Katamaran-Touren und viele, sehr viele Sonnenhungrige. Es war deutlich zu erkennen, dass das Platzangebot für einen Tag am Meer hier ziemlich limitiert war. Die Menschen lagen hier ganz schön dicht auf ihren Strandlaken beieinander. Der *Waikiki Beach* ist nun mal der zentralste und beliebteste Strand. Es gibt jedoch viel mehr Strände in Waikiki. Um mal einige aufzuzählen: Östlich des Zoos, vor unserem Hotel befindet sich der *Kaimana Beach*, dann ein Stück weiter Richtung Waikiki findet man den *Queen's Beach* vor. Dieser endet in Höhe des Zoos von Honolulu, wo der Stadtteil Waikiki offiziell beginnt. Es schließt sich der *Kuhio Beach* an, welcher in den *Waikiki Beach* übergeht. Auf diesen wiederum folgt der *Fort DeRussy Beach* und dann der *Kahanamoku Beach*, dessen westliche Seite durch die Hafenanlagen des *Waikiki Yacht Club* begrenzt wird. Man sollte also meinen, es gibt jede Menge Platz für all die einheimischen und ausländischen Wassersportbegeisterten. Tut es auch! Man muss sich eben nur entscheiden. Und wir hatten uns heute für den *Waikiki Beach* entschieden, welchen wir entlangschlenderten, uns zwischen den im Sand ausgebreiteten Handtüchern und Strandlaken durchmanövrierend.

Wir kamen am „Royal Hawaiian Hotel" an. Dieses Luxushotel wurde im Jahre 1927 eröffnet und beherbergte seitdem unzählige berühmte Persönlichkeiten, Staatsoberhäupter und Hollywoodstars. Sein rosafarbener Anstrich hatte ihm den Spitznamen „Pink Palace of the Pacific" beschert. Die Poolterrasse des „Royal Hawaiian Hotel" grenzte direkt an den *Waikiki Beach*. Dort sollten wir einchecken. Ich sprach also einen Mitarbeiter an und legte unsere Reservierungsbestätigung vor. Er warf einen kurzen Blick darauf, und da wir etwas zu früh dran waren, bat er uns höflich um etwas Geduld, unser Kanukapitän würde alsbald erscheinen. Alles klar! Wir liefen durch den Sand, Richtung Wasserlinie. Am Ufer lagen mehrere Auslegerkanus. Wir inspizierten eines davon etwas näher. Es war nicht sehr breit, aber dafür ziemlich lang und bot Platz für sechs Personen. Sein seitlicher Ausleger sollte ihm auf dem Wasser zu ausreichend Stabilität verhelfen, um nicht in Kipplage zu geraten. Sein schmaler Rumpf sollte es zur Erreichung schnittiger Geschwindigkeiten befähigen. Okay! Wir waren gespannt und ein bisschen aufgeregt oder besser – freudig erregt! Vom Ufer aus sah es so einfach aus, wenn die besetzten Kanus hinauspaddelten auf den Ozean. Lothar und ich waren zwar schon mal in einem Kajak gefahren, und während unserer Ostseeurlaube waren wir mehrmals gemeinsam mit unserem Sohn beim Drachenbootrennen gestartet. Aber als Kanuten hatten wir uns noch nicht versucht. Wir beschlossen, die Zeit zu nutzen, um die im Meer schwimmenden Auslegerkanus zu beobachten. Vielleicht können wir ja schon ein bisschen was lernen. Es waren Schwimmer im Wasser, Surfer, Leute mit Stand-up-Paddling-

Boards. Einige Meter entfernt von uns legte ein Katamaran zu einer *Ocean Tour* ab. Ich fragte mich, wie es uns wohl nachher gelingen würde, durch all dieses Gewimmel schadenfrei hindurchzukommen ... Es war schön, dort am *Waikiki Beach* zu sitzen und dem Treiben am Strand und im Wasser zuzuschauen.

Mein Name wurde gerufen. Wir vier drehten uns um und standen auf. Ich hob die Hand und gab mich zu erkennen. Ein groß gewachsener Mann, sonnengebräunt mit grau meliertem Haar, in T-Shirt und Shorts gekleidet, kam lässig auf uns zu. Seine Sonnenbrille verdeckte seine Augen. Lächelnd reichte er uns die Hand. „Aloha!" Er stellte sich vor. Sein Name war Ted. Er war der Kanukapitän, auf welchen wir warteten. Er erkundigte sich, woher wir kommen, und ich entschuldigte mich vorab für mein nicht so gutes Englisch, denn ich wusste, was uns jetzt bevorstand. Die Einweisung. Ich hatte Bedenken, nicht alles zu verstehen, was uns Ted erzählen würde. Aber so schlimm wurde es gar nicht. Ted erklärte uns, dass wir bis zu einem bestimmten Punkt hinaus aufs Meer paddeln würden, gemeinsam mit ihm und seinem jungen Co-Piloten. Draußen auf dem Wasser würden wir dann eine Wende vollziehen und auf einer Welle zurück ans Ufer surfen. So weit, so gut! Ich übersetzte. Dann folgte der Teil mit den Anweisungen. Ted zeigte, wie wir unsere Paddel benutzen sollen, und wies uns in die Kommandosprache ein. *Paddle! Stopp! Change! Go!* Ich fragte noch, ob wir Schwimmwesten anlegen müssten. Nein, war nicht nötig. Auslegerkanus sind so sicher, dass es keine zwingende Vorschrift gäbe, *Life Jackets* zu tragen.

Dann wurde es ernst. Jetzt ging es endlich los! Inzwischen war auch der junge Mann (der Copilot, ich kenne leider seinen Namen nicht) zu uns gestoßen. Zu sechst packten wir zu und schoben das Kanu durch den Sand ins Meer. Wir kletterten ins Kanu und nahmen Platz. Ganz vorn saß der Copilot, hinter ihm Lothar, dann folgten Detlef, Ines, ich und hinter mir, am Ende des Kanus, saß Ted. Wir griffen unsere Paddel und warteten auf Teds Kommando. Das kam sofort. „Paddle!" Die Blätter unserer Paddel tauchten ins Wasser ein. Wir paddelten versetzt, jeder in seinem eigenen Tempo. Das Wasser spritzte. Nach ein paar Paddelschlägen stand fest: So wird das nichts! Wir versuchten völlig unkoordiniert, das Kanu voranzubringen. Ich hatte von hinten ja die beste Sicht auf die anderen vor mir und rief lauthals nach vorn den anderen zu, dass ich den Takt vorgeben würde. Also schrie ich, so laut ich konnte: „Eins, zwei, drei, vier. Eins, zwei, drei, vier!" Das klappte schon viel besser. Nach zehn Schlägen erschallte Teds Kommando: „Change!", und wir wechselten die Paddelseiten. Ich war so konzentriert auf die Kommandos und unsere „Paddelei", dass mir wirklich entging, wie wir denn nun eigentlich aufs Meer hinauskamen, ohne mit einem anderen der vielen Wassersportler zu kollidieren. Aber dafür gab es ja Ted. Seine Augen waren wachsam für uns alle. Wir paddelten und paddelten. Es machte so einen Spaß! Meinetwegen hätte es ewig so weitergehen können. Trotzdem die Sonne brannte, erschien der ständige Kraftaufwand überhaupt nicht anstrengend. Die Wellen schlugen ab und zu gegen das Kanu und spritzten uns nass. Das war herrlich erfrischend. Nach einigen Minuten waren wir bereits so weit draußen, dass wir unser Kanu wendeten. Was mir sofort auffiel, war die Stille ... Es war nur das verhaltene Rauschen der Wellen zu hören. Wir holten die Paddel ein.

Mit Blickrichtung auf das Ufer lag *Waikiki Beach* vor uns. Ich hielt einen Moment inne. Ich wollte diesen einen kleinen Augenblick für mich haben, ihn als Erinnerung aufnehmen und abspeichern. Die Skyline Waikikis war dominiert von den Hochhäusern, Hotels und Apartmentanlagen. Ihre weiße Farbe leuchtete in der Sonne. Komischerweise nahm ich jedoch die beiden Luxushotels, das „Moana Surfrider" und das „Royal Hawaiian Hotel" als herausstechend wahr. Das lag einerseits an dem pinkfarbenen Anstrich des „Royal Hawaiian". Diese

Farbe war so auffallend, dass sie schon von Weitem alle Blicke auf sich zog! Das „Moana Surfrider" hingegen erstrahlte wie die meisten anderen Hotels in schlichtem Weiß. Aber! Vor der dem Meer zugewandten Fassade des Hotels steht ein großer, alter Banyan-Baum. Er wurde im Jahre 1904 gepflanzt. Zwischenzeitlich ist er zu einem wunderschönen Riesen von nahezu 22 Metern Höhe herangewachsen. Sein Blätterdach umfasst eine Spannweite von sagenhaften 45 Metern. Und dieses fantastische Kunstwerk der Natur nahm ich aus mehreren Hundert Metern Entfernung, von unserem Kanu aus, weit draußen auf dem Ozean wahr. Und das war noch lange nicht alles. Wenn man sich von der auffallend weißen Skyline Waikikis nicht ablenken lässt, dann erfreut Waikiki das Auge des Betrachters mit dem, was von seiner eigentlichen Schönheit übrig geblieben ist: weiße Sandstrände, grüne, sich im Passatwind wiegende Palmen und das blaue Wasser des Pazifiks. Unweigerlich fällt der Blick auf das, was sich hinter der Skyline Waikikis befindet. Es sind die Berge der *Ko'olau Range* (dies ist ein Bergmassiv, welches sich als Überbleibsel eines Vulkans über die südöstliche Seite der Insel Oahu erstreckt). Wie eine schützende Wand erheben sich die Berge. Ihre Hänge sind mit üppiger Vegetation bewachsen. Die Bergspitzen sind wolkenverhangen. Das Licht der Sonne lässt ein Schattenspiel entstehen. Umwerfend schön!

Ich fragte mich, was die anderen drei wohl gerade dachten, die übrigens auch so wie ich schweigend im Kanu saßen. Ich unterbrach die Stille mit einer an Ted gerichteten Frage. Ich wollte wissen, wie viele Meter die Entfernung bis zum Ufer beträgt. Wir sind eine halbe Meile vom Ufer entfernt, wusste Ted zu berichten. Dann begann er ein wenig zu plaudern. Seine Augen ruhten dabei immer auf dem Wasser. Ich fragte mich, woran er den Zeitpunkt festmacht, an dem wir lospaddeln müssen. Das Wasser hier draußen war nur leicht in Bewegung. Mir war klar, dass man die Kenntnisse darüber nicht in einem Kurs an der Volkshochschule erlangt. Dass es schon ein großes Wissen erfordert, um den Wind, die Wellen, das Zusammenspiel der Elemente, jahrelanges Training und die Erfahrung mehrerer Generationen braucht, um das Meer lesen zu können. Und als er ruhig und zurückhaltend erwähnte, dass er diesen Job schon seit vielen Jahren ausüben würde, schwante mir, dass ein *Waterman*, ein echter *Beach Boy*, unser Kanu lenkte.

Ich hatte auch keine Chance, unser kleines Gespräch zu übersetzen, denn Ted rutschte nun unruhig auf seinem Platz hin und her. Wir machten uns bereit. Die Paddel fest in der Hand erwarteten wir voller Freude sein Kommando: „Paddle! Paddle!" Und dann kam ein lang gezogenes „Gooo!!!" Wir hatten tatsächlich eine Welle erwischt. Ich sah, wie sie, unter uns schäumend, immer größer und größer wurde. Zwischendurch brüllte ich mein: „Eins, zwei, drei, vier!" Noch mal ein: „Gooo!!!" von Ted. Wir paddelten immer noch wie wild – aber synchron! Dann erreichte uns das Kommando: „Stop!" Augenblicklich zogen wir die Paddel aus dem Wasser und legten sie quer vor uns ab. Wir befanden uns nun auf dem Wellenkamm. Es war unglaublich. Die Welle trug uns surfend weiter und weiter. Es war ein bisschen so, als würde man in einer Wildwasserbahn talwärts fahren, nur sanfter. Ines vor mir schrie: „Huuuh!" Sie hatte ihren Spaß! Die Männer drehten sich um und strahlten über beide Ohren: „Cool!" Wir kamen in Ufernähe. Nun hieß es, das Kanu noch einmal zu wenden. Wir steuerten erneut aufs offene Meer hinaus. Das Prozedere war identisch. In meinem Bauch waren kleine Schmetterlinge. Ich wusste, gleich erleben wir das alles noch einmal! Das hat einen solchen Spaß gemacht! Als wir dieses Mal weit draußen auf die Welle warteten, bemerkte ich einen jungen Mann im Wasser. Er saß nicht sehr weit von uns entfernt auf einem Surfboard und hatte eine Kamera in der Hand. Ich hatte das Gefühl, er wartete darauf, dass wir starteten. Es ging dann auch gleich weiter. Als das: „Gooo!!!" von Ted durch die Brandung schallte, war unser Moment gekommen. Diese zweite Welle meinte es noch besser mit uns. Wir flogen förmlich übers Wasser. Ich konnte nicht anders. Auch ich ließ mein Glücksgefühl über diesen unglaublichen Moment mit einem lautstarken: „Huuuh!" heraus. Und dann war alles vorbei. Leider! Die Welle hatte uns fast bis an den Strand getragen. Ted hatte uns sicher zwischen all den im Wasser Badenden und Surfenden hindurchnavigiert. Der junge Copilot sprang als Erster aus dem Kanu. Wir taten es ihm nach. Wir hatten perfekt unseren Startpunkt getroffen, an welchem wir das Kanu zurück an den Strand schoben. Ted trat zu uns heran. Wir bedankten uns herzlich für dieses kleine Abenteuer und den Ritt auf den Wellen. Ich glaube, es hätte gar nicht viel Worte gebraucht. Er konnte die Begeisterung in unseren Gesichtern lesen. *Mahalo*, Ted! Wir begaben uns noch einmal zu der Poolterrasse des „Royal Hawaiian Hotels". Dort hatte ich unseren Rucksack beim Check-in deponiert. Ich bat um Herausgabe, und plötzlich stand der junge Mann, welchen ich draußen im Wasser mit der Kamera entdeckt hatte, vor uns. Er sagte, er hätte unsere Kanufahrt gefilmt und Fotos gemacht und bat uns, noch eine Minute zu warten. Offensichtlich gehörte er zum *Waikiki Beach Service*. Er wolle uns alles zeigen. Und tatsächlich. Er schob seine SD-Card in den bereitstehenden Laptop, und auf dem Bildschirm sahen wir unser *Outrigger Canoe* und uns vier, wie wir mit einem perfekt synchronen Paddelschlag unser Kanu auf dem Pazifik steuerten. Auch unseren Wellenritt konnten wir am Laptop noch einmal erleben. Wir waren begeistert! Das wäre doch eine tolle Erinnerung, wenn wir eine DVD mitnehmen. Ich fragte nach dem Preis. 80 Dollar sollte die Erinnerung kosten. Wir stimmten uns kurz ab. Die 80 Dollar rechneten wir in Toast mit Speck und Eiern um. Das war das Frühstück für mehrere Tage. Die Entscheidung war getroffen. Ich musste leider dankend ablehnen und dem jungen Fotografen unsere Entscheidung mitteilen. Er sah enttäuscht aus, was mir wirklich leidtat. Er muss ja auch seine Brötchen verdienen. Wir verabschiedeten uns. Ich stammelte nochmals ein „I'm sorry!" und so traten wir unseren Rückweg an.

An der Polizeistation verließen wir den *Waikiki Beach*. Wir blieben an den *Wizzard Stones* stehen, und ich erklärte kurz deren Bedeutung. Etwas Kultur zwischendurch passt immer! Der Ausflug auf dem Wasser hatte uns hungrig gemacht. Wir versorgten uns an einem Imbissstand mit einer Kleinigkeit zu essen und wollten diese in der Nähe des Strandes an einem ganz bestimmten Ort zu uns nehmen. Langsam bewegten wir uns nämlich auf das nächste Highlight zu. Ein Stückchen weiter die *Kalakaua Avenue* entlang befand sich die Statue von Duke Kahanamoku. Dort angekommen, suchten wir uns einen Platz für unser kleines Mittagsmahl, und ich berichtete meinen drei Weggefährten, was ich über die Statue bzw. ihren Namensgeber so alles in Erfahrung gebracht hatte ... Der geografische Geburtsort des Surfens lag in der Südsee. Die Menschen der Völker Polynesiens entdeckten das Wellenreiten für sich. Mit der Übersiedlung auf den hawaiianischen Archipel, nahmen sie dieses Stück ihrer Historie und Tradition mit sich. Jedoch ist es das Verdienst eines ganz besonderen Mannes, der das Surfen auf der gesamten Welt bekannt machte – Duke Kahanamoku. Duke Paoa Kahinu Mokoe Hulikohola Kahanamoku erblickte am 24. August 1890 auf der Insel Oahu, im damaligen Königreich Hawaii, das Licht der Welt. Hier wuchs er auf, in Honolulu, im Stadtteil Waikiki. Fest in der hawaiianischen Tradition verankert, gaben seine Eltern die Werte, die auch sie von ihren Vorfahren vermittelt bekommen hatten, an Duke weiter – den *Aloha Spirit*: Sei freundlich, bescheiden und geduldig. Verfolge deine Ziele mit Beharrlichkeit. Habe Achtung vor den Menschen und respektiere die Natur. Und diese verinnerlichten Werte waren es, die Duke auf seinem Lebensweg begleiteten. Die Liebe zur Natur, insbesondere zu dem allgegenwärtigen Ozean, wurde schon zu Kindheitstagen in ihm geweckt, und er entdeckte seine Leidenschaft für das Surfen. Sehr schnell entwickelte er ein großes Talent für diesen schönen Sport.

Duke lebte mit seiner Familie (seiner *Ohana*) in bescheidenen Verhältnissen. Mit acht weiteren Geschwistern wuchs er auf. Sein Vater war Polizist und hatte mit einem nicht gerade üppigen Gehalt seine elfköpfige Familie zu ernähren. So war es für Duke selbstverständlich, sich sein erstes Surfboard selber zu bauen. Dieses Brett war fast fünf Meter lang und wog satte 50 Kilo. Ein Board gefertigt aus *Koa*-Holz – für heutige Verhältnisse ein wahres Ungetüm. Jede freie Minute verbrachte Duke am Strand, und im Pazifik ritt er auf seinem Surfboard eine Welle nach der anderen ab. Jedoch begann er seine überaus bemerkenswerte sportliche Karriere nicht als Surfer. Im Jahre 1911 nahm Duke im Hafenbecken von Honolulu an den dort stattfindenden Schwimmmeisterschaften teil und erschwamm prompt einen neuen Weltrekord über die Distanz von 100 Yards im Freistil. Eine gewaltige Leistung. Und Duke war nicht zu stoppen. Der junge Mann mit hawaiianischen Wurzeln schwamm wie ein Fisch im Wasser und allen anderen Teilnehmern davon. Sein Kampfgeist war nicht zu stoppen, und er errang eine Goldmedaille nach der anderen. Selbst bei den Olympischen Spielen stand er mehrfach auf dem Siegertreppchen. Dieser Siegeszug wurde erst im Jahre 1924 unterbrochen, als er bei den Schwimmmeisterschaften der Olympischen Spiele in Paris im 100-Meter-Freistilschwimmen hinter seinem Konkurrenten Johnny Weissmüller ins Ziel gelangt. Die beiden Männer waren von nun an freundschaftlich miteinander verbunden. Die zwei groß gewachsenen Athleten erweckten das Interesse der Filmstudios in Hollywood. Während Johnny Weissmüller für die Hauptrolle des Tarzan engagiert wurde, schauspielerte Duke Kahanamoku als Charakterdarsteller in mehreren Hollywoodfilmen. Der große Durchbruch als Moviestar blieb Duke jedoch verwehrt.

Glücklicherweise! Wo doch sein Herz ganz dem Surfsport gehörte. Und so lag es für Duke nahe, sich seinen Lebensunterhalt mit dem zu verdienen, was er am besten konnte, und dem, für das seine Leidenschaft brannte: dem Wassersport. Duke war ein *Waterman*, einer der ersten *Beach Boys*, und gab am Strand von Waikiki den lernbegierigen Touristen Übungsstunden im Surfen und Kanufahren. Er verdiente sich zwischenzeitlich seine Brötchen als Tankwart, denn all seine hart erkämpften olympischen Siege verhalfen ihm wohl zu Ruhm, nicht jedoch zu Reichtum. Der 14. Juni 1925 sorgte mit einem folgenschweren Ereignis dafür, dass Duke unendlich große Anerkennung erlangte. Duke surfte vor der Küste von *Corona del Mar*, einem Stadtteil von *Newport Beach* (Kalifornien). Es war starker Seegang, und in den hohen Wellen geriet ein Fischerboot in Seenot und kenterte. Duke bemerkte die gefährliche Situation. Mehrmals eilte er zu Hilfe. Insgesamt dreimal legte er die riskante Strecke im tosenden Wasser zurück, lud die im Ozean um ihr Leben kämpfenden Seeleute auf sein Surfboard und brachte sie an das sichere Ufer. Er rettete acht Menschen das Leben! Die Schlagzeilen seiner heldenhaften Rettungsaktion gingen um den Erdball.

Dann, im Jahre 1932, eröffnete sich für Duke eine neue Möglichkeit. Er bewarb sich um den Posten des *City and Council Sheriff of Honolulu* und bekam den Job. Bis zum Jahre 1961 bekleidete er dieses Amt und wurde sagenhafte 13 Mal wiedergewählt. Ein ebenfalls wichtiger Meilenstein im Leben Duke Kahanamokus war die Aufnahme als Sportler sowohl in die *Swimming Hall of Fame* als auch in die *Surfing Hall of Fame* im Jahre 1966. Bis dato war er der erste Mensch, dem die Ehre beider Auszeichnungen zuteil wurde. Duke war inzwischen offiziell vom Spitzensport zurückgetreten. Von nun an bereiste er viele Länder rund um den Erdball und machte seinen Sport bekannt – das Surfen. Und Duke machte seine Sache gut. Überall auf der Welt schaffte es der Surf-Star mit dem exotischen Aussehen und dem einnehmenden Naturell, das Interesse der Menschen für den Surfsport zu gewinnen. Wo er auch erschien, er war von nun an, ein berühmter Mann. Die Menschen verehrten ihn und empfingen ihn begeistert. Es war sein

Verdienst, dass das Surfen zu einer der beliebtesten globalen Sportarten wurde. Obendrein vermittelte er sein Wissen über das Surfen mit dem an ihn von seinen Vorfahren weitergegebenen *Aloha Spirit*, dieser wunderbaren Lebenseinstellung, die die Menschen verbindet und in Kraft aufeinander zugehen lässt. Duke ist es so gelungen, auch noch ganz nebenbei die Bedeutung des *Aloha Spirit* in die Welt hinauszutragen. Duke Kahanamoku wurde 77 Jahre alt. Am 22. Januar 1968 erlitt er einen Herzinfarkt und verstarb. Für seine Bestattung auf dem Meer zog eine lange Trauerkolonne quer durch die Stadt Honolulu hin zu seinem geliebten *Waikiki Beach*. Seine Asche wurde weit draußen auf dem Ozean verstreut, begleitet von zig *Leis*, welche auf der Wasseroberfläche schwammen.

Duke Kahanamokus Vermächtnis lebt in den Herzen der Menschen weiter. Er wird heute noch auf vielfältige Weise geehrt. So gibt es z. B. das „Duke's OceanFest", welches alljährlich in Waikiki stattfindet. Nach ihm wurden die „Duke Kahanamoku Invitational Surfing Championships" benannt. Auf der paradiesischen Insel Oahu liegt die Hauptstadt Hawaiis – Honolulu. Und hier im Stadtteil Waikiki wurde zu Ehren Duke Kahanamokus eine überlebensgroße Bronzestatue aufgestellt. Diese empfängt die Besucher mit geöffneten Armen und lächelndem Antlitz. Steht man davor, so strahlt sie die Worte aus: „Aloha, E komo mai!" („Aloha und herzlich willkommen!"). Sie ist eine Art Wallfahrtsort für die Surfer weltweit. Die Menschen bringen einen *Lei* und hängen ihn um die Statue. Eine sehr schöne Huldigung an das Lebenswerk des Duke Kahanamoku. Und nun betrachteten wir vier die Statue dieses bemerkenswerten Mannes. Neben uns standen weitere Touristen. Ich bat einen von ihnen, doch ein Foto von uns zu machen. Dieses hat, hübsch gerahmt, einen besonderen Platz bei uns zu Hause erhalten ...

Die *Kualoa Ranch* – Landwirtschaft, Filmproduktionen, Natur pur …

Der 7. Mai sollte ein ganz besonderer Tag für uns werden. Für diesen Tag hatten wir einen vielversprechenden Ausflug gebucht: den Besuch der *Kualoa Ranch*. An der Ostküste Oahus gelegen, ist die ca. 38 Kilometer von Honolulu entfernt gelegene *Kualoa Ranch*, ein sehr beliebtes Ausflugsziel. Die privat geführte Ranch erstreckt sich über ein Gebiet von 4.000 Hektar Größe und ist bekannt für ihre unter Naturschutz stehende, wundervolle Landschaft. Auf der Ranch wird Agrarwirtschaft betrieben. Diverse Futter- und Nutzpflanzen werden angebaut. Außerdem erfolgt die Aufzucht von Rindern, Schafen und Pferden. Dazugehörig ist ebenfalls ein über 800 Jahre alter Fischteich (*Moli'i*), welcher von den alten Hawaiianern angelegt wurde und heute noch ertragreich bewirtschaftet wird. Der eigentliche Touristenmagnet jedoch sind Touren- und Aktivitätenangebote auf *Kualoa*. Dazu zählen z. B. begleitete Quad-, Mountainbike- und Jeep-Touren sowie Ausritte. Mutige Besucher können in luftiger Höhe von einer Zipline aus das traumhaft schöne *Ka'a'awa Valley* bewundern. Liebhaber des Wassersports kommen ebenfalls auf ihre Kosten. Es werden Kajak- und Katamarantouren angeboten u. v. m. Stolz ist die *Kualoa Ranch* auch auf ihre jahrelange Zusammenarbeit mit den Filmstudios Hollywoods. Das einzigartige Naturreservoir diente als Kulisse in über 70 Filmproduktionen, wie z. B. „Jurassic World", „Kong Skull Island", „Godzilla", „Pearl Harbor" und, und, und … Begleitete Touren führen die Besucher an die aus den Filmen bekannten Drehorte auf der Ranch. Wer die Erholung im Freien genießen möchte, erfährt bei einer Farmtour allerlei Wissenswertes und Interessantes über die Natur sowie Geschichte der *Kualoa Ranch*. Es gibt so viele Möglichkeiten, einen Tag auf der *Kualoa Ranch* zu verbringen!

Ich hatte (von Deutschland aus) gleich zwei hintereinanderliegende Ausflüge für uns gebucht. Wenn wir einmal vor Ort waren, dann wollten wir den Tag auf der Ranch optimal nutzen. Gebucht hatte ich direkt auf der Website der *Kualoa Ranch*. Mit der Bestätigungsmail erhielt ich die Angaben über Abfahrtsort und Abfahrtszeit, denn ich hatte für uns, gegen eine geringe Gebühr, den Transfer von und nach Waikiki gleich mitgeordert. Es war alles organisiert. Nun konnte es losgehen ... Am 7. Mai schrillte gegen 5 Uhr unser Reisewecker. „Nur noch eine Minute!" – sagte die Stimme in meinem Kopf. Aber diesen Gedanken verwarf ich sofort wieder. Wenn ich liegen bliebe, verschliefen wir womöglich noch, und das wäre fatal ... Also, raus aus den Federn! Schließlich stand für uns ein erlebnisreicher Ausflug auf dem Programm ... Ich ging ins Bad. Lothar hatte bereits Kaffee gekocht und in unsere verschließbaren Kaffeebecher abgefüllt. Diese und ein paar Sandwiches landeten in unserem Rucksack. Gemeinsam mit Wasserflaschen, Badesachen und – ganz wichtig – der Kamera! Lothar kam inzwischen auch aus dem Bad, und wenig später trafen wir uns mit Ines und Detlef in der Hotellobby. Ein 25-minütiger Fußweg lag vor uns.

Unser Abholpunkt befand sich in der *Paoakalani Avenue*. Dort wollten wir hin. Draußen war es noch schummrig. Die milde Luft war angenehm. Überall zwitscherten Vögel. Schön! Jogger kamen uns entgegen, und Hundebesitzer führten ihre vierbeinigen Lieblinge aus. Unterwegs diskutierten wir, ob wir nach unserer Rückkehr am Nachmittag gleich noch einen Bauernmarkt besuchen sollten. Die Zeit verging wie im Flug. Und schon bogen wir in die *Paoakalani Avenue* ein, an deren Ende der vereinbarte Abholpunkt lag. Als wir dort ankamen, war bereits mächtig was los. Vor dem Eingang des „Waikiki Beach Marriott Resort & Spa", einem großen Hotel, standen jede Menge Busse parat, um einen riesigen Schwarm aufgeregter, abenteuerlustiger und erwartungsfroher Touristen an Bord zu nehmen. In all dem Trubel fanden wir unseren Bus erstaunlich schnell. Und nachdem wir eingestiegen waren, ging es auch schon bald darauf los.

Unser Bus verließ Waikiki in nördlicher Richtung. Im spiegelglatten *Ala Wai Canal* tummelten sich ein paar Enten, und auf den Straßen war der große Verkehr noch nicht unterwegs. Lothar hatte mir wie immer einen Fensterplatz überlassen – so ist er nun mal! Ich hatte einen wunderbaren Ausblick auf die Umgebung. Die Wohnsiedlungen außerhalb Waikikis fand ich besonders spannend, Lothars Interesse war auch geweckt. Wir machten Fotos und erfreuten uns an den bunt gestrichenen Häusern in Holzbauweise mit ihren teils urwüchsig anmutenden Gärten. Bäume und Sträucher bogen sich unter der Last von Papayas, Mangos, Maracujas und allerlei anderer exotischer Früchte. Immer wieder wurde unsere Fahrroute von langen, grünen Abschnitten begleitet. Wir hatten manchmal das Gefühl, als ob die Autobahn, auf welcher unser Bus fuhr, mitten durch einen Dschungel führen würde. Korrekt muss es heißen: ... durch einen von der Natur kolorierten Dschungel ..., denn wohin man auch blickte, hatte es die Schöpfung gut gemeint. Filigrane Blüten in knalligen Farben wuchsen überall in dem Dickicht und setzten bunte Akzente, soweit man diese noch erkennen konnte, denn die Vegetation hatte sich, alles überwuchernd, ausgebreitet. Es war die pure Natur, deren Anblick uns so sehr in ihren Bann zog. Ein am Straßenrand stehendes Schild wies darauf hin, dass wir uns bereits der *Kualoa Ranch* näherten. Weit konnte es nicht mehr sein.

Unser Bus fuhr nun direkt am Ozean entlang. Der Pazifik machte gerade Pause und zog sich mit einer Ebbe zurück. Das Wasser sah wie glatt gebügelt aus. Nicht eine Welle. Über uns waren viele Wolken unterwegs. Sie hingen am Himmel wie kleine Wattebäusche. Das gebrochene Morgenlicht verbreitete eine wundervolle, andächtige Stimmung. Ein friedvoller Moment. Dann erkannten wir *Mokoli'i*. Eine kleine, vorgelagerte, unbewohnte Insel in Form eines Chinesenhutes, weshalb sie auch „Chinamen's Hat" genannt wird. Von hier aus war es nur noch ein Katzensprung bis zu unserem Ziel. Und tatsächlich! Hinter der nächsten Kurve bogen wir ab und verließen die Hauptstraße. Auf einem großen, bordeauxfarbenen Schild stand in weiß leuchtenden Buchstaben: „KUALOA VISITOR CENTER". Wir waren angekommen.

Die Busse hielten und spuckten die Touristenströme aus, welche sich in Bewegung setzten. Operator standen bereit und lenkten die ankommenden Gäste in Richtung Empfangsbereich. Dort erfolgte eine Aufteilung in Gruppen, welche nach und nach durch die Empfangshalle mit Shop und Restaurantbereich hin zum Außenbereich mit den Abfahrtspunkten geführt wurden. Wir liefen zum *Costumer Center* und ließen uns registrieren. Auch hier wurden wir wieder mit einem freundlichen „Aloha!" empfangen und grüßten gern mit einem „Aloha!" zurück. Wir erhielten Papierarmbändchen ums Handgelenk. Es war jedoch noch jede Menge Zeit bis zum Start unserer gebuchten „Movie Sites and Ranch Tour". Gemeinsam mit Ines und Detlef nahmen wir auf einer Art Veranda Platz. Die bereitgestellten Holztische und Bänke luden zum Verweilen ein. Der richtige Ort für unser Frühstück! Die mitgebrachten Sandwiches und der frisch gebrühte Kaffee waren schnell ausgepackt. Ich stopfte mein Sandwich in mich hinein, noch zwei große Schluck Kaffee. Das musste reichen! Albern!? Ich konnte nicht länger warten! Ich wollte noch ein paar Fotos machen, bevor es losging. Meine drei zeigten sich verständnisvoll.

Ich erkundete die nähere Umgebung. Geschmackvoll angelegte, bunt blühende Blumenrabatten ließen erahnen, dass sie von jemandem mit sehr viel Liebe und Hingabe für die Pflanzenwelt umsorgt wurden. Die Außenanlagen waren überhaupt sehr gepflegt. Ich entdeckte eine unsagbar schöne, ungefähr zwei Meter hohe Figur, handgeschnitzt aus

Koa-Holz. Fein ausgearbeitete Schildkröten, ein Hai, ein Wal, ein Oktopus und Fische waren lebensecht dargestellt und schienen sich wie in einem Strudel, eng ineinander verschlungen, um ein vertikales Zentrum herum zu bewegen. Wahrlich meisterhafte Handwerkskunst. In einem kleinen Gebäude, etwas versteckt hinter einer Tür, verbarg sich ein kleines Museum. Wie toll! Allerlei Exponate mit geschichtlichem Hintergrund waren hier ausgestellt. Einen sehr großen Stolz empfinden die hawaiianischen Menschen für ihre (verloren gegangene) Monarchie. Und so war auch dort, in dem kleinen Museum, eine Statue zu Ehren King Kamehameha I. aufgestellt. Als ich den kleinen Raum verließ, stieß ich auf meine Familie. Wir begannen unseren gemeinsamen Rundgang über die Ranch und machten noch ein paar Fotos. Obwohl so viel Menschen mit uns gleichzeitig eingetroffen waren, wirkte das Areal keinesfalls überfüllt. Die Menschenmenge verteilte sich auf dem weitläufigen Gelände. Dann war es Zeit, und wir begaben uns zum gut ausgeschilderten Abfahrtspunkt unseres Busses, welcher bis auf den letzten Platz gefüllt war. Ines und Detlef hatten in der Sitzreihe neben uns Platz genommen. Wir warfen uns erwartungsvolle Blicke zu und verharrten voller Spannung auf das Kommende. Unser Busfahrer stieg ein. Er positionierte sich in der Mitte des Busses und stellte sich vor. Jim-Bob war sein Name. Ein sehr sympathischer Mann, der, während er uns eine kurze Vorschau auf unseren bevorstehenden Ausflug gab, unentwegt lächelte. Dann setzte Jim-Bob sich auf seinen Fahrersitz und unser Bus sich in Bewegung ... Über eine holprige „Buckelpiste" fuhren wir erst einmal in Richtung *Koʻolau Range* (dem Bergmassiv). Vorbei ging es an einem Farmhaus und den Ruinen einer alten, im Jahre 1863 erbauten Zuckermühle. Diese musste jedoch sieben Jahre später schon wieder geschlossen werden. Eine lang anhaltende Dürre war dafür verantwortlich, dass der Zuckerrohranbau auf der *Kualoa Ranch* keine Erträge abwarf, die Mühle unrentabel und ihr Betrieb eingestellt wurde. Eine unbefestigte Straße führte durch ein wildwüchsiges Territorium, dessen wunderschöner Baumbestand mich faszinierte. Die beeindruckenden, alten Bäume streckten tentakelgleich ihre dicken, langen Äste in alle Himmelsrichtungen. Es schien, als wollten sie nach den vorbeifahrenden Fahrzeugen greifen. Von nun an ging es bergauf. Unser Bus schob sich auf einer kleinen Serpentine immer höher den Berg hinauf. Jim-Bob verkündete über den Lautsprecher: „Next stop: the bunker!"

Ja, wirklich – ein Bunker! Dieser Bunker ist ein Relikt aus dem Zweiten Weltkrieg. Die US-Armee hatte 1941 das Land der *Kualoa Ranch* besetzt, um es militärisch zu nutzen. Errichtet wurden u. a. ein Flugfeld sowie mehrere Bunkeranlagen. Der Bus hielt an. Wir stiegen aus und befanden uns ziemlich weit oben auf dem Berg. Detlef rannte sofort mit seiner Kamera los und fotografierte die herrliche Aussicht. Der Pazifik lag vor uns. Bis zum Horizont war nichts weiter zu sehen als sein wundervolles Blau in allen Abstufungen und Nuancen. Wir anderen drei traten zu Detlef heran und genossen ebenfalls die aufsehenerregende Schönheit des Ozeans. Ich dachte bei mir, welches Glück doch die Menschen dieser paradiesischen Insel hier haben, von dieser Pracht der Natur zeitlebens umgeben zu sein! Lothar mahnte zum Aufbruch. Unsere Reisegruppe hatte sich schon ein Stück von uns entfernt. Vor uns lag der Zugang zum Bunker. Aus Beton gegossen, bildeten dicke Wände den Eingang zum Inneren des Berges und erweckten das Vertrauen in Sicherheit und Standfestigkeit der Anlage. Ein Schild war angebracht. Diesem konnten wir entnehmen, dass der Bunker 1943 erbaut wurde, zum Zwecke der Verteidigung der Küste. Im Inneren des Bunkers sahen wir dann allerlei Bild- und Kartenmaterial sowie zusammengetragene militärische Gerätschaften und Ausrüstungen aus der damaligen Kriegszeit.

Wir ließen den militärischen Ausstellungsbereich hinter uns und fühlten uns sodann in die Filmwelt Hollywoods hineinversetzt. Die Wände zierten Plakate berühmter Hollywoodfilme und Serien, welche auf der *Kualoa Ranch* gedreht worden waren. Zwischen hübsch arrangierten Filmrequisiten zog es Ines und Detlef magisch zu dem Modell eines U-Bootes aus der Serie „Lost", während Lothar sich für eine Wandmalerei begeisterte, die einen seiner Lieblingsschauspieler – Dwayne Johnson – darstellte. Mich lockte ein Poster, auf welchem meine vier Filmhelden der Serie „Hawaii-Five-0" dargestellt waren. Ich bin bekennender Fan. Lothar und ich hatten im Vorfeld der Reise unsere Späße gemacht und uns vorgestellt, wie es wohl wäre, zufällig einem unserer Lieblingsstars über den Weg zu laufen. Leider blieb es bei dem Traum ... Ziemlich am Ende des Bunkers befand sich ein kleiner Raum, der wie eine Art dunkle, unheimliche Höhle gestaltet war. In der Höhle befanden sich lebensecht nachgestellte Exemplare mehrerer Dinosaurier (T-Rex), welche Zähne fletschend ihre erlegte Beute zerteilten. An diesem Set bildete sich ein kleiner „Stau", denn viele der Besucher wollten noch ein Erinnerungsfoto schießen.

So interessant die Bunkeranlage auch war, der Tag wollte unbedingt unter freiem Himmel verbracht werden. Es gab noch so viel zu sehen. Wir bestiegen unseren Bus, welcher sich talwärts bewegte. Wir umfuhren die Spitze des Bergmassivs. Uns eröffnete sich ein atemberaubender Anblick. Vor uns breitete sich die Bergkette aus, in deren Tal wir hineinblickten. Auf diese Aussicht hatte ich so sehr gewartet. Bei meinen Internetrecherchen hatte ich mir Bilder des *Ka'a'awa Valleys* angesehen, und es passierte etwas Anrührendes in meinem Inneren. Ich fühlte mich sofort zu diesem Ort hingezogen. Er strahlte etwas Ruhiges und Friedvolles aus. Die auseinanderdriftenden Höhenzüge wirkten auf mich wie Wellenberge, die sich nach einem Zusammenprall wieder voneinander entfernten. Geheimnisvoll und mystisch wirkten die Bilder. Dieses viele Grün! Die Erhebungen der *Ko'olau Range* sind von üppiger Vegetation bewachsen. Das hat mit den vielen Niederschlägen zu tun. Über dem Ozean bilden sich Wolken, die landeinwärts ziehen. Sie bleiben auf ihrem Weg über die Insel an den

Bergen hängen und regnen ab. Das sorgt für eine kontinuierliche, natürliche Bewässerung und ein enormes Pflanzenwachstum. Ich freute mich unbändig auf den Augenblick, in dem unser Bus in das Tal fahren würde. Aber erst einmal gab es andere Dinge zu entdecken. Dabei war es unser Busfahrer Jim-Bob, der uns während unseres gesamten Ausfluges mit viel wissenswertem Background versorgte. Wir waren bestens informiert über die Flora und Fauna, die Geologie, die landwirtschaftliche sowie aquakulturelle Bewirtschaftung der *Kualoa Ranch*. Sehr interessant war es, von den Projekten und Motivationen der *Kualoa Ranch* im Hinblick auf Nachhaltigkeit und Naturschutz sowie dem Bestreben zu hören, die kulturellen und traditionellen hawaiianischen Werte zu erhalten und zu vermitteln.

Jim-Bob wies uns Passagiere auf ein weiteres Highlight unseres Ausfluges hin. Ab sofort würden wir die Originalschauplätze der Filmdrehs zu vielen Hollywoodstreifen besuchen. Ein Stopp sei auch geplant. Ein Fototermin mit den Raptoren aus „Jurassic Park". Und so fuhr unser Bus ein kleines Stück durch das *Ka'a'awa Valley*, vorbei an den ausgeschilderten Filmsets, aber eben wortwörtlich vorbei. Es gab mal mehr, mal weniger zu sehen, was sehr schade war. Jedenfalls kam dann der angekündigte Stopp vor dem berühmten, umgefallenen Baumstamm aus einer Szene des ersten „Jurassic Park"-Films – der Szene, in welcher sich die Familie auf offener Flur befindet und von einer Gruppe Gallimimus (das sind diese straußenähnlich wirkenden Dinos) regelrecht überrannt wird. Die Schauspieler flüchten sich Schutz suchend hinter einen umgekippten Baumstamm. Und genau dieser Baumstamm war unser Foto-Set. Nach und nach wurden alle Gäste unseres Busses von unserem Busfahrer Jim-Bob fotografiert, was ein Riesenspaß war. Denn so verschieden die Menschen waren, so viele unterschiedliche Ideen hatten sie auch, sich für ein tolles Foto in Pose zu werfen. Jim-Bob hielt einfach einen Spielzeug-Dino vor die Linse der Kamera. Schon sah es aus, als würde man sogleich von einem wild gewordenen Reptil angegriffen werden. Es war wirklich sehr, sehr lustig, und es hat Spaß gemacht, so albern herumzuwitzeln. Dann stiegen wir alle wieder in den Bus und traten die letzte Etappe unserer Exkursion an. Weiter ging's, vorbei an wunderschönen Affenbrotbäumen, durch Papaya- und Bananenplantagen. Wir sagten „Good bye!" zum wunderschönen *Kaʻaʻawa*-Tal und kehrten zurück zum Ausgangspunkt unseres Ausflugs. Wir hatten noch eine weitere Tour gebucht. Bis es weitergehen sollte, nutzten wir die Zeit, um uns ein wenig die Füße zu vertreten.

Wenig später standen die Busse zur Weiterfahrt bereit. Der neue Bus mit unserem neuen Busfahrer Alfred verließ mit uns an Bord das Ranchgelände und brachte uns vorbei an *Mokoliʻi Island* zum nahe gelegenen Bootsableger. Auch dieser befand sich in malerischer Umgebung. Es blieb keine Zeit, diese zu erforschen, denn unser Boot hatte bereits am Steg festgemacht und wartete. Unsere Reisegruppe verteilte sich nach und nach auf dem blau-weißen Katamaranboot. Ich hatte beim Betreten des Bootsablegers im Vorbeigehen noch schnell einen Schaukasten fotografiert. Diese Fotos sah ich mir mit Lothar und den anderen beiden an. Es befanden sich Exponate verschiedener Fisch- und Krabbenarten in der Vitrine. Ich begriff: Wir überquerten gerade den über 800 Jahre alten *Moliʻi* (Fischteich). Er wirkte wie ein See. Seine Ufer waren rundum dicht bewachsen mit urwüchsigen Bäumen, Büschen, Palmen. Die Überfahrt zu Secret Island, unserem Ziel, dauerte nur wenige Minuten. Als unser Boot dort auf der anderen Seite des Fischteiches festmachte, klopfte mein Herz schneller. Wir mussten unbedingt noch Fotos machen! Es war unglaublich, was ich da sah! Wenn wir von unserem Bootssteg aus zurückblickten zu unserer Ablegestelle, von welcher wir gekommen waren, dann bot sich uns eine sensationelle Aussicht. Wir blickten über den *Moliʻi* hinweg, in dessen Hintergrund sich das gewaltige Bergmassiv der *Koʻolau Range* aufrichtete. Die Natur hatte die *Koʻolaus* in grünen und braunen Farben angemalt, und sie wirkten zusammengefaltet wie die Luftkammern eines Akkordeons. Die Höhenzüge hoben sich markant vom strahlend blauen Himmel ab. So schön, so pur, so erhaben. Ein Anblick, der bei mir fast Schnappatmung auslöste.

Ich brauchte noch einen Moment. Es fiel mir schwer, mich zu lösen. Ich wollte einfach nur dastehen, alles in mich aufsaugen, genießen und mich erfreuen. Freude, das war ein Gefühl, dass ich über lange Zeit nicht hatte empfinden können. Während meiner Erkrankung waren immer mehr negative Gedanken und Gefühle in den Vordergrund gerückt und hatten alles Schöne verdrängt. Und nun waren wir 12.000 Kilometer von der Heimat entfernt, und mir wurde langsam klar, welchen langen Weg ich in den letzten Jahren zurückgelegt hatte. Ich hatte einen schweren emotionalen und mentalen Kampf führen müssen gegen festgefahrene Gedanken, fehlerhafte Einstellungen, falsch gesetzte Prioritäten. Meinen inneren Kompass hatte ich neu ausrichten müssen. Aber nun stimmte seine Polung wieder. Meine Polung!! Ich war auf dem richtigen Weg. Mein Mund murmelte unhörbar: „Mahalo!" – Danke für dieses Geschenk!

Von der Gruppe der Urlauber war nichts mehr zu sehen. Aus der Ferne tönte Kinderlachen herüber. Meine Familie war bereits am Ende des Bootssteges angelangt. Sie machten Fotos bzw. Videoaufnahmen. Das ist Detlefs kleine Leidenschaft. Er fotografiert gern und viel, und irgendwie ist immer ein Kracherfoto unter seinen Aufnahmen. Etwas extrem Lustiges oder eine außerordentliche Momentaufnahme. Ich schau mir gern seine Bilder und Videos an. Aber nun gerade schaute ich auf das, was da vor mir lag, als ich den Bootssteg verließ und auf meine Familie zulief. Je näher ich kam, umso mehr konnte ich erkennen … Ein verzauberter Märchenwald, war mein erster Gedanke. Der Boden war mit weißem Sand bedeckt. Aus ihm heraus wuchsen unzählige *Hau Trees* (Strandhibiskus). Deren bis auf den Boden ragende Äste hatten sich zu einem wahren, undurchdringlichen Labyrinth ineinander verschlungen. Kreuz und quer in alle Richtungen wuchsen die *Hau Trees*. Ihr grünes Blätterdach ließ zartes Sonnenlicht einfallen. Ein wunderschönes Spiel von Licht und Schatten zeichnete sich auf dem Sandboden ab. Ein bunt bemalter Wegweiser zeigte in Richtung *Secret Beach*. Dort wollten wir hin. Es war nicht weit. Ganz dort hinten konnten wir schon das Blau des Meeres durchschimmern sehen.

Das kleine Wäldchen hatten wir schnell durchlaufen, und dann folgte der nächste (positive) Schockmoment. Wir hatten den Strand erreicht. Links und rechts von uns breitete sich der *Secret Beach* aus. Unsere Männer lachten und gaben mit einem lauten: „Wow!" ihren Gefühlen Ausdruck. Ines stand kopfschüttelnd neben mir und wiederholte ständig die Worte: „Irremäßig, irremäßig!" Ich hingegen stand wie versteinert da. Es war das Paradies! Das musste es sein! So ein wunderschöner Strand! Palmen über Palmen, Rasenflächen zum Ausruhen. Und dieser Ausblick! Wir befanden uns in der Bucht von *Kane'ohe*. Auf der rechten Seite war die halbmondförmige Bucht bis in Ufernähe bebaut mit Strandhäusern. Aber das war mehr zu erahnen, als deutlich zu erkennen, denn die Bucht war groß und die Häuser weit entfernt. Im Hintergrund bildete die *Ko'olau Range* einen natürlichen, kilometerhohen Wall. Zur linken Seite hin öffnete sich der Halbmond der Bucht zum Pazifischen Ozean. In rund einem Kilometer Entfernung lag *Mokoli'i Island*, der „Chinesenhut".

Eine Gruppe Kinder rannte, laut jubelnd, an uns vorbei. Ich zuckte zusammen und war aus meiner Versteinerung gerissen ... Erst jetzt bemerkte ich die Menschen um uns herum. Die hatte ich irgendwie komplett ausgeblendet. Lothar fragte: „Was meint ihr, wollen wir uns dort hinten ein Plätzchen suchen?" Er zeigte auf eine von Palmen beschattete Rasenfläche, Richtung *Mokoli'i*. Wir alle waren einverstanden und brachten erst einmal unsere Taschen und Rücksäcke in den

Schatten. Dann gingen wir zurück. Wir hatten übereinandergestapelte Strandliegen entdeckt, und die holten wir uns. Darauf machten wir es uns bequem. Ich hatte während meiner Reisevorbereitung nachgelesen: Sämtliches Strandequipment konnten wir hier am *Secret Beach* kostenlos nutzen, d. h., es war bereits durch unsere Buchungsgebühr bezahlt. Wir verschafften uns erst einmal einen Überblick. Rettungsschwimmer gab es mehrere. Toiletten und Duschen ebenfalls. Und am Strand lagen Kajaks und Stand-up-Paddling-Boards. Sogar ein Auslegerkanu war vorhanden!

Also, was machen wir? Detlef wollte noch nicht ins Wasser. Er blieb bei unseren Taschen. Lothar schnappte sich ein Stand-up-Paddling-Board. Er strahlte und rief im Vorbeilaufen Ines und mir scherzhaft zu, wir sollten nicht so trödeln ... Ines und ich entschieden uns für ein Zweierkajak. Wir zogen es ins Wasser, und los ging's. Der *Secret Beach* war bestens organisiert. Im Wasser gab es deutlich gekennzeichnete Bereiche für Badegäste und ebenso abgetrennte Bereiche für die anderen Wassersportler. Die Bereiche waren zum offenen Meer hin begrenzt. Und wenn man diese Grenze überschritt, dann ertönte ein lautes Pfeifen der Rettungsschwimmer, welche mit unmissverständlichen Gesten zur Rückkehr in den abgegrenzten Bereich aufforderten. Mehrere Schulklassen waren mit ihren Lehrerinnen am *Secret Beach*. Die Kinder tobten ausgelassen im Wasser. Die *Keiki* (Kinder) auf Hawaii erlernen schon von Kindesbeinen an in sehr, sehr jungem Alter das Schwimmen. Die allgegenwärtige Anwesenheit des Ozeans und der ständige Kontakt zum Meer machen es zu einem fundamentalen Erfordernis. An den Schulen Hawaiis gehört das Wellensurfen während des Sportunterrichtes zum Lehrplan! Wundervoll! Nun aber, hier am *Secret Beach*, genossen wir Wind, Wellen und Sonne ... Ines und ich waren mit unserem Kajak schon ziemlich weit draußen. Gefährlich nah bewegten wir unseren schwimmenden Untersatz an der Abgrenzung des Sicherheitsbereiches entlang. Wir hatten inzwischen

ziemlich viel Fahrt aufgenommen. Unsere koordinierten Paddelschlä-
ge und fließenden Bewegungen ließen uns gut vorankommen. Detlef
hatte unseren kleinen Ausflug auf dem Meer mit seiner Kamera gefilmt und uns das Video später gezeigt. Es erinnerte mich scherzhaft
an Wasserballett ... Naja, spätestens bis zu dem Moment, als wir die
Linie der Abgrenzung dann doch überschritten, weil wir ja auf dem
Wasser schlecht bremsen konnten. Da war von Koordination und
Anmut keine Rede mehr. Aus Angst, von der lauten Trillerpfeife der
Rettungsschwimmer ermahnt zu werden, versuchten Ines und ich mit
hektischen Bewegungen, das Kajak irgendwie zurück in den Sicherheitsbereich zu bringen. Wir haben uns in allererster Linie gegenseitig
nass gespritzt und im Kreis gedreht. Das sah bestimmt voll peinlich
aus! Gelacht haben wir trotzdem. Okay, Wendemanöver auf dem Wasser müssen wir unbedingt noch üben! Aber es hat einen solchen Spaß
gemacht!

Wir verbrachten noch eine ganze Zeit auf dem Meer. Lothar hatte
in der Zwischenzeit sein Stand-up-Paddling-Board ebenfalls gegen ein
Kajak eingetauscht und war hinaus Richtung *Mokoliʻi* gepaddelt. Aus
der Entfernung sah er wie ein kleiner Punkt aus, der um *Chinamen's
Hat* herumschipperte. Als er zurückkehrte, blickte ich zu ihm hinüber. Lothar streckte sein Gesicht mit geschlossenen Augen der Sonne
entgegen. Er wirkte zufrieden und entspannt. Ich freute mich für ihn,
dass er seinen kleinen Ausflug offensichtlich sehr genießen konnte. Als
er die Augen öffnete und zu mir herüberblickte, lächelte er mich an.
Seine Hand formte ein *Shaka*. Ich tat es ebenso. Unser kleiner, non-
verbaler Austausch bedeutete nicht mehr (und nicht weniger!) als:
„Es geht mir gut, ich hoffe dir auch!" Nach so viel Wassersport haben
wir uns dann erst einmal gestärkt. Auf unseren Liegen, im Schatten
der Palmen, mit Blick auf den Pazifik und die Bucht von *Kaneʻohe*
schmeckten unsere selbst geschmierten Sandwiches gleich noch mal
so gut. Wir beobachteten die anderen Touristen und Einheimischen

auf dem Wasser und am Strand. Einige hatten es sich in Hängematten bequem gemacht, welche zwischen den Bäumen hingen. Andere hatten an bereitgestellten Tischen auf Bänken Platz genommen und veranstalteten dort ein kleines Picknick. Es war wirklich ein schöner Ort, um zu relaxen.

Ines und Detlef stand der Kopf ebenfalls nach etwas Entspannung. Lothar und ich wollten noch ein wenig Volleyball spielen. Aber das Netz war besetzt. Wir entschieden, die Umgebung zu erkunden. Wir liefen den Strand entlang – Richtung *Mokoliʻi*. Ein junges Pärchen schlenderte uns entgegen. Dann hatten wir den ganzen Strand für uns allein, soweit das Auge blickte. Wir suchten im Sand nach Muscheln, fanden seltsam geformte Steine und den Panzer einer Riesenkrabbe. Wir nahmen jedoch nichts mit, sondern ließen alles an Ort und Stelle liegen. Einer hawaiianischen Legende zufolge bringt es Unglück, vor allem Lavagestein von den Inseln zu entfernen, um es z. B. als Souvenir mit sich zu nehmen. Damit würde man den Zorn von Pele, der Göttin des Feuers und der Vulkane, auf sich ziehen. Und um unseren Respekt zu zeigen vor der Göttin, welche Schöpfung und Zerstörung zugleich in ihren Händen hält, steckten wir, so gern wir es auch wollten, nichts in unsere Taschen. Wir machten stattdessen einige Fotos von unseren Entdeckungen. Auch von unseren Fußabdrücken im Sand, die hier weit und breit die einzigen am Strand waren. Ein alter Schlager kam mir ins Gedächtnis: „Deine Spuren im Sand ..." Lothar legte seinen Arm um meine Schultern, und eng umschlungen machten wir uns dann irgendwann auf den Rückweg zu unserem Rastplatz. Schweigend und voller Aufmerksamkeit ließen wir die Umgebung in all ihrer Schönheit auf uns wirken. Wir kamen bei Ines und Detlef an und wollten gern noch mal ins Wasser springen. Gesagt, getan. Dann mal rein ins kühle Nass! Nach unserem erfrischenden Bad im Pazifik blieb nicht mehr viel Zeit. Wir machten uns langsam auf den Weg zurück zum Bootssteg, zurück durch das märchenhafte Wäldchen mit den knorrigen *Hau*-Bäumen. Am Ableger wartete bereits unser Wassertaxi. Wir steuerten über den alten Fischteich, mit direktem Blick auf die atemraubende Kulisse der *Ko'olau Range*, das gegenüberliegende Ufer an. Dort wartete bereits unser Busfahrer Alfred, um mit uns allen die Rückfahrt zur *Kualoa Ranch* anzutreten.

Von dort aus begann in bereitstehenden Bussen unser Rückweg nach Waikiki. Die Rückfahrt nutzten wir, um das angefangene, aber nicht zielführende morgendliche Gespräch zu beenden, welches die Frage aufgeworfen hatte, ob wir noch einen *Farmers Market* (Bauernmarkt) besuchen wollten. Wollten wir, war die einstimmige Aussage! Und so machten wir uns sofort nach unserer Ankunft in Waikiki auf den Weg zum „Hyatt Regency Waikiki Beach Resort & Spa" – so lautet der vollständige Name des wirklich imposanten Hotels. Es liegt direkt an der *Kalakaua Avenue*. In seinem großen Atrium fand jeden Dienstag und Donnerstag ein Bauernmarkt statt. Und diesen wollten wir besuchen, um uns mit frischem Obst und Gemüse zu versorgen. Wir steuerten auf den Eingang des „Hyatt Regency" zu. Er war gar nicht zu verfehlen. In dem breiten Hotelzugang waren die Marktstände bis nach draußen aufgebaut. Den Anfang machte ein Stand von Mutter und Tochter mit hausgemachtem Kuchen, frischem Gebäck sowie unglaublich lecker aussehenden *Malasadas*. (*Malasadas* sind ein wenig vergleichbar mit Donuts, frittierte Hefeteigteilchen, nur eben ohne Loch.) Wir blieben stehen, und uns allen lief das Wasser im Mund zusammen. Hier mussten wir unbedingt was probieren. Schnell war eine Entscheidung getroffen. Wir wollten von den *Malasadas* kosten. Jeder von uns eine andere Sorte. Und so landeten *Malasadas* mit Mango- und Vanillecremefüllung, mit Macadamianussfüllung sowie *Malasadas* mit Zuckerummantelung in unserer Einkaufstüte. Die Tüte war Verschwendung, denn verzehrt haben wir unseren Einkauf an Ort und Stelle. Wir waren begeistert! Es war ein Genuss! Wir haben den *Farmers market* noch mehrmals besucht und jedes Mal wieder gern an diesem familiengeführten Stand Halt gemacht und uns einige ihrer Delikatessen gekauft, die unser Verlangen nach landestypischen Leckereien stillten. Aber das eigentliche Ziel war es, preiswertes Obst und Gemüse zu shoppen. Also, weiter! Wir liefen tiefer in das Hotelatrium hinein. Stand um Stand reihten sich aneinander. Diese Farbenpracht! Hier gab es wirklich alles, was das Herz begehrte! Schmuck und Honig, Macadamianüsse und Schnitzereien aus *Koa*-Holz. Es duftete nach *Kona*-Kaffee, frischen Blumen, Gewürzen und selbst gemachter Seife. Die bunte Vielfalt Hawaiis spiegelte sich auf diesem Bauernmarkt wunderbar wider. Wir blieben an fast jedem Stand stehen, um alles zu betrachten. Dann fokussierten wir uns und steuerten auf einen Stand mit Obst und Gemüse zu. Einzeln abgepackt, standen kleine Tüten, befüllt mit Tomaten oder Gurken, zur Auswahl bereit. Ananas, Papaya, Mango und vielerlei exotische Früchte und Gemüsesorten wurden zum Verkauf angeboten. Wir hatten die Qual der Wahl. In unserem Rucksack landeten dann Tomaten, Gurken sowie Mangos, Ananas, Guaven und Bananen. Hawaiianische Bananen ähneln optisch den uns geläufigen Kochbananen, sind also etwas kleiner. Geschmacklich sind sie der Kracher. Zuckersüß und intensiv „bananig"! Wir hatten auch ein wenig handeln können. Als „Großabnehmer" bekamen wir einen kleinen Discount. Das hat uns gefreut, vor allem unseren Geldbeutel. Als wir auf den Ausgang zusteuerten, bemerkten wir ein paar Stände, die wir noch nicht besichtigt hatten. Die wollten wir uns nicht entgehen lassen.

Am vorletzten Stand, welcher Obst und Gemüse anbot, bemerkte ich einen Korb. Oh, wie zauberhaft! In dem Korb lagen wunderschöne *Leis*, gefertigt aus den Blüten der Plumeria. Genauso einen *Lei* hatte ich mir für unsere kleine (Hochzeits-)Zeremonie im *Hoʻomaluhia Botanical Garden* vorgestellt. So einen wunderschönen Blumenkranz würde ich gern tragen. Ich sprach die Standinhaberin an. Ich erzählte ihr von Lothars und meiner bevorstehenden Feierlichkeit und dass ich dafür einen *Lei* nebst Kopfschmuck für mich sowie einen *Maile Lei* für Lothar benötigen würde. Die nette Hawaiianerin sagte mir, das sei alles kein Problem. Bis auf den *Maile Lei*. *Maile* würde bei ihr momentan nicht so gut wachsen. Sie könne also nicht versprechen, ob sie einen *Maile Lei* anfertigen könne. Der Preis für die *Leis* lag weit unter den Handelspreisen, welche ich im Internet recherchiert hatte. Ich bestellte also hocherfreut für den kommenden Donnerstag das florale Schmuckwerk, und wir verabschiedeten uns. Die Freude über dieses unerwartete Aufeinandertreffen war für mich das „Tüpfelchen auf dem I". Es war ein Tag, vollgepackt mit wundervollen Eindrücken und bewegenden Emotionen. Ein Geschenk, über das wir uns sehr freuten, abends im Hotelzimmer von Ines und Detlef, bei einem Glas Wein. *Mahalo!*

Das „Barefoot Beach Cafe" –
ein Abend mit unendlich viel *Aloha* ...

Es war an einem Dienstag ... Ein Faulenzertag lag hinter uns. Nur baden und sonnen standen auf unserem Tagesprogramm. Wir hatten beschlossen, dem „Barefoot Beach Cafe" einen Besuch abzustatten. Dort wollten wir zu Abend essen. Keine zehn Minuten entfernt, lag es auf halber Strecke zwischen unserem Hotel und dem „Eingang" Waikiki, Höhe *Honolulu Zoo*. Auf unserem Weg dorthin liefen wir diesmal nicht die *Kalakaua Avenue* entlang. Nein, diesmal schlenderten wir erst vorbei am *Kaimana Beach*, gefolgt vom *Waikiki Natatorium War Memorial*. An dieses schloss sich eine befestigte Strandpromenade an, auf welcher man wunderbar bis nach Waikiki spazieren konnte. Auf ganzer Strecke läuft man direkt am Pazifik entlang. Unser Weg führte uns an der Rückseite des Aquariums vorbei, und wir konnten in dessen hübsche Gartenanlage blicken. Dort waren bereits eine kleine Bühne sowie Festzeltgarnituren aufgebaut. Hier sollte offensichtlich recht bald ein *Luau* stattfinden. (Ein *Luau* ist ein Fest bzw. eine Veranstaltung, bei welcher man hawaiianisches Essen serviert und zugleich traditioneller Hula aufgeführt wird.) Wir gingen weiter.

Hinter dem Bereich des *Waikiki Aquarium* breitete sich eine große Rasenfläche aus, auf der vereinzelte Bäume standen. Hier hatte sich eine Gruppe junger Frauen zum Abendyoga verabredet. Auf ihren ausgebreiteten Matten verdrehten sie gelenkig und elegant ihre Körper und streckten ihre Arme der untergehenden Sonne entgegen. Mir fiel augenblicklich ein Artikel ein, welchen ich erst vor Kurzem gelesen hatte. Er handelte von Gottesanbeterinnen. Nicht dass ich die sportlichen Frauen mit einem Insekt vergleichen wollte. Nur ihre momentane Körperhaltung erinnerte mich ein wenig daran. An der Promenade standen Bänke bereit, welche zum Verweilen einluden. Das wurde sehr gern von den Menschen genutzt. Man konnte Platz nehmen und hatte einen großartigen, direkten Blick auf den Pazifik. Deshalb waren freie Plätze rar. Es gab ständig etwas zu sehen. Am Horizont sah man die großen Ozeanriesen vorüberziehen, Containerschiffe, die ihre Ladung löschen wollten, oder Kreuzfahrtschiffe, welche sich mit ihren Passagieren an Bord aufmachten, um die hawaiianischen Inseln zu bereisen. Oder man blickte einfach nur auf den Ozean und genoss dessen Anblick. Das Spiel der Wellen, die unermüdlich ans Ufer rollten. Glitzernd und schäumend. Mal erschien der Ozean ruhig und wie geglättet. Dann trieb der Passatwind die Wasser des Meeres wild dem Ufer entgegen, in diesem Fall der Strandpromenade. Und wenn die Brandung dann gegen die zum Meer hin befestigte Seite der Promenade schlug, spritzte sie fontänengleich an der flachen Wand in die Höhe und vorbeilaufende Passanten nass. Das war immer sehr lustig und ein Spaß für Groß und Klein.

Auf den Bänken der Promenade sitzend, kann man jedoch noch etwas sehr Aufsehenerregendes beobachten. Surfer! Immer, wirklich immer, wenn wir auf der kleinen Promenade oder am *Kuhio Beach* bzw. *Waikiki Beach* entlangspazierten, dann blieben wir stehen und schauten den Surfern zu. Es ging einfach nicht anders! Sehe ich die Bilder vor mir, so braucht es keine Worte. Der Anblick allein ist Poesie in flüssiger, fließender Form. Schäumend und sprudelnd!

Aloha! All ihr wagemutigen Surferinnen und Surfer, die ihr das Meer so sehr liebt! Wir konnten nicht genug bekommen von euren athletischen Kunststücken, welche ihr furchtlos auf euren Boards vollbracht habt. Wir standen jeden Tag am Strand und sahen euch zu, wenn ihr stolz und elegant eins wart mit eurem Board, den Wellen, dem Ozean ... Es fiel uns jedes Mal so schwer, die Augen abzuwenden und weiterzugehen. Euer Anblick jedoch wird uns nie vergessen lassen, was wirkliche Leidenschaft fürs Surfen bedeutet ...

Draußen, auf dem Meer, saßen die Surfer im Line-up auf ihren Boards. Es sah aus, als seien sie aufgereiht wie kleine Perlen auf einer Schnur. Sie harrten dort aus, lasen das Wasser und warteten auf die perfekte Welle. Und wenn sie diese perfekte Welle herannahen sahen, dann gab es kein Halten mehr. Unerschrocken und entschlossen vollbrachten all die Männer und Frauen die unglaublichsten Stunts auf ihren Surfboards. Einzeln oder zu zweit, stehend, sitzend – sogar im Kopfstand ritten sie die Wellen. Vor der Welle treibend, flogen sie förmlich über das Wasser, in rasender Geschwindigkeit. In halsbrecherischen Manövern surften sie die Wellen ab, wenn sie ihre *Bottom Turns* vollführten und dabei in einem ständigen Auf und Ab die Wellenwände bezwangen. Sie haben als Sportler für ihre gezeigten Leistungen meinen höchsten Respekt, und ihnen gebührt mein Dank. Mein Dank für unvergessliche Momente, die sie meiner Familie und mir mit ihrem Sport bereiteten. Sie haben uns begeistert, in Erstaunen versetzt und uns energiegeladene Augenblicke voller Lebendigkeit geschenkt. *Mahalo!*

Man muss wissen, dass ebenfalls für lange Zeit ein Surfverbot durch die ihren religiösen Glauben auf den hawaiianischen Inseln verbreitenden Missionare herbeigeführt worden war. Die westlichen Siedler konnten diesem wunderbaren Wassersport nichts abgewinnen. Sie betrachteten das Surfen als einen gefährlichen Zeitvertreib für Nichtstuer. In ihrer visionären Weltanschauung sahen die Missionare das Volk Hawaiis als hart arbeitende, fromme Menschen. Mit dem Surfverbot, dem Hula-Verbot und dem Sprachverbot wurde eine unheilvolle Bedrohung für die hawaiianische Kultur und deren Traditionen herbeigeführt. Die Menschen Hawaiis jedoch beschützten diese Werte ihrer polynesischen Vorfahren und gaben ihr Wissen im Verborgenen weiter, sich allen Vorschriften widersetzend. Und diesem Kampf, diesem Mut, dieser Liebe zu sich als Nation hatten wir es zu verdanken, den Anblick der Surfer auf dem Pazifik genießen zu können und Momente der Lebhaftigkeit zu spüren.

Nicht lebhaft, sondern beschaulichen Schrittes kamen wir Stück für Stück dem „Barefoot Beach Cafe" näher. Dort eingetroffen, verschafften wir uns erst einmal einen groben Überblick. Die Lage des „Barefoot Beach Cafe" war unübertroffen. Man konnte an Tischen unter freiem Himmel, unter großen Sonnenschirmen oder an Plätzen sitzen, welchen vom Blätterdach alter Bäume ein natürlicher Schatten gespendet wurde – vom Pazifik nur durch die kleine Promenade und den Strand getrennt. Der direkte Blick auf den Ozean war obendrein kostenlos. Ebenso wie der nie ermattende Passatwind, der das Rauschen des Meeres in gedämpften Tönen herübertrug. Es war bereits gut besucht, das „Barefoot Beach Cafe".

Das nicht sehr große, einstöckige Gebäude hatte an drei Seiten umlaufend eine Veranda, deren Bedachung von weiß gestrichenen, quadratischen Säulen getragen wurde. Dort konnten die Gäste ebenfalls Platz nehmen und den Ausblick aufs Meer genießen oder dem gemächlichen Treiben auf der Strandpromenade zuschauen. Wir traten unter die Veranda und liefen direkt auf die dem Meer zugewandte Außenfassade des Gebäudes zu. Diese bestand einzig aus Fenstern. Vor einem der geöffneten Fenster hatte sich bereits eine kleine Schlange gebildet. Die Menschen standen an, um ihr Essen zu bestellen. Neben dem Fenster lehnte eine hübsche, fast zwei Meter hohe Menükarte an der Wand, welche wie ein Surfboard aussah. Auf dem Board wurde in sauberer Handschrift mit Kreide geschriebenen Buchstaben der „Fresh caught of the day" angepriesen, der frische Fang des Tages, in unserem Fall Schwertfisch. Diesen wollten Ines und ich auf jeden Fall probieren. Lothar und Detlef hatten sich eine Menükarte in Papierform besorgt. Ich übersetzte ihnen die Vielzahl der angebotenen Speisen. Ihre Wahl fiel auf Steak. Inzwischen waren wir an dem Bestellfenster angelangt. Wir gaben unsere Bestellung auf. Auch hier sollte ich einen Namen angeben. Ich buchstabierte: „I – N – E – S". Wir durften Platz nehmen und fanden noch einen freien Tisch für vier Personen. Dort warteten wir auf unseren Aufruf zur Essensabholung. Wir waren mehr als angetan von der Aussicht, die sich uns dort bot. Die Sonne ging gerade unter, und bei schwindendem Sonnenlicht schaltete sich die Außenbeleuchtung des Cafés ein. Die Stämme der sich in unmittelbarer Nähe befindenden Bäume waren mit Lichternetzen umspannt. Tausende kleiner Lämpchen begannen, zu funkeln. Mit zunehmender Dunkelheit erstrahlten sie stärker und klarer. Über den Tischen gespannte Lichterketten taten es ihnen gleich. Es war inzwischen kein freier Platz mehr zu bekommen. Wir verstanden langsam auch warum. Die romantische Atmosphäre dieses Ortes war offensichtlich sehr beliebt. Ein Aufruf riss uns aus unserem Gespräch. „Ines!" ertönte es, und wir gingen zum zweiten der beiden geöffneten Fenster und nahmen dort unsere zuvor bestellten Speisen entgegen. Es duftete hervorragend. Und so schmeckte es auch. Hinzu kam die überaus appetitliche Anrichtung unserer Menüs. Auf jedem unserer Teller lag eine kleine Orchideenblüte als Dekoration. Das war so hübsch anzusehen! Das Gesamtpaket war perfekt! Hinreißendes Ambiente, romantisches Flair, wohlschmeckendes Essen – mehr geht nicht!

Doch es sollte noch mehr gehen, noch viel, viel mehr! Während wir unser Essen genossen, nahmen drei ältere Herren und eine Dame auf bereitgestellten Stühlen mit dem Rücken zum Ozean und Blick auf die speisenden Gäste Platz. Sie saßen nebeneinander. Die Herren trugen karierte Hemden, Shorts und einen *Lei* um den Hals. Sie hatten Strohhüte aufgesetzt. Ich hatte das Gefühl, sie schon mal irgendwo gesehen zu haben. Aber wo nur? Die sympathische Dame neben ihnen trug ebenfalls eine karierte Bluse und einen hübschen, aus Muscheln bestehenden *Lei* um den Hals. In ihre zu einem Dutt gebundenen Haare waren Plumeria-Blüten gesteckt. Die vier Musikanten griffen zu ihren Instrumenten. Sie begannen, zu singen. Wir blickten erstaunt zu ihnen hinüber und waren uns bereits nach den ersten erklungenen Tönen einig: „Diese Musik hört sich ganz zauberhaft an!" Einen Song nach dem anderen gaben sie zum Besten. Unsere beiden Männer waren ebenso wie Ines und ich angetan von den hawaiianischen Liedern. Ich blickte mich um. Überall sah ich in fröhliche Gesichter. Die anwesenden Gäste hatten so wie wir Gefallen an der Unterhaltung gefunden.

Ich betrachtete die musizierenden Künstler vor uns und bemerkte, dass sie ihre Slippers von den Füßen abgestreift hatten. Und da fiel es mir ein. Das konnten nur die „Barefoot Boys" sein! Ich bin während meiner Reisevorbereitungen bereits auf der Website des „Barefoot Beach Cafe" unterwegs gewesen und hatte dort einen Veranstaltungskalender entdeckt. Laut diesem treten im Café allabendlich im Wechsel Künstler auf, welche die anwesenden Gäste mit ihrer Musik unterhalten, u. a. die „Barefoot Boys". Stimmte also genau. Die barfüßigen Jungs nebst der netten Lady an ihrer Seite gaben ihr Bestes, um alle Anwesenden mit guten musikalischen Schwingungen zu entertainen. Am Tisch etwas weiter vorn erhob sich ein Gast, ein hawaiianischer Mann. Ebenfalls barfuß, mit T-Shirt und Shorts bekleidet, betrat er den breiten Mittelgang, welcher in gerader Linie zwischen den Tischen entlang vom Café in Richtung Ozean führte. Er hob seine Arme und begann, zu tanzen. Einfach so. Unangekündigt, ohne Scham und mit unbefangener Selbstverständlichkeit tanzte er einen Männer-Hula. Er strahlte. Seine dynamischen, stolzen und kraftvollen Bewegungen ließen keinerlei Zweifel daran, dass das Tanzen als solches und hier im Speziellen der Hula beeindruckend männlich und anmutig zugleich sein können. Es war ein Vergnügen, ihm zuzuschauen! Als er sich wieder setzte, war ihm unser Beifall wie der aller anwesenden Gäste gewiss.

Dieser galt (was uns betraf) ebenso den Musikanten! „Toll! Stark gemacht!", waren Lothars Worte. Ich war überrascht. Zu Hause hatte ich schon lange versucht, ihn für einen Ballettbesuch zu begeistern. Er war mir immer ausgewichen. Und als ich ihn hartnäckig weiter bat, doch mal über einen gemeinsamen Abend im Theater nachzudenken, schlug er vor, ich könne mir ja auch mit meiner Freundin ein Ballett anschauen. Das sei nicht so sein Ding. Ballett!! Und hier auf Oahu ließ er sich, ließen wir vier uns mitreißen von den Klängen der Musik und dem Tanz, dem Hula. Dann erhob sich die neben den „Barefoot Boys" sitzende und mit ihnen musizierende Lady. Sie bat drei Frauen, welche an den vorderen Tischen saßen, zu sich. Ich hatte das Gefühl, dass sie sich kannten. Sie alle stellten sich ebenfalls in den Mittelgang mit Blickrichtung zu den anwesenden Gästen. Musik erklang. Die „Barefoot Boys" sangen ein hawaiianisches Lied, begleitet vom Klang ihrer Ukulelen. Die vier Damen wurden nun zu Tänzerinnen. Noch ein Hula! Mein Herz hüpfte vor Freude. Grazil und sanft waren ihre Bewegungen. Ihre Augen, ihre Köpfe folgten dabei den Bewegungen ihrer Arme und Hände. Diese schienen unentwegt etwas zu gestalten, anzudeuten. Es sah aus, als würden sie Blüten formen oder einen niederfallenden Regen umschreiben. Dann wirkte es wieder, als würden die Hände die Wellenbewegung des Ozeans nachzeichnen. Die ruhigen und melodischen Klänge der Musik begleiteten diesen Hula. Ich war komplett gefesselt, hatte Gänsehaut am ganzen Körper.

Wir saßen dort, am Ozean, den Sternenhimmel über uns, 12.000 Kilometer von zu Hause entfernt, und ich fühlte mich nicht fremd. Es war, als würden die ausgebreiteten Arme der Hula-Tänzerinnen die hier anwesenden Menschen umarmen wollen, ihnen sagen: „Seid willkommen!" Ich war berührt, und mit jedem weiteren Takt der Musik öffnete sich mein Herz und ließ all die positive Energie eintreten. Dann, als die Musik verstummte und der Hula endete, war ich kaum in der Lage, zu klatschen, so wie all die anderen es taten. Ich spürte, dass etwas in mir zu brodeln begann. Unruhe packte mich, ich wollte mir jedoch nichts anmerken lassen und lächelte einfach stumm, während meine drei am Tisch munter plauderten. Dann geschah das Unglaubliche. Die nette Lady, die vierte aus dem Bunde der „Barefoot

Boys", steuerte auf unseren Tisch zu. Sie stellte sich als Caroline vor und bat uns, aufzustehen, um mit ihr, Hula zu tanzen. Ich konnte es nicht fassen! Wirklich? Wir bekommen die Möglichkeit, selbst einen Hula zu tanzen? Ich spürte, wie mein Herz vor Aufregung raste. Mein geheimer Wunsch sollte sich hier und an diesem Abend wirklich erfüllen?! Ich übersetzte für Ines, und sie sprang augenblicklich auf. „Oh, wie toll!" waren ihre Worte, während ich mich ebenfalls erhob und wir uns gemeinsam in den Mittelgang stellten. Caroline ging von Tisch zu Tisch und bat immer mehr Frauen dazu. Inzwischen waren es bestimmt zehn Frauen, die bereitstanden, den Hula zu tanzen, die beginnende Musik erwartend. Caroline positionierte sich diesmal vor uns Tänzerinnen und blickte uns an. Sie war unsere *Kumu Hula*, unsere Hula-Lehrerin. Mit ruhiger Stimme erklärte sie die Schrittfolge.

Als die „Barefoot Boys" ein Lied anstimmten, gab es nur noch diesen Moment für mich. Ich war wie in Trance. Ich hörte nur noch die Musik und beobachtete Carolines Bewegungen. Ich versuchte, meine Arme so zu bewegen, wie sie es tat, meine Füße machten alles von allein, sie folgten dem Rhythmus der Musik. Ach ja, die Musik ... Es war nicht irgendein hawaiianisches Lied, das dort erklang. Es war DAS Lied! Es war: „Aloha 'Oe!" Dieses Lied, welches eine so große Bedeutung in sich trägt. Für die Menschen Hawaiis und inzwischen auch für mich. Es ist herzzerreißend, melancholisch, aber auch hoffnungsvoll, bittersüß und voller Liebe.

Und all diese Emotionen begannen gleichzeitig, in mir aufzusteigen. Die vermeintliche innere Unruhe entpuppte sich als Gefühlschaos und nahm immer mehr Raum in meinem Herzen ein. Tausend Gedanken und Bilder durchzuckten wie Blitze meinen Kopf, und zu jedem Bild hielt mein Herz die passende Empfindung bereit. All das Schlimme, dass meinem Mann und mir und unserem Sohn widerfahren war, was wir durchlebt hatten, flammte vor mir auf. Traurigkeit ließ einen dicken Kloß in meinem Hals immer mehr aufsteigen. Mein Brustkorb fühlte sich eng und zugeschnürt an. Wie ein zu kleines Korsett. Und jedes Mal, wenn der Refrain des Liedes erklang, sah ich unsere Erfolge, das, was unser Zusammenhalt erreicht hatte. Und dann war es ein Gefühl des Stolzes, das in mir aufkam. Hoffnung machte sich breit – in Form von: „Wir haben so viel geschafft! Es wird besser werden, alles wird sich zum Guten wenden!" Wie eine riesige Welle überrollte mich eine Erkenntnis, zu welcher ich schon vor einiger Zeit gekommen war ..., die jedoch nun noch einmal in aller Deutlichkeit mit dem Wort „Aloha" des Liedtextes mein Herz berührte. *Aloha* – das war die Liebe! Die Liebe zwischen uns dreien, zwischen meinem Mann und mir und die Liebe, welche wir für unseren Sohn empfanden, dessen Gegenwart in unserem Leben so kraftgebend und bereichernd ist. Diese Liebe hatte alles möglich gemacht. Dafür war ich unendlich dankbar! Und immer stärker werdend, kam noch ein Gefühl in mir hoch, eines, das ich seit vielen Jahren nicht mehr empfunden hatte. Glück! Ich war glücklich in diesem Moment. Wirklich, wahrhaftig und aus tiefstem Herzen. Es war der Augenblick, in welchem mir klar wurde, dass ich bereit war, mein Leben wieder zu genießen. Ich war überwältigt und wusste wirklich nicht, wohin mit mir, wohin mit all diesem Durcheinander in mir.

Wir tanzten noch immer. Dann endete dieses wunderschöne Lied und mit ihm der Hula. Caroline bat uns jedoch, stehen zu bleiben. Sie ging noch einmal von Tisch zu Tisch und sprach die Menschen an. Und tatsächlich gesellten sich noch ein paar Frauen und Männer zu uns. Über das Mikrofon kündigte ein „Barefoot Boy" den letzten Song des Abends an. Und wie wir dort alle, nichts ahnend, standen, war es Caroline, die uns bat, einen Kreis zu bilden und uns bei den Händen zu halten. Jeder fasste die Hand seines Nachbarn. Die „Barefoot Boys" begannen, zu singen, und sie spielten auf ihren Ukulelen und Gitarren ein Lied, dessen Klang mich in meiner angespannten Sensibilität so tief anrührte, dass es fast nicht auszuhalten war. Der Kloß in meinem Hals wurde immer größer und größer, die Enge in meiner Brust unerträglich. Unser Kreis, unsere Endloskette aus Menschen, begann, sich im Takt der Musik zu wiegen. Amerikaner, Polen, Norweger, Deutsche, Menschen aus Hawaii. Wir hatten uns die Hände gereicht und sangen oder summten zur Melodie eines Songs, den wir kannten oder aber auch nicht. Dennoch waren wir vereint. Ich glaube, in diesen Augenblicken war es der *Aloha Spirit*, welchen wir erlebten. Er hatte eine Brücke geschlagen zwischen unseren Herzen. Wildfremde Menschen vereint am anderen Ende der Welt. Ich hatte jedoch in diesem Moment noch eine weitere Eingebung im Kopf. Es war meine Depressionsgruppe, die mich seit mehr als einem Jahr auf meinem Weg begleitete. Wertvolle Menschen, die mich mit ihrer Ehrlichkeit, ihrem Zuspruch, ihrer Herzenswärme und ihren Erfahrungen selbstlos und hilfreich unterstützten im Kampf gegen meine Krankheit. Allen voran unsere geradlinige Therapeutin mit ihrem messerscharfen Verstand und übergroßen Herzen für jeden einzelnen ihrer Patienten. Der ich sehr, sehr dankbar bin, für Ihre Ermunterung, diese Reise nach Oahu noch einmal anzutreten. Die immer wieder daran erinnerte, uns in unserem gemeinsamen Kampf gegen die Depression als Brüder und Schwestern zu sehen. Eben wie eine Familie. Und diesen Teil meiner Familie trug ich hier und jetzt unter dem Sternenhimmel Hawaiis ebenfalls in meinem Herzen. In diesem Moment erinnerte ich mich an ein Sprichwort von Jon Kabat-Zinn, welches übersetzt so viel bedeutet wie: „Du kannst die Wellen nicht stoppen, aber du kannst lernen, zu surfen". Ich hatte in den vergangenen zweieinhalb Jahren gelernt, zu surfen auf den Wellen des Lebens. In einem ständigen Auf und Ab. Anfangs wurde ich von diesen Wellen, meinen Erkenntnissen über mich selbst sowie meinen Lernprozessen, teilweise niedergeschmettert und musste mich aus einem Wellental wieder emporkämpfen. Aber mit der Zeit und der Hilfe und Unterstützung lieber Menschen um mich herum lernte ich, jede Welle, die auf mich zukam, immer besser zu meistern. Und nach und nach mich auf dem Board zu halten, dem richtigen Weg für mich zu folgen. Ich surfte kleine Wellen ab, die einen großen Schritt für mein weiteres Leben bedeuteten.

Und hier, im „Barefoot Beach Cafe", blickte ich, als die Musik verstummte, in das Gesicht von Ines. Sie hatte rechts von mir gestanden, in unserem Kreis. Sie machte eine Geste, und wir umarmten uns. Und dann passierte es doch. Alles, was ich so angestrengt versucht hatte, zu unterdrücken, brach nun aus mir hervor. Der Kloß entwich meinem Hals mit einem tiefen Schluchzen, und alle angestauten Gefühle sprengten den Panzer aus Enge um meinen Brustkorb. Tränen flossen über meine Wangen. Es wurden immer mehr. Ich konnte nichts zurückhalten. Ich wollte es auch nicht. Es war keine Trauer! Es waren Befreiung und Erleichterung! Ines flüsterte mir zu: „Ich weiß, ich weiß!" Sie verstand mich auch ohne Worte. Einer der „Barefoot Boys" kam auf mich zu. Er umarmte mich ebenfalls. Ich schämte mich nicht für meine Tränen, sagte ihm, wie sehr die Musik und der Hula mein Herz berührt hatten, und bedankte mich dafür. Er antwortete ebenfalls: „I know, I understand you!" Ich ging auch noch zu Caroline und dankte ihr für den Hula. Sie lächelte, und mit liebenswürdigen Worten lud sie mich ein, wiederzukommen, dienstags seien sie immer da. Mir fiel auf, dass sich nach unserem letzten und gemeinsamen Lied kleine Grüppchen gebildet hatten. Die Menschen waren nicht einfach auseinandergelaufen. Sie hatten zueinander gefunden und unterhielten sich angeregt! Lothar kam auf mich zu. Ich erkannte ein kleines Lächeln um seine Augen herum, in seinem dennoch ernsten Gesicht. Auch wir umarmten uns. Lange ... Und dann waren wir vier wieder vereint: Ines, Detlef, Lothar und ich. Die Männer hatten, von Ines und mir unbemerkt, unseren Hula gefilmt und fotografiert. Und darüber sprachen wir auf dem Weg zurück ins Hotel. Danke für diesen Abend! Danke für diese kostbaren Momente, für dieses Geschenk! *Mahalo nui loa!*

Erlebnisreiche *Circle Island Tour* – in acht Stunden rund um die Insel …

Auf den 10. Mai freuten wir vier uns außerordentlich. Ich hatte für diesen Freitag etwas sehr, sehr Schönes organisiert: eine Inselrundfahrt. Nicht irgendeine. Nein, diese war wirklich etwas ganz Besonderes. Diese Inselrundfahrt hatten Lothar, unser Sohn und ich bereits im Jahr 2016 unternommen. Und sie hatte uns so gut gefallen, dass wir beschlossen hatten, sie noch einmal zu buchen. Diesmal gemeinsam mit Ines und Detlef. Auf unserer „Circle Island Tour" wurden wir seinerzeit 2016 von einem tollen Tourguide begleitet – Liana. Liana führt diese Inselrundfahrten deutschsprachig durch, was sehr angenehm ist. Man kann sich voll auf ihre Ausführungen konzentrieren und das Übersetzen im Kopf entfällt. Die Informationen passen augenblicklich zu den Bildern, welche man vor Augen hat. Liana war mir damals so sympathisch, dass ich ihr bei unserer Verabschiedung versprach, mich noch einmal per E-Mail zu melden. Bei der einen Mail blieb es jedoch nicht, und so schrieben wir uns in den vergangenen drei Jahren in unregelmäßigen Abständen, zu Weihnachten, zu den Osterfeiertagen oder einfach mal so, um uns Neuigkeiten mitzuteilen. Aber auch, wenn in unserem Leben wichtige Ereignisse eintraten. Zum Beispiel, als die Menschen Hawaiis von einem (Fehl-)Alarm überrascht wurden, welcher einen bevorstehenden Raketenangriff ankündigte. Da haben wir uns ausgetauscht. Meine Familie saß zu Hause, und wir verfolgten in den Nachrichten kopfschüttelnd das Geschehen auf den hawaiianischen Inseln. Es waren überaus beängstigende Momente! Und ich fragte mich, was wohl in den Menschen auf *Maui, Molokai, Oahu, Big Island* usw. vor sich gegangen sein muss. Furchterregende, verzweifelte und hoch emotionale Augenblicke in Todesangst haben die Menschen durchlebt. Zum großen Glück war keine Rakete unterwegs, und der ausgelöste Alarm entpuppte sich als ein menschlicher Fehler. Damals berichtete Liana in einer Mail, wie sie diese schrecklichen Momente erlebt hatte und andere Menschen mit ihr. Liana und ich schrieben uns auch, als im Mai 2018 der *Kilauea* (ein Vulkan) ausbrach. Liana lebt auf der Insel Oahu, und der *Kilauea* befindet sich auf der rund 320 Kilometer entfernten Insel *Big Island*. Dennoch war ich etwas besorgt, denn zwischen den Inseln liegen keine großen Entfernungen, und vom Vulkan ausgehende Erdbeben, giftige Gaswolken (*Vog*) oder Ascheregen können jederzeit auch die anderen hawaiianischen Inseln erreichen. Liana versorgte mich in der Zeit mit wertvollen Informationen, und dafür war ich sehr dankbar. So blieben wir weiterhin in Kontakt. Als ich ihr dann mitteilen konnte, dass Lothar und ich im Mai 2019 noch einmal nach Oahu kommen und gern mit ihr erneut diese schöne Inselrundfahrt unternehmen würden, war die Freude auf beiden Seiten groß! Wir würden uns wiedersehen! Und dann war es so weit.

Am Morgen des 10. Mai wartete Liana, in Jeans und in ein hübsches Hawaiihemd gekleidet, vor unserem Hotel auf der *Kalakaua Avenue*. Als wir auf sie zusteuerten, rief sie uns ein „Aloha!" entgegen, und mit einer Umarmung begrüßten wir uns. Ich freute mich sehr und kämpfte gegen Freudentränen an. Dann trat Lothar hinzu und umarmte Liana ebenfalls. Ich stellte Ines und Detlef vor. Von ihnen hatte ich Liana bereits per Mail berichtet. Dann ging es los. Wir alle bestiegen Lianas Van und fuhren zuerst einmal nach Waikiki. Wir wollten noch ein weiteres Ehepaar abholen, das ebenso wie wir die Inselrundfahrt gebucht hatte. Ich saß vorn auf dem Beifahrersitz neben Liana. Wir plauderten, und es war so, als ob wir uns erst vor Kurzem verabschiedet hätten. Schön war es, sie wiederzusehen! Wir kamen in Waikiki an. Die beiden Eheleute standen bereits an der Straße und konnten, nachdem Liana sie begrüßt hatte, direkt in den Van einsteigen. Wir stellten uns alle vor, und dann nahmen wir Kurs auf unser erstes Ziel. Wir fuhren Richtung Osten.

Am Fuße des *Diamond Head*, einem erloschenen Vulkankrater, machten wir einen Stopp. Dort, am *Diamond Head Surf Lookout*, verließen wir den Van. Ein sensationeller Aussichtspunkt, direkt an der *Diamond Head Road* gelegen. Rückseitig erhoben sich die steilen Hänge des Vulkankraters in unmittelbarer Nähe. Der Aussichtspunkt lag erhöht, sodass sich unter uns der *Diamond Head Beach* ausbreitete. Der Strand mit seinem weißen Sand war von üppiger Vegetation gesäumt. Herrliche Palmen und die unterschiedlichsten Gewächse bedecken den Hügel vom Aussichtspunkt bis zum Strand hinunter. Linkerhand sahen wir eine kleine Landzunge (*Kupikipiki'o Point*) und einige Häuser, zum Stadtteil *Kahala* gehörend. Weiter entfernt, erhob sich die Silhouette des *Koko Head Craters*. Der Ausblick nach vorn jedoch war unsagbar schön. Wir blickten auf die endlose Weite des Pazifiks. Wasser in den schönsten Blautönen, soweit das Auge blicken konnte. Weiße Schaumkronen schmückten die Wellen, welche kühne Surfer mit rasantem Tempo Richtung Strand trugen. Das Wasser war so klar, dass wir vom Aussichtspunkt aus die der Küste vorgelagerten Riffe gut erkennen konnten. Das Sonnenlicht ließ die Farben ganz besonders erstrahlen. Intensiv leuchtend, blieben sie uns in Erinnerung. Wir machten Fotos und genossen noch ein wenig die wunderbare Aussicht.

Dann fuhr unsere kleine Reisegruppe zum nächsten Stopp. *Koko Head Crater.* Dieser 368 Meter hohe Tuffkegel ist ebenfalls vulkanischen Ursprungs. Zur Zeit des Zweiten Weltkrieges wurde der *Koko Head Crater* für militärische Zwecke genutzt. Ein Überbleibsel aus dieser Epoche sind 1048 Eisenbahnschwellen aus Holz, welche den steilen Hang des Kraters vom Fuß bis zu seinem Gipfel emporführen. Ambitionierte und sportliche Menschen stellen sich gern dieser Herausforderung und eilen die mehr als 1.000 Holzstufen hinauf. Es ist schon eine harte Willensprüfung. Denn auf der Wanderung gibt es kein schattiges Plätzchen. Man bewegt sich die ganze Zeit unter der prallen Sonne. Wir selbst haben den *Koko Head Crater* nicht bezwungen. Die Aussicht von seinem Gipfel aus soll jedoch atemberaubend sein. Als wir am *Koko Head Crater* ankamen, war schon ganz schön was los. Mehrere Autos und Vans parkten am Straßenrand. Wir waren nicht die einzigen Touristen. Aber die Menge an Menschen verteilte sich gut, und so konnten wir Fotos machen und die Aussicht auf den Stadtteil *Hawaii Kai* bewundern. Auffallend auch wieder hier: das viele Grün. Liana erzählte uns, dass auf Oahu die Bauplätze sehr rar sind. Allein schon durch die topografischen Gegebenheiten ist eine Bebauung der Inselflächen sehr schwierig, teilweise unmöglich. Dennoch erkannten wir zwischen den Häusern viele begrünte Flächen mit Rasen, Sträuchern und Bäumen. Besonders in Ufernähe zum Ozean sahen wir Palmenstreifen, welche den Strand vom dahinterliegenden Inselinneren optisch abgrenzten. Hawaii Kai wurde aus einem Feuchtgebiet und Fischteichgebiet heraus über viele Jahre entwickelt. Es wirkte auf uns, als läge das Wohngebiet in einer Art trockengelegtem Meeresbecken, von wasserführenden Kanälen durchzogen. Dabei war nicht nur die Ebene bebaut. Die Bebauung reichte hier, wie auch vielerorts auf Oahu, bis in die umgebenden Gebirgskämme hinauf. Ein letzter Blick und unsere Reise ging weiter.

Den nächsten Halt machten wir nur ein paar Minuten später an der *Hanauma Bay*. Einer traumhaft schönen, halbmondförmigen Bucht. Sie entstand ebenfalls aus vulkanischer Aktivität heraus, und auf ihrem unter Wasser liegenden Krater, welcher zum Ozean hin geöffnet ist, haben sich Korallen angesiedelt. Ein großes Riff ist so im Laufe der Zeit gewachsen. Es haben sich verschiedene Pools gebildet, in welchen man wunderbar schnorcheln kann. Es wurden mehr als 400 unterschiedliche Fischarten in *Hanauma Bay* gezählt. Ferner gibt es dort ein Vorkommen der grünen Meeresschildkröte. Diese enorme Artenvielfalt und der paradiesische Strand haben *Hanauma Bay* zu einem äußerst beliebten Ausflugsziel gemacht. Mehr als eine Million Besucher werden jährlich erwartet. Leider hat, bedingt durch die Erderwärmung, eine Korallenbleiche eingesetzt und das außergewöhnliche Riff in Mitleidenschaft gezogen. Die Regierung Hawaiis hat Maßnahmen ergriffen, um die einzigartige Natur der *Hanauma Bay* zu schützen und zu erhalten. So wurde die Bucht zum Naturschutzgebiet und Meeresschutzgebiet erklärt. Dienstags ist sie generell geschlossen, für Check-ups bzw. um auch den dort lebenden Tieren und dem Riff eine winzige Auszeit vor dem gewaltigen Besucheransturm zu gönnen. Es gibt eine weitere Regel, welche für alle Besucher der *Hanauma Bay* gleichermaßen gilt. Dieser folgend, sehen sich alle Besucher nach dem Kauf ihrer Eintrittskarten und bevor sie zur Bucht (zu Fuß oder gegen ein Entgelt mit einem Shuttle-Bus) gelangen, in dem eigens zu diesem Zwecke errichteten Kino einen kurzen Film an. In diesem werden die Verhaltensregeln erklärt, welche für *Hanauma Bay* gelten.

Denn so malerisch die Bucht auch ist, so birgt sie doch Gefahren in sich, auf welche man als Besucher in dem zuvor gezeigten Video hingewiesen wird. U. a. sollte man nicht zu weit hinausschwimmen an den Rand des Riffs. Die Strömungen dort sind stark, und die brechenden Wellen reißen nicht ortskundige, ungeübtere Schwimmer mit sich und könnten diese über das scharfkantige Riff schleifen. So erging es während unseres kurzen Aufenthaltes 2016 auf Oahu einem asiatischen Touristen vor meinen Augen. Lothar, unser Sohn und ich besuchten die *Hanauma Bay*. Und während die beiden Männer im Wasser schnorchelten, „bewachte" ich am Strand unsere Sachen und beobachtete das Strandleben. Ein gellender Schrei voller Entsetzen ließ alle Strandbesucher aufhorchen. Von einem Rettungsturm, welcher nur wenige Meter von mir entfernt stand, sprang ein Rettungsschwimmer. Er rannte blitzschnell und schnappte sich ein bereitstehendes Surfboard. In rasender Geschwindigkeit durchpflügte er die Wellen und steuerte zielgerichtet auf das asiatische Paar zu, welches sich gefährlich nah an der Riffkante befand. Den Mann hatte es erwischt. Er blutete stark am Kopf. Er trieb regungslos an der Wasseroberfläche, während seine Frau, welche diesen grauenvollen Schrei ausgestoßen hatte, versuchte, ihn zu stabilisieren. Die starken Wellen zogen die beiden wie Puppen hin und her. In der Zwischenzeit ertönte vom zweiten Rettungsschwimmer, welcher sich noch auf dem Turm befand, die ständige Durchsage über den Lautsprecher: „Ma'am, we are coming, we are coming!" Nun hatte der *Lifeguard* im Wasser das Pärchen erreicht. Er packte beherzt zu, schnappte zuerst den handlungsunfähigen Mann und dann die Frau und legte beide bäuchlings auf seinem Board ab. Dann schwamm er, das Brett vor sich steuernd, auf den Strand zu. Ich kann bis heute nicht verstehen, wo er die Kraft hernahm, denn gegen die Strömung und die Wellen musste er ja auch noch ankämpfen. In Ufernähe half dann der zweite Rettungsschwimmer bei der Bergung der beiden Personen. Es waren erschreckende Momente, beängstigend und dramatisch. Ich stand da, völlig gebannt und wie versteinert, und als ich mich endlich wieder aus meiner Schockstarre lösen konnte, verspürte ich den Wunsch, zu den *Lifeguards* zu laufen und ihnen meinen Respekt und meine Anerkennung auszusprechen. Denn so eine Rettungsaktion ist nicht nur aus Sicht des Hilfebedürftigen ein schreckliches Erlebnis, den Rettern ergeht es ebenso ... Das kann ich aus eigener Erfahrung bezeugen. Als junge Frau bin ich nach einem ertrinkenden Kind getaucht und habe es aus dem Wasser gezogen. Ich war ungefähr 19 Jahre alt und mit meinem damaligen Freund auf einem Städtetrip in Weimar (meinen Mann lernte ich erst zwei Jahre später kennen). Zur Mittagszeit hatten wir ein schönes Restaurant entdeckt. Es lag etwas erhöht, fast wie auf einem kleinen Hügel. Von seiner Außenterrasse aus führten Stufen hinunter an einen, so wie ich es in Erinnerung habe, künstlich angelegten See. Denn das Ufer des Sees glich einem Swimmingpool. Es ging sofort steil ab ins tiefe Wasser, man konnte nicht sanft hineinlaufen. Wir nahmen auf halber Höhe zwischen See und Restaurant auf einer Bank Platz und genossen das sonnige Wetter und den Ausblick. In der Nähe befand sich ein Pavillon am Wasser. Dort konnte man Ruderboote ausleihen. Zwei Kinder liefen an uns vorbei die Treppen hinunter zum Wasser: ein kleiner Junge, ca. vier Jahre alt, das Mädchen schätzte ich auf höchstens drei Jahre. Sie sammelten auf dem Boden liegende Blätter auf und warfen sie in den See. Mein Freund und ich blickten uns um. Unsere Augen suchten die Umgebung nach den zu den Kindern gehörenden Eltern ab. Keine Spur ... Wir unterhielten uns, aber meine Augen wanderten immer wieder zu den gefährlich nah am Seeufer spielenden Kindern. Unbehagen überkam mich. Und dann, beim nächsten Blick hin zu den beiden Winzlingen, fuhr mir der Schreck durch alle Glieder. Das kleine Mädchen hockte am „Beckenrand" und schien nach etwas zu hangeln. Der kleine Junge war nicht mehr zu sehen. Von diesem Augenblick an war ich wie durch einen Automatismus gesteuert. Alles verselbstständigte sich ... Ich rannte, so schnell ich konnte, hinunter zum See. Meine Augen suchten das Wasser ab. Ich konnte gerade noch die schemenhaften Umrisse des untergehenden Jungen im Wasser wahrnehmen. Kopfüber sprang ich in den See, während mein Freund bei dem kleinen Mädchen blieb. Ich tauchte und konnte den kleinen Körper packen. Erst beim Auftauchen schaltete sich mein Verstand ein. Die Gedanken, die mir damals durch den Kopf gingen, waren grauenvoll. Ich dachte: „Hoffentlich ist er nicht verletzt, hoffentlich ist er bei Bewusstsein!!! Hoffentlich lebt er noch! Oh, bitte! Oh, bitte, lass ihn nicht tot sein!" In Gedanken betete ich. Am Beckenrand stand mein Freund. Inzwischen war der Bertreiber des Ruderbootverleihs ebenfalls hinzugekommen. Die beiden Männer nahmen mir das Kind ab und zogen dann mich aus dem Wasser. Wir legten den Kleinen auf den Boden. Er hustete und spuckte Wasser, kam zu sich. Er war ansprechbar und wenig später wieder vollkommen bei Bewusstsein. Was für ein Segen! Es war eine riesengroße Erleichterung für uns alle, und ich war unendlich glücklich. Meine schlimmste Befürchtung war Gott sei Dank nicht eingetroffen!

Und um noch einmal auf den Rettungsschwimmer in der *Hanauma Bay* zurückzukommen: Als Retter wusste auch er nicht, was ihn erwartete. Er setzte seine Gesundheit und sein Leben aufs Spiel, um anderen Menschen zu helfen. Und während er zu Hilfe eilte, konnte er nicht ahnen, was auf ihn zukam. Vielleicht würde er schreckliche Verletzungen zu Gesicht bekommen, oder vielleicht würde er zu spät eintreffen und nur noch einen leblosen Körper aus dem Wasser ziehen. Und wahrscheinlich, so dachte ich mir, bewegten ihn in den Momenten der Rettung ähnliche Gedanken wie mich, als ich damals nach dem kleinen Jungen tauchte. Ich fühlte mich über diese gedankliche Ebene irgendwie verbunden mit dem Rettungsschwimmer der *Hanauma Bay* und wollte durch dankende und anerkennende Worte nicht nur seiner großen erbrachten Leistung Tribut zollen, sondern auch mein Verständnis für seine durchlebten Emotionen während seiner Rettungstat zum Ausdruck bringen. Aber ich tat es nicht! Ich fand nicht den richtigen Augenblick. Wollte bei der „Nachversorgung" des geretteten Pärchens nicht im Wege stehen ... Das habe ich bis heute bereut. Allerdings habe ich auch daraus gelernt. Wenn mir etwas sehr Positives oder auch Negatives widerfährt und es mir sehr wichtig ist, die Situation augenblicklich zu kommentieren, dann tue ich das auch sofort. Bevor ich vielleicht keine Gelegenheit mehr dazu habe.

Die Inselrundfahrt jedoch, welche wir momentan unternahmen, führte uns von der *Hanauma Bay* weiter die Ostküste entlang. Wir fuhren auf der Küstenstraße vorbei an tiefschwarzen Gesteinsformationen und Lavafeldern, welche wild zerklüftet oder aber wie eine Terrasse bzw. Plattform bis weit in den Ozean reichten. Der Pazifik traf auf seinem Weg zum Ufer auf diese Hindernisse aus Stein. Riesige Wellen zerschellten an den Gesteinsbrocken und spritzten viele Meter hoch empor. Die wilde Kraft des Wassers, die Macht des Ozeans konnte ich bei diesem Anblick fühlen. Dieses unbändige Meer war Respekt einflößend. Umso mehr, als wir alle nicht verstehen konnten, was wir dann sahen. Draußen, auf einer dieser Lavaterrassen, stand ein Mann und machte Selfies! Das war nicht nur dumm, sondern lebensgefährlich! Eine überschwappende Welle hätte ihn jederzeit in die raue Brandung reißen können. Und an Rettung wäre in dem tosenden Wasser nicht zu denken gewesen. Wir diskutierten in unserem Van kurz die Frage, weshalb Menschen für ein Foto ihr Leben aufs Spiel setzen.

Dann kamen wir bei unserem nächsten Halt an, dem *Halona Blow Hole*. Auch dort gab es viele Schaulustige, denn der *Halona Point* ist ein beliebtes touristisches Ziel. Als der *Koko Head Crater* vor Tausenden von Jahren vulkanisch aktiv war, floss seine Lava in Richtung *Halona Point* in den Ozean. Oberirdisch wie unterirdisch. Im letzteren Fall bewegte sich die Lava in Lavaröhren fort, bis sie den Ozean erreichte. Eine dieser Röhren blieb seitdem unverschlossen. Wie ein gebogener Strohhalm verfügt sie über zwei Öffnungen. Die untere, unterseeische Öffnung ist dem Ozean zugewandt. Die obere Öffnung mündet in eine Vulkanterrasse, welche man von einer eingezäunten Aussichtsplattform aus gut sehen kann. Die Absperrung hat leider einen traurigen Hintergrund. Unvernünftige, leichtsinnige Menschen ignorieren die aufgestellten Warnschilder und laufen in die Nähe des *Blow Hole*. So kam es in der Vergangenheit zu Unfällen und sogar Todesfällen, wusste Liana zu berichten. Wir standen jedoch hinter der Absperrung auf der Aussichtsplattform. Dort warteten wir auf das kleine Schauspiel. Die Flut hatte eingesetzt, und der Wind ließ die Brandung gegen die Felsen schlagen. Dabei wurde ebenfalls das Wasser des Ozeans in die untere Öffnung des *Blow Hole* gedrückt. Und dann meinte es das *Halona Blow Hole* gut mit uns und blies eine sehenswerte Fontäne hoch in die Luft. Mehrmals! Erst spuckte das *Blow Hole* nur zögerlich einen zarten Wassernebel empor, welcher sich dann in Sekundenschnelle zu einem kraftvollen, meterhohen Geysir entwickelte. Das war sehr schön anzuschauen. Einige der Touristen schrien vor Vergnügen laut auf. Es war ein freudiges, gemeinschaftliches Gefühl, welches uns alle dort am *Halona Blow Hole* einte. Neben dem *Blow Hole* entdeckten wir eine wunderschöne, winzige Badebucht. Wie uns Liana erzählte, wurde in dieser Bucht im Jahre 1953 eine Szene des Films „Verdammt in alle Ewigkeit" mit Deborah Kerr und Burt Lancaster gedreht. Beim Anblick dieser kleinen Bucht konnte ich verstehen, dass die Wahl des Regisseurs auf diese Location gefallen war, die pure Romantik versprühte.

Weiter ging es für unsere kleine Reisegruppe zum *Makapuʻu Lookout*, einem an der südöstlichen Küste Oahus gelegenen Aussichtspunkt. Wir liefen zum Aussichtspunkt, welcher sich auf den Klippen weit über dem Meer erhob. Die Aussicht von dort oben war grandios. Und wieder waren es vor allem die Farben, welche mich regelrecht erschlugen. Vor uns lag der azurblaue Ozean. Liana bat uns, die sich in etwa zwei Kilometern Entfernung im Ozean befindende Insel näher zu betrachten. Dann nannte sie uns den Namen der kleinen Insel: „Manana Island". Aufgrund ihrer Form hätten die Hawaiianer der Insel einen Spitznamen gegeben: „Rabbit Island". Diese Bezeichnung trug sie wirklich zu Recht. Tatsächlich machte dieses kleine Eiland seinem Namen alle Ehre. Bei genauerer Betrachtung erkannten wir, dass die Insel die Form eines Hasenkopfes im Profil aufwies. Wir konnten mit etwas Fantasie ein Auge sowie die Stupsnase erkennen. Das war echt witzig! Links von unserem Standort schlängelte sich der *Kalanianaʻole Highway*, dem Küstenverlauf folgend, am Fuße eines mächtigen Gebirgskamms entlang. Unterhalb der Straße lag der *Makapuʻu Beach Park* – eine kleine, malerische Bucht inmitten dieser landschaftlich reizvollen Umgebung. Der Wind blies ganz schön dort oben am *Makapuʻu Lookout*, was in der warmen Sonne herrlich angenehm war. Auf den Fotos, welche wir dort machten, war das gut an unseren „Sturmfrisuren" zu erkennen.

Dann hieß es: „Bitte einsteigen!", und wir setzten unsere Rundreise in Richtung Norden Oahus fort. Unterwegs boten sich uns interessante Ausblicke. Sporadisch verteilt, standen am Straßenrand *Food Trucks*, welche frisches Obst, Smoothies, Kaffee oder warme Speisen anboten. Man könnte sich also jederzeit auch unterwegs gut verpflegen, wenn man z. B. mit dem Auto die Insel erkundet. Liana lenkte unsere Blicke auf eine große, begrünte, hügelige Fläche, welche wie eine riesige Rasenfläche aussah. Eine solche war es aber nicht. Liana erklärte uns, dass es sich bei diesem Areal um einen hawaiianischen Friedhof handele. Beim genaueren Hinsehen erkannten wir die vielen aufgestellten Grabvasen. Man konnte jedoch keine Grabsteine sehen. Diese waren liegend in den Boden eingelassen. Wir erfuhren, dass es auf Hawaii verschiedene Bestattungsrituale gibt. Zu dieser Art der Beisetzung, erklärte Liana uns, würden bei der Trauerzeremonie nur die engsten Verwandten der verstorbenen Person Blumen an deren Grab niederlegen. Einerseits, weil Blumen sehr teuer seien, und außerdem, weil die Blumen bei dem vorherrschenden warmen Klima innerhalb kürzester Zeit verwelken würden. Also würde bei der Trauerfeier eine hübsche Schale aufgestellt. In diese könnten die Trauergäste einen Kondolenzbrief ablegen. Der Umschlag beinhaltet zumeist auch einen Geldbetrag, um die Familie des verstorbenen Menschen finanziell ein wenig zu unterstützen. Und oftmals wird bei Beisetzungen weiße oder bunte Kleidung getragen. Denn nach hawaiianischem Glauben wird nicht der Tod betrauert, sondern das Leben gefeiert. Ein schöner Gedanke! Außerdem gehört es weiterhin zu einer festen Tradition, die verstorbene Person an ihrem Ehrentag, z. B. dem Geburtstag, zu ehren. Dann fährt oftmals die gesamte Familie zum Grab der dahingeschiedenen Person und hält anschließend ein Picknick ab. Das Lieblingsessen des verschiedenen Menschen wird gekocht und eine Portion auch für ihn symbolisch bereitgestellt. Schöne oder lustige Begebenheiten aus dem Leben des entschlafenen Menschen erzählt man sich dann, damit die Erinnerung an die geliebte Person nicht verblasst. Die Erzählungen

Lianas waren wirklich sehr interessant und haben jeden von uns zum Nachdenken angeregt. Von nun an fuhren wir alle mit einem geschärften Blick über die Insel.

Bald darauf verließen wir den *Kamehameha Highway*. Ein kleiner, weiß gestrichener Zaun, an welchem wehende amerikanische Flaggen befestigt waren, verlief parallel zur Fahrbahn. Ein Schild wies auf unser angesteuertes Etappenziel hin: eine Macadamianuss-Farm. Unser Van hielt auf dem Parkplatz, auf welchem bereits andere Pkws, Vans und ein Bus standen. Das kleine Farmhaus, in welchem sich die Verkaufsräume befanden, war eingebettet in eine grüne Oase. Herrlich gewachsene Macadamiabäume spendeten den Besuchern Schatten. Wir erkannten auch Kaffeebäume. Eine hübsche, aus Holz geschnitzte Statue empfing die Ankömmlinge. Eine daran angebrachte Tafel verwies auf die beiden dargestellten Personen, welcher mit sehr würdigenden und warmherzigen Worten gedacht wurde. Es ergab sich aus dem Text jedoch nicht, ob es sich eventuell um die ursprünglichen Gründer der Farm handelt. Wir steuerten auf den Eingang des Gebäudes zu. Dieser war von einem kleinen Spitzdach überspannt, welches beidseitig von je einer aus Bruchsteinen gemauerten Säule gestützt wurde. Jede dieser Säulen zierte ein farbenprächtiges Blumenarrangement aus tropischen Pflanzen. Das war wirklich entzückend! Es hatte etwas Liebevolles. Diese frischen, einfach drapierten Pflanzen waren ein schlichter, aber herzlicher Willkommensgruß! Wir betraten den Eingangsbereich, und ich musste kurz stehen bleiben. Es sah dort aus wie in einem kleinen Wohnzimmer! Die Wände zierten gerahmte Zeichnungen und Bilder mit hawaiianischen Motiven, und die mit exotischen Mustern bedruckten Bezugstoffe der aufgestellten Sitzmöbel verbreiteten paradiesisches Flair. Sie schienen zu rufen: „Nimm doch Platz und verweile einen Augenblick!" Als ich mich umsah, fiel mein Blick auf Liana. Sie hatte bereits die Gruppe um sich versammelt und verteilte kleine Pappbecher mit frisch gebrühtem, verlockend duftendem *Kona*-Kaffee. Dieser stand in übergroßen Thermoskannen für die Besucher zur Verkostung bereit. Natürlich haben wir ihn probiert! Und er war unglaublich lecker! Der mit Macadamianüssen aromatisierte *Kona*-Kaffee war schon etwas Besonderes. Im Übrigen wird *Kona*-Kaffee nur auf den hawaiianischen Inseln angebaut. Speziell auf *Big Island*, im *Kona*-Distrikt. Wir naschten natürlich auch von den Macadamianüssen. Diese waren in allen möglichen Geschmacksrichtungen vorhanden. Pur oder geröstet. Mit *Kona*-Kaffee, Karamell, Zimt, Salz oder Knoblauch ummantelt, erreichten sie eine geschmackliche Vielfalt. Es wurden noch weitere kulinarische Leckereien auf der Farm angeboten. Honig und Schokolade fand man ebenso wie Popcorn und Barbecue-Soßen. Allerlei Souvenirs konnten ebenfalls käuflich erworben werden. Unser Aufenthalt auf der Farm dauerte nicht länger als 30 Minuten. Wir wollten weiter und noch mehr von der Insel sehen.

Nach kurzer Zeit erreichten wir den *Kualoa Regional Park*. Er befindet sich in unmittelbarer Nähe der *Kualoa Ranch* und ist von dieser nur durch den *Kamehameha Highway* getrennt. Die Kämme der *Ko'olau Range* reichen dort bis fast an das Meer. Der Park selber besteht aus weitläufigen, mit Palmen bewachsenen Rasenflächen. Überall befinden sich Holzbänke und Holztische. Diese werden gern von den Einheimischen vor allem an den Wochenenden für ein Picknick genutzt. Der Strand ist schmal und weißsandig. 600 Meter vom Ufer entfernt gibt es eine kleine Attraktion: *Mokoli'i Island*. Die kleine Insel aus Basaltgestein erhebt sich bis zu einer Höhe von 70 Metern über dem Meeresboden. Ihre ungewöhnliche Form erinnert an einen Chinesenhut, was ihr den Spitznamen *„Chinamen's Hat"* eingebracht hat (ich hatte sie bereits in meiner Erzählung über unseren Ausflug zur Kualoa Ranch erwähnt). Weit draußen im Ozean konnten wir die Silhouette der Schildkröteninsel erkennen. Sie verdankt ihren Namen ebenfalls ihrer Form, die an eine Schildkröte mit Kopf, Panzer und Schwanz erinnert. Kurzer Fototermin. Weiter ging's.

Wir fuhren nach *Laie*. *Laie* ist ein hübscher, kleiner Ort, welcher gleich zwei touristische Attraktionen aufweist: das Polynesische Kulturzentrum und einen Mormonentempel. Diesen wollte Liana uns zeigen. Wir ließen also unseren Van auf dem Parkplatz zurück und liefen hinüber zur eingezäunten Tempelanlage. Diese ist weitläufig und terrassenförmig angelegt. Perfekt geschnittene Koniferen wechseln sich mit Wasserspielen ab. Am oberen Ende thront der Tempel, ein strahlend weißes, gewaltiges Gebäude. Im Außenbereich trafen wir auf ein paar junge Damen. Diese gehören zur Mormonengemeinschaft und begrüßen interessierte „Zaungäste". Das Betreten des Geländes ist Fremden nämlich nicht gestattet. Okay, wir haben den mächtigen Tempel aus der Ferne betrachten können. Es würde uns jedoch nicht noch einmal dorthin ziehen, denn es gibt dort ja nicht wirklich was zu entdecken. Das Polynesische Kulturzentrum jedoch ist da schon viel interessanter. Dort kann man den ganzen Tag verbringen und viel über die Herkunft der Menschen Hawaiis, ihren Ursprung und ihre Kultur erfahren. Leider haben wir es nicht geschafft, dem Polynesischen Kulturzentrum während unseres Urlaubs einen Besuch abzustatten. Aber sollten wir jemals nach Hawaii zurückkehren, steht eine Stippvisite dort ganz weit oben auf unserer To-do-Liste.

Inzwischen war es Mittagszeit. Als wir unsere Reise fortsetzten, schlug Liana vor, langsam an eine Mahlzeit zu denken. Wir befanden uns, geografisch gesehen, oben an der *North Shore*, an der Nordküste *Oahus*. So bot es sich an, Ausschau nach lokalen Angeboten zu halten. Einstimmig entschieden wir uns für Meerestiere – Shrimps. Die *North Shore* ist berühmt für die vielen *Shrimp Trucks*, welche dort überall anzutreffen sind. Man soll dort die besten Shrimpsgerichte der Insel serviert bekommen – und das wollten wir nun testen. Unser Weg führte uns zur „Fumi's Shrimp Farm". Dort werden in großen, natürlichen Becken Shrimps gezüchtet. Und diese landen dann direkt nach dem Fang frisch auf den Tellern der Gäste. Direkt an der Straße gelegen, stand ein mit Holz verkleidetes, hellblau gestrichenes Gebäude. An diesem prangte der Schriftzug „FUMIS" und darunter die riesige Zeichnung einer Garnele. An der Fassade waren Speisekarten angebracht. Wir konnten zwischen vielen verschiedenen Varianten wählen: Shrimps im Tempura-Mantel, mit Knoblauchbutter, Shrimps mit Zitronenpfeffer, mit Kokosnuss, frittiert oder scharf – alles war möglich. An einem geöffneten Fenster haben wir unsere Bestellungen aufgegeben, und jeder von uns orderte ein anderes Gericht. In der Zwischenzeit, bis zur Fertigstellung unserer Speisen, nahmen wir im Außenbereich Platz. Dort standen rot gestrichene Holzbänke und -tische. Diese überspannte ein bunt gestreiftes Zeltdach. Das war herrlich angenehm, denn so waren wir vor der Sonne geschützt, konnten aber gleichzeitig im Freien essen und die Brise des Passatwindes genießen. Wir mussten auch gar nicht lange warten, da standen unsere aufgegebenen Bestellungen am „Ausgabefenster" zur Abholung bereit. Unsere Speisen waren in dreigeteilten Menüboxen aus Polystyrol verpackt. Dazu gab es Plastikbesteck und Servietten. Als wir die Boxen öffneten, duftete es köstlich. Alles war appetitlich angerichtet. Nach hawaiianischer Art war in einem Fach eine Ananasscheibe platziert, im zweiten Fach befand sich zuckersüßer Mais und das geräumigste der drei Fächer beinhaltete eine große Portion Reis und, in meinem Fall, Knoblauchshrimps. Der erste Bissen entlockte uns allen ein „Hmmm!", „Yummy!" und „Lecker!". Die Shrimps waren wirklich außerordentlich gut, und jeder aus unserer kleinen Reisegruppe war sehr zufrieden mit dem Gericht seiner Wahl. Und während wir uns über die bisher zurückgelegte Strecke unserer Inselrundfahrt austauschten, kündigte Liana auch schon ein weiteres Ziel unserer Reise an – *Sunset Beach*!

Wir setzten unsere Fahrt auf dem *Kamehameha Highway* (HI 83) fort. Auffallend war das viele Grün entlang des HI 83. Außerhalb der Ortschaften verliefen links und rechts des Highways ca. 5 Meter breite Randstreifen. Hinter diesen Streifen war der Bewuchs aus

Bäumen, Palmen, Sträuchern und Büschen ursprünglich belassen. Diese wildwüchsige Landschaft erreichte mich mit ihrem natürlichen Charme. Wenn sich das Dickicht lichtete, blickten wir auf paradiesische Strandabschnitte und den blau schimmernden Ozean. Dann, irgendwann, erschienen beidseits des Highways Wohnhäuser. Die auf der Meeresseite gelegenen waren teilweise nur durch den Strand vom Ozean getrennt. Ich stellte mir vor, wie schön es doch sein muss, das Leben direkt am Wasser verbringen zu können. Aber auch hier im Paradies hatte dieses Privileg seinen Preis. Liana berichtete uns, dass es gerade in den „Wintermonaten" an den strandnahen Abschnitten zu Überschwemmungen käme. Diese Aussage zog eine Parallele zu unserem Leben in Deutschland, denn auch wir waren bereits zweimal von Hochwasser betroffen. Die Gedanken an diese aufwühlende Zeit verbannte ich jedoch abrupt in die hinterste Ecke des Erinnerungsareals meines Gehirns. Ich fand, es war nicht der richtige Zeitpunkt, um an diese zurückliegenden, bitteren Momente zu denken. Ich wollte keine finsteren Gedanken zulassen und mich viel lieber an all dem Schönen erfreuen, das ich gerade erleben durfte. Mit Menschen, die mir sehr nahestanden. Als wir am *Sunset Beach Park* ankamen, bot sich uns ein fantastischer Anblick. Dort, wo Liana unseren Van parkte, begrüßten uns Hibiskusbäume mit ihren pinkfarbenen Blüten. Zauberhaft! Es waren nur ein paar Schritte, und der *Sunset Beach Park* lag in seiner ganzen Pracht vor uns. *Sunset Beach* erhielt seinen Namen von den traumhaft romantischen Sonnenuntergängen, die man von dort aus beobachten kann. Der breite Strand bot seinen Besuchern erstaunlich viel Platz. Er war von Palmen gesäumt und fiel flach ab bis zum Ozean. Der Passatwind hatte den Pazifik aufgewühlt. Die Wellen hatten weiße Schaumkronen und erreichten eine imposante Höhe. Eine Gischt hatte sich über ihnen gebildet, und ein nebliger Schleier lag über der Brandung. Diese überflutete hin und wieder den Strand, sodass die Badegäste aufsprangen, um hastig ihr Hab und Gut vor den wilden Wassern in Sicherheit zu bringen. Aufgestellte Schilder warnten die

Besucher vor starken Strömungen und der sich am Ufer brechenden Brandung. *Sunset Beach* hat weltweite Berühmtheit als erstklassiger Surf-Spot erlangt. In den Wintermonaten (von November bis Januar) erreichen die Brecher am *Sunset Beach* eine Höhe von 9 Metern und mehr und bieten ideale Voraussetzungen für das Surfen auf großen Wellen, den „Big Waves". Waghalsig, entschlossen, ja vielmehr todesmutig bezwingen die Surferinnen und Surfer dann die Wellenberge, welche locker die Höhe eines zweistöckigen Hauses erreichen. Auf dem Wellenkamm reitend, gleiten sie diesen hinunter, während die Welle bricht und sich zu einer Tube – einer Röhre – formt. Und wenn die Surferinnen und Surfer in der Tube verschwinden, so sind sie umgeben von einem lebendigen, sich rollend fortbewegenden Tunnel aus Wasser. Seit vielen Jahren finden am *Sunset Beach* (wie übrigens auch am *Banzai Beach,* an welchem sich die spektakuläre *Banzai Pipeline* bricht) internationale Surfmeisterschaften statt, zu welchen Wellenreiter aus der ganzen Welt anreisen, um die oder den Besten der Besten zu ermitteln. Mir war etwas mulmig bei dem Gedanken an die tosenden Wassermassen, gebrochene Knochen und zerborstene Surfbretter. Uns sind während unseres Aufenthaltes auf Oahu auffallend viele Menschen in Rollstühlen begegnet. Wir haben uns ernsthaft gefragt, ob die Situation dieser Menschen auf Erkrankungen oder aber vielleicht auf Surfunfälle zurückzuführen sei? Denn leider ist es so, dass schlimme Surfunfälle geschehen oder sogar Menschen ums Leben kommen, während sie ihrem Lieblingssport nachgehen. Leider! Ich schlenderte mit Lothar noch ein wenig am Strand entlang. Und da war es wieder! Dieses unglaublich angenehme Gefühl, die Sonne und den Wind auf der Haut zu spüren, einfach wohltuend! Wir machten auch hier selbstverständlich einige Erinnerungsfotos und verließen diesen wundervollen Ort nur ungern.

Liana bemerkte das und fand die passenden Worte. Sie versprach uns, noch weitere schöne Erlebnisse für den Rest des Tages ... Und die kündigten sich nach kurzer Fahrtzeit an. Wir näherten uns *Haleʻiwa*. Den Ortseingang markierte ein kunstvoll gefertigtes Holzschild. Auf türkisblauem Grund umrahmte der weiße Schriftzug „HALEʻIWA" einen in roten *Boardshorts* gekleideten und auf einer Welle reitenden Surfer, welcher sich plastisch vom Holzschild abhob. Es schien, als würde er aus dem Schild heraussurfen, geradewegs hinzu auf seinen Betrachter. Der darunter angebrachte Schriftzug „North Shore" verwies auf die Lage *Haleʻiwas*. Wir befanden uns noch immer an der Nordküste *Oahus*. Wir verließen den *Kamehameha Highway* und erreichten nach kurzer Zeit den nördlichen Eingang *Haleʻiwas*, welchen wir über die weiß gestrichene *Kamehameha Highway Bridge* passierten. Ihre halbmondförmige Bauweise erinnerte an einen Regenbogen, was ihr zu ihrem Spitznamen „Rainbow Bridge" verhalf. Direkt dahinter überraschte uns *Haleʻiwa* mit seiner Architektur. Historische Gebäude aus der Plantagenzeit versprühten ihren ganz eigenen Charme. Ein klein wenig erinnerten sie mich an eine Goldsucherstadt aus einem alten Wildwestfilm. Mit leuchtend bunten Farbanstrichen lenkten die Holzhäuschen die Blicke auf sich. Große Schriftzüge auf noch größeren Eingangsschildern wiesen auf die Nutzung der Gebäude hin. Restaurants, Surfshops und Boutiquen erwarteten einladend und stilvoll ihre Gäste. Die Vielzahl an Galerien deutete darauf hin, dass wir uns in einem künstlerisch geprägten Zentrum befanden. Der alte Baumbestand, welcher die Straßenränder flankierte, verstärkte noch das ehrwürdige Flair dieses kleinen Ortes. Um dessen antiken Charakter zu erhalten, müssen in der Gegenwart neu errichtete Gebäude sich gestalterisch in das Gesamtbild *Haleʻiwas* einfügen und den Architekturstil der Plantagenzeit aufgreifen. Architektonisch wurde hier sensibel auf die lokalen Gegebenheiten reagiert. Das fanden wir auch eine sehr gute Idee, da somit die Einzigartigkeit *Haleʻiwas* erhalten bleibt. Wir machten noch einen kurzen Stopp am kleinen Bootshafen von *Haleʻiwa*. Von dort aus hatten wir einen herrlichen Panoramablick über das Meer hinweg auf die den Horizont begrenzenden Gebirgszüge der *Wai'anae Range* im Westen der Insel. *Hale'iwa* ist ganz bestimmt einen Ausflug wert. Und sollte uns das Schicksal zurück nach Oahu führen, so würden wir gern einen ganzen Tag in dieser kleinen, antiken Stadt verbringen, uns dem gemächlichen Treiben hingeben und das besondere Ambiente genießen. Unser Van setzte sich in Bewegung, und Liana verkündete das letzte Reiseziel unserer Inselrundfahrt ...

Die Dole-Ananasplantage. Wir fuhren Richtung Inselmitte, vorbei an Ananasfeldern, die sich links und rechts des Highways erstreckten. Soweit das Auge blicken konnte, sah man nichts anderes. In leuchtend tiefroter Erde wuchsen Millionen Ananaspflanzen. Ihre Laubblätter bildeten ein grünes Meer bis zum Ende unserer Sichtgrenze, unterbrochen von den unbefestigten Wegen für die landwirtschaftlichen Fahrzeuge, die sich durch das Grün zogen wie rotbraune Lebensadern. Liana erklärte uns Interessantes über den Anbau von Ananas und die schwere körperliche Arbeit, die den Landarbeitern abverlangt wird. Meine Gedanken blieben jedoch beim Gründer und Namensgeber der Plantage hängen, bei James Dole. Ich hatte bereits ein wenig über die Familie Dole gelesen. Hinzu kamen interessante Informationen, welche Liana mit uns teilte. James Dole kam als junger Mann, im Alter von 22 Jahren als Bahnbrecher und Visionär nach Hawaii. Innerhalb kürzester Zeit baute er ein Imperium auf, welches sich schnell von einem Kleinunternehmen zu einem Riesenkonzern entwickelte. Ananas gehört nicht zu den einheimischen Früchten Hawaiis. Missionare, aus Südamerika kommend, brachten sie mit nach Hawaii. Und James Dole verhalf diesem bislang fast unbekannten Lebensmittel zu weltweiter Bekanntheit und Beliebtheit. Mit sehr viel Fleiß und Ehrgeiz, interessiert und gegenüber Innovationen aufgeschlossen, leistete er beachtenswerte wirtschaftliche Arbeit. Er baute Ananas im großen Stil an, war ein Vorreiter in Sachen globaler Vermarktung und Vertrieb und etablierte die Konservenindustrie auf Hawaii. Noch heute steht der Name „Dole" für Qualität, und man findet in fast jedem Winkel der Erde Dole-Produkte in den Regalen der Supermärkte.

Aber nun saß ich in einem Van, gemeinsam mit meiner Familie, meiner *Ohana*, zu welcher an diesem Tag der Inselrundfahrt auch Liana und das mit uns reisende deutsche Ehepaar gehörten. Unser Van verließ die Hauptstraße, den *Kamehameha Highway*, und fuhr auf den Parkplatz der *Dole Plantation*. Auf diesem standen, dicht gedrängt, Fahrzeug an Fahrzeug. Große Reisebusse wurden von den Busfahrern gekonnt aus winzig kleinen und teilweise zugeparkten Parkreihen kunstvoll heraus manövriert. Währenddessen standen bereits neu eingetroffene Busse bereit, den freiwerdenden Parkplatz einzunehmen. Alles schien in einem geordneten Durcheinander abzulaufen. Liana parkte unseren Van, und unsere kleine Reisegruppe stieg aus. Das, was mir als Erstes auffiel, waren die faszinierenden Bäume, welche den Parkplatz sowie das weitere Areal um das Plantagenhaus herum zierten. Es waren Regenbogeneukalyptusbäume. Sie waren riesig hoch, mindestens 20 Meter. Ihre Stämme waren sehr dick im Umfang und kunterbunt. Es sah aus, als hätte man die Baumstämme mit blauer, orangefarbener, grüner oder brauner Farbe von oben bis unten koloriert. Die vertikal verlaufenden Streifen leuchteten schon von Weitem. Liana erklärte uns, dass diese Farbenpracht entstand, weil die äußere Rinde der Bäume aufreißt und dann die frischgrün leuchtende untere Rinde zum Vorschein kommt. Diese verfärbt sich dann nach und nach in die unterschiedlichen Blau-, Lila- und Brauntöne. Ein wunderschöner Anblick!

Die Außenanlagen waren sehr gepflegt. Überall grünte und blühte es. Büsche gelber Hibiskuspflanzen strahlten mit der Sonne um die Wette. Liana übernahm die Führung. Wir steuerten auf das Plantagenhaus zu. Dieses hatte einen ebenfalls zartgelben Anstrich. Auf der Frontseite prangte über dem Eingangsportal der Dole-Schriftzug in knallroten

Lettern. Wir liefen unter einer Art Laubengang entlang und betraten die Verkaufsräume. Himmel und Menschen! Es wimmelte nur so von Touristen. Die Verkaufsräume waren vollgestellt mit Regalen, und diese wiederum waren vollgestopft mit allem, was man auch nur im Entferntesten mit einer Ananas in Verbindung bringen konnte. Ein Traum für jeden Souvenirjäger! Wir ließen also unsere Blicke über die bunten Warenauslagen schweifen. Bekleidung, Lebensmittel, Deko-artikel, Schmuck, Spielzeug, Kosmetik. Liana jedoch hatte uns zuvor schon einen wortwörtlich „coolen" Tipp mit auf den Weg gegeben. Sie meinte, wir sollten unbedingt das Dole-Ananaseis probieren, was unsere kleine Reisegruppe dann auch in die Tat umsetzte. Wir betraten den „Eisladen" der Dole-Plantage. Einen großen Verkaufsraum, mit etlichen Verkaufstresen und genauso vielen Verkäufern. Aufgestellte Abgrenzungen, ähnlich wie man sie von Flughäfen kennt, sorgten dafür, dass die Touristen in langen, ausgerichteten Schlangen sich Schritt für Schritt dem jeweiligen Eisstand näherten. Wir standen ebenfalls mit an und nutzten die Zeit des Wartens, indem wir die riesigen Me-nütafeln studierten, auf welchen die vielen verschiedenen Varianten des berühmten Dole-Ananaseises angeschrieben waren. Es ging zügig voran. Als jeder von uns ein Eis in den Händen hielt, suchten wir im hübschen Außenbereich nach einer Sitzgelegenheit.

An einem großen, runden Tisch fand unsere Reisegruppe Platz. Das Eis der Dole-Plantage schmeckte köstlich! Wir waren mehr als begeistert. Wirklich eine Leckerei und absolut zu empfehlen! Das deutsche Ehepaar, mit welchem wir gemeinsam die Insel erkundeten, nahm ebenfalls an unserem Tisch Platz. Es waren sehr sympathische Leu-te. Wir kamen ein wenig ins Gespräch und tauschten uns über unsere Reise aus. Sie hatten sich für Inselhopping entschieden und bereits die anderen Hawaii-Inseln bereist. Nicht ganz komplikationslos, wie sie berichteten. Aufgrund einer Flugverspätung war ein vorab gebuchtes und bezahltes Hotel bei ihrer Anreise nicht mehr verfügbar. So waren sie gezwungen gewesen, vor Ort erneut ein anderes, noch frei verfügbares Hotelzimmer zu buchen. Das war zwar möglich, aber mit großen zusätzlichen Kosten verbunden. Denn „günstig" war momentan nicht verfügbar. Und so buchten sie ein sündhaft teures Hotelzimmer. Wie sie so berichteten, fielen mir blitzartig unsere anfänglichen Startschwierigkeiten beim Hotel-Check-in ein, und erneut war ich glücklich und dankbar, dass sich für uns alles zum Guten gewandt hatte. Im Laufe unseres Gespräches stellte sich jedoch noch etwas völlig „Verrücktes" heraus. Die beiden Eheleute stammten aus verschiedenen Teilen Deutschlands. Während der Ehemann im Westen Deutschlands aufgewachsen war, kam die Ehefrau – so wie wir – aus der ehemaligen DDR. Nach der Wiedervereinigung beider deutschen Staaten lernten sie sich kennen und zogen gemeinsam in die alten Bundesländer. Wir berichteten, dass unsere Familie aus Magdeburg stamme. „Oh!", sagte die Ehefrau. „Dort habe ich auch schon mal für einige Jahre gelebt ..." – „Nein! Wirklich? Wo denn genau?", wollten wir wissen. Es stellte sich heraus, dass sie nur ein paar Straßen von uns entfernt gewohnt hatte. Das war unglaublich! Der Hammer! Da reist man um die halbe Welt, um dann quasi auf eine Nachbarin zu stoßen. Wir alle waren dann anschließend so in unser Gespräch vertieft, dass wir darüber hinweg völlig die Zeit vergaßen. Als uns die Abreisezeit einfiel, waren wir schon drüber! Schnurstracks und schnellen Schrittes begaben wir uns zum Van, an welchem Liana schon wartete. Sie schien erleichtert, als sie unseren kleinen Trupp auf sich zukommen sah. Wir entschuldigten uns ehrlichen Herzens, und Liana machte einen Witz über unsere Verspätung. Sie lachte und nahm es uns nicht übel, dass wir die Zeit aus den Augen verloren hatten. *Mahalo!* Darüber hinaus war uns durch unsere angeregte Unterhaltung etwas sehr Wichtiges komplett entgangen. Wir hatten die Erkundung der Plantage regelrecht vergessen! Nun ja, als uns dies bewusst wurde, saßen wir bereits angeschnallt auf unseren Plätzen im Van und steuerten auf dem Highway in Richtung Honolulu.

Es war schon später Nachmittag. Die Rushhour hatte eingesetzt. Unzählige Autos drängten sich auf dem beidseits mindestens 5-spurigen Highway. Und während wir die ersten Hochhäuser der Skyline Honolulus weit vor uns erkennen konnten, kündigte Liana noch eine kleine Überraschung an. Sie wollte mit uns noch einen allerletzten Stopp an diesem Tag einlegen. In *Downtown Honolulu*. Was wir auch taten. Sie parkte unser Gefährt seitlich des *Ali'iolani Hale*. Dort stiegen wir aus und hatten noch ein paar Minuten Zeit, uns am Anblick des *Ali'iolani Hale*, des *Iolani Palace* und der Statue des berühmten King Kamehameha zu erfreuen und einige Fotos zu schießen. Ich erklärte Ines, Detlef und Lothar, dass ich für uns einen kompletten Tagesausflug hierher nach *Downtown Honolulu* organisiert hätte und wir uns dann ausreichend Zeit nehmen könnten, um diesen hübschen Distrikt Honolulus ausführlich zu erkunden. Darauf freuten wir vier uns in diesem Moment sehr! Wir verließen *Downtown Honolulu* und fuhren nach Waikiki, wo wir uns von dem mitreisenden Ehepaar verabschiedeten und es vor seinem Hotel absetzten. Dann brachte Liana uns vier an das Ende der *Kalakaua Avenue* zu unserem Hotel. Jetzt hieß es Abschied nehmen! Liana war ebenfalls mit ausgestiegen. Wir standen auf dem Bürgersteig. Einzeln umarmte jeder von uns Liana. Es fiel mir sehr schwer, Lebewohl zu sagen. Dadurch, dass wir in den letzten drei Jahren immer wieder Kontakt zueinander gefunden hatten, war mir Liana als ein sehr liebenswerter Mensch ans Herz gewachsen. Junge Leute kamen auf uns zu. Wir drückten ihnen ein Handy in die Hand und baten sie, ein Foto von unserer kleinen Gruppe zu machen. Es ist hübsch geworden und wird mich zeitlebens an diesen wunderschönen Tag erinnern. Vor allem aber an Liana, die durch interessante Geschichten und informative Schilderungen unseren Wissenshorizont über Hawaii und im Speziellen über Oahu durchaus erweitert hat. Manchmal waren es kleine Nebensätze oder Randbemerkungen Lianas, welche mich aufhören ließen. Dann habe ich den Respekt, die Liebe und den Stolz, welche sie für ihre Heimat empfindet, spüren können. Das hat mich sehr, sehr tief berührt. Es war ein außergewöhnlich schöner Tag, den sie uns bereitet hat. Und dafür waren wir ihr sehr dankbar. *Mahalo nui loa*, liebe Liana!

Downtown Honolulu –
Monarchen, Geschichte, Chinatown …

Im Zuge meiner Reisevorbereitung und -planung sprach ich mit meiner Familie auch über *Downtown Honolulu*. Ich erklärte die wichtigsten Sehenswürdigkeiten, und wir einigten uns einstimmig auf einen Besuch dieses Stadtteils von Honolulu. So stellte ich mir eine Liste zusammen mit Orten, die wir uns unbedingt ansehen wollten. Alles war nicht möglich, denn *Downtown* gibt es sooo viel zu entdecken …, z. B. die *Kawaiaha'o Church* (einer aus 14000 Korallenplatten bestehenden Kirche), das *State Capitol* (Sitz des Parlaments), das *Honolulu Hale* (beherbergt das Bürgermeisteramt und die Stadtverwaltung), das *State Art Museum* und, und, und … Ich machte mir also einen genauen Plan, welche Baudenkmäler, geschichtsträchtigen Orte und Plätze oder bedeutungsvollen Stätten wir uns *Downtown* anschauen würden, und konzipierte eine kleine Reiseroute, welche wir per Trolley bzw. zu Fuß zurücklegen wollten.

Und so sollte der 17. Mai ein erlebnisreicher Tag werden. Nach unserem gemeinsamen Frühstück machten wir uns auf den Weg in die *Paoakalani Avenue*. Ziel war es, von dort aus mit der *Red Line* des *Waikiki Trolley* nach *Downtown Honolulu* zu fahren. Als der Trolley an der Haltestelle eintraf, stiegen wir ein, und die Busfahrerin, bei welcher ich die Tickets orderte, nannte zu meinem Entsetzen einen Preis von 30 Dollar pro Ticket pro Person. Das war der Preis für ein Tagesticket. In Summe also 120 Dollar! Ich war von 2 Dollar pro Ticket pro Person ausgegangen. So lag ja der Preis für ein One-Way-Ticket der *Pink Line*. Da hatte ich wohl nicht richtig recherchiert! Mein Fehler! Wir mussten uns schnell entscheiden, denn hinter uns stand noch immer eine Schlange ungeduldiger Touristen, die ebenfalls den Trolley nutzen wollten. Nach kurzem Hin und Her entschieden wir uns gegen den Trolley und stiegen wieder aus. Auf der gegenüberliegenden Straßenseite entdeckte ich ein Taxi. Ich lief hinüber und fragte den Taxifahrer nach den Kosten für eine Fahrt zum *Iolani Palace*. „20 Dollar, ma'am", war seine Antwort. Das war doch machbar! Ich winkte meiner Familie zu, und wir bestiegen das Taxi. Unser Fahrer war ein sehr freundlicher Mann. Er gab sich sehr viel Mühe, uns während der Fahrt zu unterhalten, und fragte uns interessiert über Deutschland und unsere Reise aus. Keine 20 Minuten später entstiegen wir dem Taxi an der Rückseite des *Iolani Palace*.

„Mein Gott!", war glaube ich die erste Reaktion, welche der Anblick des imposanten Gebäudes Ines entlockte. Das weiße, zweistöckige Gebäude war wirklich von eindrucksvoller Architektur. Der Einfluss europäischer Stilrichtungen war unverkennbar. Vor uns lag der rückwärtige Eingang des Palastes, zu dem eine breite Treppe hinaufführte. Offensichtlich fand in dem Gebäude gerade eine Veranstaltung statt. Es kamen uns einige hawaiianische Frauen, in *Muʻumuʻuʻs* gekleidet, entgegen. Das sind historisch anmutende Kleider. Mich erinnern sie an die viktorianische Zeit. Sie sind hochgeschlossen, meist bodenlang, rüschenverziert und besitzen Puffärmel. Die Kleider werden aus Stoffen mit traditionellen Blumenmotiven in leuchten Farben gefertigt. Die hübsch anzusehenden Hawaiianerinnen trugen einen *Lei* um den Hals und eine Blüte im Haar. Einfach zauberhaft! Ich glaube, es waren Fremdenführerinnen, die ihr Wissen über Hawaii und im Speziellen über den Palast gern mit interessierten Touristen teilten. Wir gingen weiter um den Palast herum. Wachleute in schwarzen Uniformen sorgten für die Sicherheit auf dem Gelände. Ihrer stattlichen Statur nach und so wie sie ihre langen Haare zum Knoten gebunden auf dem Kopf trugen, könnten sie samoanischer Abstammung sein, dachte ich mir.

Der Palast war wirklich riesig! Als wir dann an der Vorderseite ankamen, waren wir ein wenig erstaunt, denn sie glich der Rückseite des Palastes. Auch hier führte eine breite, wundervoll filigran gearbeitete Treppe zum Haupteingang des Prachtbaus hinauf. Jede Menge Säulen stützten links und rechts der Treppe überdachte Laubengänge bzw. Loggien über zwei Etagen hinweg. Die Eingangstür oder besser das riesig große Eingangsportal des Palastes war aus Holz gefertigt. In dieses waren Glasscheiben eingelassen, welche mit wundervollen Verzierungen versehen waren. Ich denke, es waren Ätzungen. Darstellungen leichtfüßiger Tänzerinnen schmückten ebenso wie royale Motive die kostbaren Glasscheiben. Sehr ungewöhnlich und ausgefallen! Als wir unsere Blicke über dieses majestätische Gebäude schweifen ließen, erzählte ich meinen drei Begleitern, was ich so über den *Iolani Palace* zusammengetragen hatte.

Er ist ein bedeutendes Monument nationaler hawaiianischer Geschichte und ein Bewahrer des geistigen und kulturellen Erbes Hawaiis. In den Jahren 1879 bis 1882 wurde der *Iolani Palace* im Auftrag des damaligen Königs David Kalakaua erbaut. Er beherbergte von 1882 bis 1893 die beiden letzten herrschenden Regenten des Königreiches Hawaii, König Kalakaua, und später seine Schwester und Thronfolgerin Königin Lili'uokalani. Dort, im *Iolani Palace,* wurde nationale sowie internationale politische Geschichte geschrieben. Staatsmänner, Würdenträger und bedeutende Persönlichkeiten wurden im *Iolani Palace* empfangen und Verträge geschlossen. Dort wurden Gesetze erlassen, das soziale Leben des hawaiianischen Volkes betreffend. Nach seiner baulichen Fertigstellung im Jahre 1882 war der *Iolani Palace* ein zu seiner Zeit hochmodernes Gebäude, fortschrittlicher sogar als das Weiße Haus in Washington. Denn der *Iolani Palace* verfügte über technische Innovationen, wie z. B. eine eigene Elektrifizierung, ein Haustelefon, Toiletten mit Spülung. Das war für die damalige Zeit wirklich der neueste Stand. Der *Iolani Palace* war sehr prachtvoll eingerichtet. Wertvolle Möbel und Einrichtungsgegenstände, Gemälde und zusammengetragene Artefakte aus allen Ländern der Welt zierten das Interieur des Palastes.

Diesen Glanz verlor er jedoch nach dem Sturz der Monarchie. Der Palast diente sodann u. a. als Regierungs- und Parlamentsgebäude für unterschiedliche Machthaber bzw. Regierungen. Dabei gerieten sein Erhalt, seine Pflege und sein Schutz völlig ins Hintertreffen. Im Laufe der Zeit wurde sein schönes Mobiliar veräußert, und seine Bausubstanz begann, zu zerfallen. Im Jahre 1898 wurden die Inseln Hawaiis durch Amerika annektiert, bis sie dann 1959 offiziell zum 50. Bundesstaat der USA erklärt wurden. Als einzige königliche Residenz auf amerikanischen Boden wurde der *Iolani Palace* erst im Jahre 1962 als nationales historisches Wahrzeichen erfasst. Es dauerte jedoch noch einige Jahre, nämlich bis zum Jahr 1978, bis der Palast komplett saniert wurde. Die Reparaturen erfolgten äußerst behutsam, und bei den Renovierungsarbeiten hielt man sich an alte Originalvorlagen. In Archiven und Bibliotheken suchte man nach alten Fotos, Zeitungen sowie alten Bauzeichnungen. Und so wurde mit viel Liebe zum Detail der alte Zustand des Gebäudes im Innen- sowie Außenbereich wiederhergestellt. Die in der Vergangenheit veräußerten Palastgegenstände konnten teilweise wieder zusammengetragen werden und wurden so ihrem ursprünglichen Standort zugeführt. Die Palasträume, Säle und Zimmer spiegeln heute den Lebensstil der damaligen Bewohner des Palastes wider und geben Aufschluss über die Menschen, die dort lebten und herrschten.

Die letzte dort lebende Monarchin war Königin Liliʻuokalani. Ihre Lebensgeschichte war es, die mich diesen Ort hier als etwas ganz Besonderes ansehen ließ. Königin Liliʻuokalani bestieg am 29. Januar 1891 den Thron als Nachfolgerin ihres am 20. Januar 1891 verstorbenen Bruders, König David Kalakaua. Sie trat ein schweres Erbe an. Auf ihren Schultern trug sie die Last der Wiederherstellung einer schwindenden Monarchie. Ihr verstorbener Bruder, König David Kalakaua, unterzeichnete im Jahr 1887 unter massivem (teilweise bewaffnetem) Druck von Anti-Monarchisten die Bajonett-Verfassung

– ein für das hawaiianische Königshaus folgenschwerer Akt. Durch diese Verfassung verlor die Monarchie an Stärke und das Königshaus seine Autorität. Und die Anti-Monarchisten, eine Gruppierung vorrangig amerikanischer und europäischer Kolonisten, erhielten somit einen gewaltigen Einfluss, welchen sie für ihre ganz eigenen Interessen nutzten. Königin Liliʻuokalani jedoch glaubte an den Fortbestand der hawaiianischen Monarchie. Mit großer Entschlossenheit setzte sie alle Kraft daran, die royale politische Macht zu stärken und zurückzuerlangen. Ihre Bestrebungen eine neue Verfassung durchzusetzen erweckten Widerstand und Ablehnung bei den damaligen Befehlshabern, welche sich als Geschäftsleute auf Hawaii niedergelassen und inzwischen große ökonomische sowie politische Macht erlangt hatten. Dann kam es im Jahre 1895 zu einem verhängnisvollen Ereignis. Dem hawaiianischen Königshaus Getreue unternahmen einen Putschversuch, welcher Königin Liliʻuokalani wieder zu ihrer Herrschaft verhelfen und Hawaii seine Souveränität zurückbringen sollte. Jedoch scheiterte diese Revolte und endete katastrophal. Sämtliche Beteiligte wurden des Verrates angeklagt und vor ein Militärgericht gestellt. Auch die Königin. In einem Prozess, welcher im Thronsaal des *Iolani Palace* stattfand, wurden nach drei Verhandlungstagen die härtesten Strafen verhängt. Den Aufrührern drohte die Todesstrafe. Königin Liliʻuokalani wurde ebenfalls des Hochverrats für schuldig befunden. Die Königin wurde zu fünf Jahren Zwangsarbeit und einer hohen Geldstrafe verurteilt. Das Urteil wurde kurz darauf abgemildert und Königin Liliʻuokalani im *Iolani Palace* inhaftiert. Dort wurde sie fast acht Monate lang in einem Raum des obersten Stockwerkes unter Hausarrest gestellt. Um ihre mitverurteilten Unterstützer vor der Todesstrafe zu bewahren, dankte Königin Liliʻuokalani am 24. Januar 1895 formell ab und verzichtete auf jedweden Anspruch auf den Thron. Während ihrer Inhaftierung bzw. ihres Hausarrestes im *Iolani Palace* hatte sie keinen Kontakt zur Außenwelt. Jede externe Verbindung war ihr verboten, Besucher durfte sie nicht empfangen. Die Fensterläden ihres spartanisch eingerichteten Arrestzimmers mussten auf Anordnung geschlossen bleiben, denn es war ihr untersagt, sich dem Volk zu zeigen. Jegliches Lesematerial wurde entfernt. Der Königin blieb allein ihr Gebetsbuch. Es war eine einsame Zeit für die Königin. Während dieser schweren Momente schrieb die Königin dort im Halbdunkel ihres Zimmers mehrere Gedichte und komponierte eine Vielzahl von Musikstücken. Die wohl bekanntesten, aus der Feder der Königin stammenden Niederschriften sind u. a. der Vers „Das Gebet der Königin" und das weltweit hochgeschätzte und bereits im Jahre 1877 komponierte Lied „Aloha ʻOe". Ursprünglich als Liebeslied zweier sich Lebewohl sagender zärtlich Zugewandter komponiert, wurde seine große Bedeutung später neu interpretiert: als schmerzvoller Klagesang über den Verlust des Landes, dessen Volk sie sich so sehr verbunden fühlte. Ich habe mein Herz sprechen lassen, und es hat sich für ebendiese Neuinterpretation des Liedes entschieden. Wenn ich „Aloha ʻOe" höre, dann befällt mich jedes Mal eine Gänsehaut von oben bis unten. Die tragende, schwermütige Melodie und das Wissen um das Schicksal von Königin Liliʻuokalani, das so eng mit der Geschichte und letztendlich dem Niedergang des Königreiches Hawaii verknüpft ist, machen mich immer wieder aufs Neue betroffen und erwecken auch eine Wehmut in mir. Diese Gedanken teilte ich mit Ines, Detlef und Lothar, als wir unsere Blicke über den *Iolani Palace* wandern ließen. Bewundernd. Erstaunt. Beeindruckt. Gedankenvoll.

Dann wandten wir uns dem parkähnlich angelegten Außenbereich des Palastes zu. Dort gab es noch jede Menge zu sehen. Seitlich des *Iolani Palace* befindet sich *Keliiponi Hale*. Es ist der Krönungspavillon, welcher heute noch gelegentlich für die Amtseinführung der Gouverneure Verwendung findet. Auf der Rasenfläche daneben finden regelmäßig öffentliche Konzerte der *Royal Hawaiian Band* statt. Die *Royal Hawaiian Band* ist ein königliches Orchester, das bereits im Jahre 1836 von König Kamehameha III. gegründet wurde. Sie blickt auf eine traditionsreiche Vergangenheit zurück und erfreut sich großer Beliebtheit. Die *Royal Hawaiian Band* ist nicht nur eine kulturelle Bereicherung, sie pflegt und bewahrt das musikalische Erbe Hawaiis. Freitags kann man sie vor dem *Iolani Palace* antreffen, wo sie ein für die Öffentlichkeit kostenloses Konzert gibt. Diese Konzerte sind kleine akustische sowie optische Highlights. An der Musik der Band kann man sich nämlich ebenso erfreuen wie an dem Klang der Stimme der mitauftretenden Sängerin. Abgerundet wird der Auftritt durch eine sich elegant und voller Anmut bewegende Hula-Tänzerin.

Ebenfalls schön anzusehen ist das *Hale Koa* – die *Iolani*-Kaserne. Dort war zu royalen Zeiten die königliche Garde untergebracht. Heute befinden sich in der Kaserne ein Videotheater, ein Souvenirshop sowie ein Ticketschalter. Weiterhin befindet sich auf dem Palastgelände das *Kanaina Building*. Ursprünglich wurde es als Archiv genutzt. Seit seiner Renovierung im Jahre 1987 dient es heute als administrative Unterkunft des Vereins „The Friends of Iolani Palace". Dessen Mitglieder haben sich der Erhaltung des Palastes, der Bewahrung seiner Geschichte und Pflege seiner Traditionen verschrieben. Nicht unerwähnt möchte ich den *Sacred Mound* lassen. Ein eingezäuntes Areal, welches einen Platz kennzeichnet, der ursprünglich als letzte Ruhestätte verschiedener Könige Hawaiis diente. Nach der Umbettung der Särge in das *Nuʻuanu Valley* wurde die ehemalige Begräbnisstätte durch einen halbhohen Zaun eingefasst. Man sollte all den Orten des Schlossgeländes mit Respekt begegnen, denn sie sind *wahi pana* – heilige, geweihte Stätten von großer Bedeutung und von einem immens hohen ideellen Wert für die Menschen Hawaiis. Dann verließen wir das Schlossgelände über eines der vier Eingangstore, einer kunstvoll aus Eisen geschmiedeten Zaunanlage, welche mit dem königlichen Wappen geschmückt ist. Den unteren Teil des Wappens ziert ein Schriftzug: „Ua Mau ke Ea o ka ʻAina i ka Pono". Dieser ursprüngliche Ausspruch von König Kamehameha III. wird oftmals mit den Worten übersetzt: „Das Leben des Landes verewigt sich in Rechtschaffenheit." Gewichtige Worte mit einer tiefen Bedeutung, die mich auch heute noch zum Nachdenken anregen.

Aber hier, am Ausgangsportal des *Iolani Palace,* hatten wir bereits ein neues Ziel vor Augen. In Sichtweite gegenüber auf der anderen Straßenseite befanden sich *das Aliʻiolani Hale* und direkt davor die Statue von König Kamehameha I. Diese Statue ist wohl eines der bekanntesten und zugleich am häufigsten betrachteten Wahrzeichen Honolulus. Die überlebensgroße Statue erreicht eine stattliche Höhe von ungefähr 5,50 Meter und steht auf einem ebenso hohen, strahlend weißen, wundervoll plastisch ausgeformten Sockel. An diesem Sockel sind vier Bronzeplatten befestigt. Jede von ihnen ist in eine andere der vier Himmelsrichtungen angeordnet. Diese Platten veranschaulichen wichtige Stationen aus dem Kampf Kamehamehas mit dem Ziel, die hawaiianischen Inseln zu vereinen. Denn die einzelnen Inseln Hawaiis wurden lange Zeit von unterschiedlichen Herrschern regiert. Einige der Inseln standen zeitweise sogar unter dem politischen Einfluss Amerikas, Russlands oder Großbritanniens. Um einem endgültigen Bruch zwischen den einzelnen Hawaiiinseln und deren Verlust an ebendiese westlichen Mächte entgegenzuwirken, führte Kamehameha über einen Zeitraum von fast 20 Jahren einen erbitterten Kampf, aus welchem er letztlich als Sieger hervorging. Diese außerordentliche Leistung wird von den Menschen Hawaiis hoch geschätzt. Noch mehr jedoch die dahinterstehende Motivation Kamehamehas, die Inseln Hawaiis unter eine einzelne Befehlsgewalt zu stellen. Nach Jahren anhaltender Kriege und Auseinandersetzungen vereinte im Jahre 1810 Kamehameha als erster König Hawaiis alle Inseln unter seiner Herrschaft zu einem Königreich. König Kamehameha I. wurde von seinem Volk als mutiger und furchtloser Krieger, als Mann mit diplomatischem Gespür und als Mensch mit einem großen Herzen für sein Volk und sein Land geliebt. Und für diese Eigenschaften ehren ihn die Menschen Hawaiis heute noch. Seine Dienste für Hawaii finden Huldigung an einem Staatsfeiertag: am *Kamehameha Day* – jeweils einem Freitag, um den 11. Juli eines jeden Jahres herum. Dann wird die Statue von Kamehameha I. prächtig geschmückt. Unzählige, bis auf den Boden hinabreichende, meterlange *Leis* werden über den ausgestreckten Arm und den Hals der Statue geschlungen. Das Standbild scheint in einem Meer aus Blüten zu verschwinden. In einer sehr würdevollen Zeremonie beginnen die Festlichkeiten an diesem Tag vor dem *Aliʻiolani Hale*. Ein Festzug bewegt sich quer durch Honolulu bis hin zum *Kapiʻolani Park*. Dort finden die weiteren Feierlichkeiten bis in die Nachmittagsstunden statt. Wir standen nun vor der Statue von König Kamehameha I. und betrachteten das zum Zeitpunkt unserer Reise von Baugerüsten eingezäunte Monument. Dieses wurde gerade einer aufwendigen Restauration unterzogen. Ich wandte mich Lothar zu und sagte ihm, wie gern ich auch einmal an so einer Parade am *Kamehameha Day* teilnehmen würde. Lothar nickte und war nicht abgeneigt, dieses eindrucksvolle Erlebnis mit mir zu teilen.

Ebenfalls imposant – das sich hinter der Statue befindende *Aliʻiolani Hale*. Das 1874 ursprünglich als Palast errichtete Gebäude wurde nach seiner Fertigstellung auf Wunsch des damaligen Königs Kamehameha V. als Regierungsgebäude umgewidmet. Heute befinden sich der Oberste Gerichtshof Hawaiis, die Justizverwaltung im *Aliʻiolani Hale* sowie das Kamehameha V.-Justizgeschichtszentrum. Den Fernsehzuschauern ist dieses Gebäude aus der Serie „Hawaii-Five-0" bekannt, als Hauptquartier der Spezialeinheit. Wir entschieden uns für eine kleine Besichtigungstour. Wir passierten die Sicherheitskontrolle am Portal, traten ein und waren augenblicklich hingerissen von der Innenarchitektur des Gebäudes. Das Vestibül ist von kreisrunder Form, gleich einer Rotunde. Diese war bis zum Dach hin geöffnet. Ein Blick nach oben ließ uns ein wundervolles Oberlicht erkennen. Eine gewölbte Glaskuppel überspannte die Rotunde des Vestibüls. Das

Oberlicht war aus bunter Bleiverglasung gefertigt. Mosaikarbeiten, wie man sie von den großen Kirchenfenstern kennt. Hier im Eingangsbereich stand geradezu auf dem Marmorfußboden ein großes Porträt von König Kamehameha I., gerahmt von frischem, grünem Blattwerk des roten Ingwers. Vor dem Bildnis war ein Teppich aus Naturfasern ausgebreitet. Auf diesem waren Kokosnüsse zu einem kleinen Haufen aufgeschichtet, umringt von einem Farnkranz. Alles war liebevoll angeordnet und ließ den Betrachter die Wertschätzung spüren, welche König Kamehameha I. hier entgegengebracht wurde.

Hinter dem Bildnis Kamehamehas I. schwangen sich links und rechts formvollendete Marmortreppen in den ersten Stock. Dort oben setzte sich die konzentrische Form des Vestibüls in einer kreisförmig umlaufenden Galerie fort, welche zum offenen Vestibül hin durch ein schmuckvolles Geländer abgegrenzt war. Von diesem Galerierondell gingen die vielen Zimmer und Säle ab, welche heute noch vom Obersten Gerichtshof Hawaiis teilweise genutzt werden. Dorthin begaben wir uns und begannen unsere *Self Guided Tour* durch das *Ali'iolani Hale*. Wenn man das Gebäude durchstreift, spürt man deutlich seinen präsenten, altehrwürdigen Charakter. Im Vorraum des Supreme Court, des Obersten Gerichtshofes, zierten die Wände eine Vielzahl von Bildern. Die hübsch gerahmten Zeichnungen waren Abbilder hochgeschätzter Richter, welche hier einst Recht sprachen oder aber dies immer noch tun. Elegante Sitzmöbel, aus Leder gefertigt, luden ein, Platz zu nehmen. Wir gingen jedoch weiter und betraten einen Gerichtssaal aus dem Jahre 1913, welcher sich offensichtlich noch im Originalzustand befand. Sein betagtes Mobiliar und dessen räumliche Anordnung ließen darauf schließen. Wir fühlten uns in einen alten Filmklassiker hineinversetzt, wie z. B. das Justizdrama „Die zwölf Geschworenen". Mit etwas Fantasie konnten wir uns den Angeklagten mit seinem Verteidiger, den Vertreter der Anklage, die Geschworenen und den Richter auf ihren Plätzen genauestens vorstellen. Es wäre sogar möglich gewesen, Fotos von sich selbst auf dem Richterstuhl zu machen. Aber das taten wir nicht. Es fühlte sich irgendwie anmaßend an, an diesem Achtung gebietenden Ort. Übrigens dient dieser authentische Gerichtssaal heute noch für Scheinprozesse, öffentliche Veranstaltungen oder als Filmset für Hollywoodproduktionen.

Wir durchstreiften die langen Flure. Wie in einer Galerie aufgereiht, entdeckten wir Fotografien der ehemaligen Herrscher Hawaiis. Es gab auch Bilder von Königin Lili'uokalani und ihrer Gerichtsverhandlung sowie alte Fotoaufnahmen des Gebäudes aus den unterschiedlichsten Zeitepochen und seiner architektonischen Entfaltung. Bebilderte Darstellungen erklärten den Besuchern die voranschreitende Entwicklung des hawaiianischen Rechtssystems, beginnend beim *Kapu*, dem traditionellen hawaiianischen Rechtssystem, in welchem absolute Verbote verankert waren. Deren Verletzung konnte schwerste Bestrafungen nach sich ziehen. Die Aufzählungen und Erläuterungen zur hawaiianischen Rechtsgeschichte reichten bis in die Gegenwart. Alles war mit interessanten Beiträgen kommentiert und erklärt. In einem kleinen Bereich wurde Bezug auf ein dunkles Kapitel der hawaiianischen Geschichte genommen – die Bombardierung Pearl Harbors am 07. Dezember 1941. Im Zeitraum 1941 bis 1944 wurde das *Martial Law* ausgerufen. Die Bürger Hawaiis wurden über diesen drei Jahre andauernden Zeitraum unter das Kriegsrecht gestellt und verloren somit ihre verfassungsmäßigen Rechte. Was das für das alltägliche Leben der Menschen bedeutete, war in dieser kleinen Ausstellung ausdrucksstark dargestellt.

Wir hatten uns im Obergeschoss ausführlich umgesehen und stiegen die wunderschöne, sich sanft windende Marmortreppe bis ins Erdgeschoss hinab. Dort landeten wir im Vestibül und stellten fest, dass es im *Ali'iolani Hale* einen kleinen Kinosaal gibt. In diesem kann man sich mehrere Kurzfilme ansehen. Wir nahmen davon jedoch dankend

Abstand. Hier, im *Ali'iolani Hale,* war unser Wissensdurst erst einmal gestillt, und es zog uns nach draußen, wo der Tag noch viele weitere interessante Momente für uns bereithielt.

Als wir vor das Gebäude traten, strahlten unsere Gesichter mit der Sonne um die Wette. Wir waren bereit für mehr. Mehr Kultur, mehr Geschichte, mehr von allem! Ich verkündete meiner kleinen Truppe unser nächstes Etappenziel – den *Aloha Tower.* Also machten wir uns zu Fuß auf den Weg durch *Downtown Honolulu.* Wir liefen die *Merchant Street* entlang. Der Straßenname wies darauf hin, dass wir uns im Finanzviertel Honolulus befanden. Eine Vielzahl von Banken war dort ansässig. Sehr interessante Architektur! Historische Gebäude prägten diesen Stadtteil ebenso wie moderne Wolkenkratzer. Jede Menge elegante Restaurants. Dieser Distrikt Honolulus verströmte in zurückhaltender Weise etwas Distinguiertes und Exklusives. Bemerkenswert auch die Begrünung der Flächen zwischen den Hochhäusern. Kleine, gepflegte Parkanlagen waren ebenso hübsch anzusehen wie Palmen, welche die Straßen säumten, und Plumeria-Bäume in voller Blütenpracht. Wir schlenderten unter diesen Bäumen entlang, eingefangen von ihrem unglaublichen, exotischen Duft.

Unterwegs trafen wir auf ein kleines Relikt aus alten Zeiten, welches uns nicht unbekannt war, wir jedoch hier, auf Oahu, nicht erwartet hätten und welches uns vier in wahres Entzücken versetzte. Es waren gummibereifte Bollerwagen! In diesen wurden hawaiianische Kindergartenkinder von ihren Erzieherinnen durch die Straßen Honolulus geschoben. Bis zu sechs Kinder konnten in jedem der Wagen Platz nehmen. Der Anblick brachte uns alle zum Schmunzeln, fühlten wir uns doch in unsere eigene Kindheit zurückversetzt. Bereits in unserer alten Heimat, der DDR, gab es diese Bollerwagen. Natürlich nicht so modern und komfortabel wie die heutige hawaiianische Version, welche wir betrachteten. Der Grundgedanke jedoch war beiden Ausführungen gleich. Es ging und geht darum, den kleinen, heranwachsenden Menschen zu ermöglichen, in Gemeinschaft die Zeit an der frischen Luft zu verbringen, an öffentlichen Orten bildende Eindrücke zu sammeln, soziale Kontakte zu erleben, und dies in einem geschützten Rahmen. Die Winzlinge zogen mit ihren Kindergärtnerinnen weiter und wir ebenso in Richtung Hafengelände.

Ein paar Minuten später erreichten wir den *Honolulu Harbor*. Dieser Naturhafen war und ist Zufluchtsort für Schiffe aus der ganzen Welt. Wir sahen große Schlepper, die noch größere Containerschiffe zu ihren Ankerplätzen manövrierten. Elegante Yachten, Frachter, Wasserfahrzeuge der *U. S. Coast Guard* und jede Menge Boote der Fischereiflotte. Kreuzfahrtschiffe machen ebenfalls an den Piers des *Honolulu Harbor* fest. Aber an diesem Tag war keines auszumachen. Ein Umstand, welcher uns offensichtlich zugutekam, denn das gesamte Areal wirkte fast wie ausgestorben. Wenn ich an unsere Ostseeurlaube zurückdenke und speziell an unsere Ausflüge nach Rostock Warnemünde, dann sehe ich vor meinem inneren Auge Menschenmassen, welche sich durch die schmalen Gassen drängen. „Ausgespuckt" von den Kreuzfahrtriesen, wollen dann die über das Meer gereisten Touristen in kürzester Zeit so viel wie möglich erleben und erkunden. Die Ströme der Urlauber bewegen sich schiebend und drängend vorwärts, weil es einfach kein Vorankommen gibt. Aber hier und heute, im *Honolulu Harbor*, blieb uns dieses „Schicksal" glücklicherweise erspart. Ein Schild wies auf das *Hawaii Maritime Center* hin. Neben dem bunt gestrichenen Holzgebäude hatte ein historischer Viermaster, die „Falls of Clyde", festgemacht. Ebenfalls an der Kaimauer vertäut, lag die „Star of Honolulu", ein Schiff, das mehrmals in der Woche zu abendlichen Dinner-Kreuzfahrten ablegt. Dann gibt es an Bord ein reichhaltiges Buffett mit Showprogramm. Und während man an Deck an seinem *Mai Tai* nippt, kann man den sagenhaften Sonnenuntergang genießen. Draußen auf dem

Pazifik, während das Schiff an der Küste entlang Kurs zurück auf den Hafen von Honolulu nimmt.

Wir traten an das Hafenbecken heran. Dort wurde auf einer kleinen Tafel das Fischvorkommen im *Honolulu Harbor* erklärt. Die Sicht in das Hafenbecken an dieser Stelle begeisterte uns! Es war, als würden wir in ein überdimensionales Aquarium blicken. In dem glasklaren Wasser tummelte sich eine Vielzahl bunter exotischer Fische. Es wimmelte nur so von den unterschiedlichsten Arten. Sogar Korallen hatten sich angesiedelt. Unweit von uns betrachtete ein Großvater mit seinem Enkelkind ebenso wie wir das Treiben im Wasser und begann, Brotkrumen in das Hafenbecken zu werfen. Die Fischlein stürzten sich wie wild auf das Futter. Das verworrene Knäuel aus spritzenden Meeresbewohnern brachte das kleine Enkelkind genauso wie uns zum Lachen. Wir verweilten noch eine ganze Weile dort, denn insbesondere Lothar und Detlef, beide passionierte Angler, bekamen einfach nicht genug von diesem Anblick.

Schon aus einiger Entfernung hatten wir den alles überragenden *Aloha Tower* wahrgenommen. Und auf diesen steuerten wir nun zu. Das Areal um den *Aloha Tower* herum bestand aus einer Vielzahl von Restaurants, Cafés, Fast-Food-Ständen, Bars und kleineren Shops und trägt den Namen „Aloha Tower Marketplace". Wir flanierten durch das fast unbevölkert wirkende Open-Air-Einkaufszentrum und machten an einer Bar, am „Nashville Waikiki" halt. Das gibt's doch nicht! Nashville! Diese kleine Bar trägt den Namen der berühmten amerikanischen Hauptstadt des Bundesstaates Tennessee. Und außerdem ist Nashville die Partnerstadt unserer Heimatstadt Magdeburg! Das muss doch was bedeuten! Wir vier hatten in diesem Augenblick offensichtlich alle denselben Gedanken! Rein in die Bar! Es war ein kleines Erlebnis für mich. Da ich die USA noch nie bereist hatte, war dies die Möglichkeit, das Flair eines amerikanischen Lokals kennenzulernen.

Wir traten ein. Bis auf eine Handvoll Gäste, welche vor großen Fernsehmonitoren Platz genommen hatte und sich Sportberichte ansah, war das „Nashville" menschenleer. Hinter dem lang gezogenen Tresen stand eine Barkeeperin. Wir bestellten kurzerhand Bier für Lothar und Detlef und *Mai Tais* für Ines und mich. Wir nahmen an einem der vielen Tische Platz und sahen uns um. Große Flaggen der *Air Force* und der *United States National Guard* hingen von der Decke herab. Überall waren kleinere US-amerikanische Fähnchen und Wimpel aufgehängt. Sportposter zierten ebenso die Wände wie Fotografien historischer amerikanischer Persönlichkeiten. Ein Dancefloor befand sich mitten im Raum. An einer Wand war ein Schild angebracht mit der Darstellung einer hübschen, jungen Frau, bekleidet mit Cowboystiefeln, Lederrock, Weste und mit einem Cowboyhut. In großen Schriftzügen wurde auf kostenlose Tanzstunden im Line Dance hingewiesen. Wir schlürften an unseren Getränken. Ein paar Fotos haben wir natürlich auch gemacht. Dann verließen wir das „Nashville". Leider grußlos. Die Bedienung unterhielt sich mit einem der Gäste und sah uns reaktionslos zu, wie wir von dannen zogen.

Wir traten vor die Bar und direkt gegenüber, nur ein paar Schritte entfernt, befand sich das „Hooters". Diese ebenfalls US-amerikanische Bar war schon gut besucht. Und ich weiß nicht, woran es lag ... an dem *Mai Tai* und Bier, welche wir schon vor 12 Uhr mittags zu uns genommen hatten? Auf alle Fälle entschieden wir kurzerhand, auch noch im „Hooters" einzukehren, und bestellten einen Pitcher Bier. So etwas hatte ich noch nie getan! Alkohol am Vormittag. Bei sengender Hitze. Und es hat Spaß gemacht! Ich habe mich auf unserer Reise auf so einiges eingelassen, was ich zuvor noch nie getan hatte oder „niemals getan hätte". Das war eine aufregende, vor allem aber unglaublich wichtige Erfahrung für mich, meinen perfektionistischen Anspruch abzulegen! (Vermeintliche) Fehler und Mängel zuzulassen, ohne gleich besessen an deren Beseitigung zu arbeiten. Stattdessen zu akzeptieren, die Realität anzunehmen und den Moment so, wie er war, einfach geschehen zu lassen oder zu genießen. Meine drei Familienmitglieder halfen mir dabei. Wir waren gemeinschaftlich Situationen ausgesetzt, die nicht nach (meinem) Plan liefen. Ein Drama für mich. Für die drei anderen überhaupt kein Problem! Kommentare der anderen, wie: „Dann ist das eben so!", „Es gibt Schlimmeres!", „Na, und? Dann weichen wir eben aus auf Plan B!", waren mir erst unerklärlich. Ich hinterfragte ihre Bemerkungen und bat um erklärende Worte, Begründungen und Argumentationen. Und so „färbte" mit der Zeit die optimistische Unbesorgtheit der anderen ein wenig auf mich ab. Ich lernte, dies sorgfältig und vorsichtig meinem Empfinden anzupassen. Dabei halfen Ines, Detlef und Lothar mir, meine innere Einstellung zu überdenken. Mit Vernunft, Ehrlichkeit und Verständnis. Und dem Beistand und Schutz, den mir nur Menschen geben können, die mich lieben und verstehen. Natürlich konnte ich in den drei Wochen unseres gemeinsamen Urlaubes nicht mein komplettes Innenleben umkrempeln. Aber unser nahezu 24-stündiges Beisammensein half mir dabei, ein wenig abseits ausgetretener Pfade zu wandern ... Als wir das „Hooters" verließen, setzten bei mir leichte Nebenwirkungen des Alkoholkonsums ein. Ich hatte einen „Schwips". Dies konnte mich jedoch nicht davon abhalten, die weitere Besichtigungstour zu genießen.

Wir waren nur noch einen winzigen Fußmarsch durch den „Aloha Tower Marketplace" vom *Aloha Tower* entfernt. Dennoch geriet unser Vorankommen ständig ins Stocken. Grund dafür waren mehrere Bronze-Skulpturen von Hula-Tänzerinnen, welche, vereinzelt stehend, im gesamten Marketplace anzutreffen waren. Perfekt platziert, überraschten sie uns mit ihrem Anblick. Es handelte sich um lebensgroße Skulpturen von Hula-Tänzerinnen unterschiedlicher Altersstufen. Allesamt strahlten sie reine Freude aus. Wir konnten es an ihren Gesichtern und ihrer Körperhaltung ablesen. Eine Skulptur hatte es Ines und mir besonders angetan: die Darstellung eines kleinen Mädchens. In ein Hula-Kostüm gekleidet und mit einem um den Kopf geschlungenen *Lei* saß die kleine Figur mittig auf einer weißen Holzbank. Den Kopf leicht zur Seite geneigt, lächelte sie glücklich. Ihre kleinen Hände hatte sie in den Schoß gelegt. Es schien, als würde sie, auf der Bank sitzend, mit den herabhängenden Beinen schaukeln, während ihre verschränkten, nackten Füße mit abgespreizten Zehen den Boden nicht berührten. Wir konnten nicht anders und nahmen Platz auf der Bank, links und rechts neben der Skulptur. Ines und ich versuchten, mit unseren Armen und Händen ein *Aloha* nachzuzeichnen, so, wie Caroline es uns beim Hula-Tanz im „Barefoot Beach Cafe" gezeigt hatte. Detlef hielt diesen Augenblick mit einem Foto fest. Eine Momentaufnahme, die uns wünschen ließ, dass es jedem Kind auf der Erde gegönnt sei, mit so viel Unbeschwertheit und Glücksempfinden aufzuwachsen, wie es diese kleine Hula-Figur ausstrahlte.

Dann ging es für uns weiter, und nach einer Minute erreichten wir den *Aloha Tower*. Der *Aloha Tower* wurde im Jahre 1926 erbaut. Seinerzeit war er das höchste Gebäude im gesamten Pazifikraum und beanspruchte mehrere Jahrzehnte lang den Titel als höchstes Gebäude der hawaiianischen Inseln. Seinen Namen verdankt der *Aloha Tower* dem weithin sichtbaren ALOHA-Schriftzug über seiner Turmuhr. Diese galt ebenfalls über mehrere Jahre hinweg als eine der größten Uhren in den gesamten USA. Das Leuchtfeuer des *Aloha Tower* ermöglichte den über das Meer herannahenden Schiffen ein sicheres Einlaufen in den Hafen von Honolulu. Am Pier 7 gelegen, heißt der *Aloha Tower* seit seiner Fertigstellung die über den Seeweg anreisenden Kreuzfahrtpassagiere willkommen. Auch heute noch. Und nun wollten wir uns dieses Bauwerk anschauen. Schon von Weitem gut sichtbar reflektiert seine weiß gestrichene Fassade das Sonnenlicht. Der *Aloha Tower* hat einen quadratischen Grundriss. Er ist auf einem nach zwei sich gegenüberliegenden Seiten geöffneten Unterbau gegründet. Durch diese halbrunden, wie überdimensionierte Portale wirkenden Öffnungen kann man quasi unter dem Turm hindurchlaufen. Wir betraten den Unterbau. Dort befand sich der Zugang zum Fahrstuhl. Witzig war die Anzeige über dem Fahrstuhl. Ich kannte so etwas nur aus alten amerikanischen Filmen. Aus glänzendem Metall gefertigt, prangt diese halbkreisförmige, mit hübschen Ornamenten verzierte Anzeige über dem Eingang zum Aufzug. In schwarzer Schrift sind Ziffern von eins bis zehn aufgebracht. Eine Art Uhrzeiger setzt sich zeitgleich mit dem Fahrstuhl in Bewegung und zeigt die Etage an, in welcher dieser sich gerade befindet. Wir betraten den Lift, und dieser brachte uns bis in die zehnte Etage des *Aloha Towers*.

Dort befanden sich die Aussichtsplattformen des Turms. Aus luftiger Höhe hatten wir einen sagenhaften Ausblick in alle vier Himmelsrichtungen. Auf dem Hafengelände herrschte reges Treiben. Schiffe liefen ein und aus, wurden be- oder entladen. Und dies alles vor der malerischen Kulisse der sich im Hintergrund erhebenden Gebirgskette Oahus. Wir hatten auch einen hervorragenden Blick auf das *Hawaii Maritime Center*, dessen hellblauer Anstrich mit dem Blau des Meerwassers zu wetteifern schien. Wir sahen vom Tower aus viele grüne Flächen. Bäume, Sträucher und Palmen. Der Passatwind ließ deren Blattwerk leicht hin und her tanzen. Die Fernsicht auf *Downtown Honolulu* von der anderen Seite der Plattform aus war phänomenal. Für Lothar und mich als noch fast „jungfräuliche" Weltreisende ein echtes Erlebnis. Von der Aussichtsplattform des *Aloha Towers* aus konnten wir die Vielfalt der städtischen Gestaltung Honolulus und deren Facettenreichtum hervorragend wahrnehmen. Wolkenkratzer, wohin das Auge blickte. Einige von ihnen hatten rundum verglaste Fassaden, in welchen sich der Himmel spiegelte. Das ließ die Gebäude optisch fast verschwinden. Dann gab es Hochhäuser von hervorstechender Architektur. Futuristisch anmutend, zeichneten sie sich durch ihre kunstvolle Gestaltung und eigenwillige Bauweise aus. Zwischen all den Hochhausgiganten hatten kleinere Gebäude ihren Platz behauptet. Es waren vor allem Gebäude älteren Baujahres, die durch ihre traditionelle Baukunst die Blicke auf sich zogen. Mit zarten, pastelligen Farbanstrichen versehen und weichen Umrissen setzen sie kontrastreiche Akzente gegenüber den kühl wirkenden und in geradlinigen, kantigen Formen konzipierten Hochhäusern. Es war so schön, zu sehen, dass offensichtlich auf den Erhalt dieser alten Bauten Wert gelegt wurde. In diesem von der Moderne geprägten Stadtteil Honolulus war es gerade das Zusammenspiel der unterschiedlichen Baustile, die den kosmopolitischen Charakter Honolulus offenbarten. Das sich abwechselnde Hoch und Tief der Bauwerke schien der Topografie der Landschaft im Hintergrund folgen zu wollen.

Eine indische Familie, in wundervolle Saris gekleidet, stand plötzlich mit uns auf der Aussichtsplattform. Ihr exotischer Anblick war eine kleine Freude. Mit herrlich klingendem Akzent baten sie mich auf Englisch, sie zu fotografieren, und drückten mir ein Handy in die Hand. An ihren begeisterten Gesichtern konnte ich ablesen, dass auch sie Gefallen an der Aussicht von der Plattform des *Aloha Tower* gefunden hatten, und kam gern ihrer Bitte nach. Ines, Detlef, Lothar und ich jedoch fanden, dass es nun Zeit war, unseren kleinen Ausflug fortzusetzen, und verließen diese hübsche historische Sehenswürdigkeit in Richtung Chinatown.

Es war nur ein kurzer Fußweg von ungefähr 15 Minuten. Dann befanden wir uns mitten in Chinatown, Honolulu. Am Ende des 19. Jahrhunderts befand sich die Agrikultur Hawaiis in ihrer absoluten Blütezeit. Für den Anbau, die Feldbestellung, die Ernte und viele weitere landwirtschaftliche Arbeiten hatten die Plantagenbesitzer zu wenige Arbeitskräfte. Die Einwohner Hawaiis, welche auf den Feldern hart arbeiteten, konnten dem immensen Arbeitsaufkommen der ständig wachsenden Agrarindustrie nicht nachkommen. So wurden

Arbeitskräfte außerhalb Hawaiis angeworben. Diese Einwanderer kamen aus Portugal, Puerto Rico und Russland, hauptsächlich jedoch aus Korea, Japan, den Philippinen und China. Und diese Mischung unterschiedlicher ethnischer Gruppen spiegelte sich in der multikulturellen Bevölkerung Hawaiis und hier im Speziellen – in Chinatown – bis heute wider.

Zum Thema Einwohner gibt es noch etwas Wesentliches zu erwähnen! Laut der letzten demografischen Erhebung leben auf den hawaiianischen Inseln insgesamt 1,4 Millionen Menschen. Der Anteil der polynesischen Bevölkerungsgruppe beträgt 7,9 Prozent. Und von dieser wiederum sind lediglich 6,6 Prozent den Ureinwohnern Hawaiis zuzuordnen. (Quelle: Hawaii-Wikipedia) Folgender Hintergrund: Man geht davon aus, dass ca. 300 bis 800 nach Christus die ersten Menschen die hawaiianischen Inseln entdeckten. Die Zuwanderung erfolgte in zwei Wellen. Die Siedler stammten von den *Marquesas*-Inseln sowie von anderen Inseln Polynesiens, wie etwa *Tonga, Tahiti, Samoa, Fidschi.* Und sie vollbrachten eine gigantische Leistung. Sie orientierten sich an den Sternen, nutzten ihre Kenntnisse über das Lesen der Wellen, hielten Ausschau nach Treibholz im Wasser und beobachteten die Zugvögel. Dies machten sich diese willensstarken, abenteuerlustigen und unerschrockenen Menschen zunutze und überwanden eine Strecke von mehr als 5.500 Kilometern auf dem Pazifik, auf der Suche nach einer neuen Heimat, welche sie auf dem hawaiianischen Archipel fanden. Sie machten das Land urbar, pflanzten Kulturen an, betrieben Fischfang und ganz wichtig – sie etablierten das ihnen eigene Gesellschaftssystem. Dann, im Jahre 1778, landete Kapitän James Cook als erster Mensch der westlichen Welt auf den Inseln Hawaiis an. Damals bevölkerten Schätzungen zufolge ca. 400.000 Ureinwohner den Archipel. Dieser Kontakt zwischen den bis dahin völlig isoliert lebenden Hawaiianern und den über das Meer herangereisten Seefahrern war schicksalhaft und barg für die Inselbewohner eine riesengroße Gefahr in sich: Krankheiten. Innerhalb eines überschaubaren Zeitraumes von 75 bis 80 Jahren verstarben 80 bis 90 Prozent der Ureinwohner Hawaiis an Grippe, Keuchhusten, Windpocken, Masern, Lepra. Ein unendlich großer Verlust! Heute leben nur noch etwa 8.000 *Kanaka Maoli*, direkte Nachfahren der polynesischen Ureinwohner, auf Hawaii.

Und dies berichtete ich meinen drei Begleitern hier auf unserem Weg nach Chinatown. War das aufregend! Als Erstes stach natürlich die völlig anders wirkende Architektur ins Auge. Ein- bis maximal zweistöckige Gebäude prägten die Straßenzüge. Rote oder farbig übertünchte Backsteinbauten trugen bunt gestrichene Fensterläden aus Holz. Die Verwendung von Holz als gefällige Ausschmückung der Fassadenfronten in Form von Holzschnitzereien war charakteristisch. Weiche Formen fanden sich in halbrunden Fenstern und Fassadenelementen wieder. Die Häuserfronten wurden unterbrochen von allerlei Verzierungen und ornamentalen Elementen. Die bunten Darstellungen von Drachen, Löwen, Einhörnern und anderen Fabelwesen der chinesischen Mythologie waren nicht nur dekorative Gestaltungselemente, sondern zugleich ein repräsentativer Ausdruck chinesischer Kultur. Bezeichnend für die chinesische Architektur und hübsch anzusehen waren die Dachfirste und aufwärtsgeschwungenen Dachränder der Gebäude. Wellengleich verliehen ihre bogenförmigen Linien den Bauwerken nicht nur den typisch chinesischen Charakter. Sie verliehen der Gebäudearchitektur etwas Fließendes, Dynamisches, fast Bewegliches. Tiefgrüne Dachziegel glänzten in der Sonne. Chinesische Schriftzeichen auf Werbetafeln oder in erhabenen Lettern auf die Häuserwände platziert, komplettierten unsere ersten, großartigen Eindrücke. Ines und Detlef hatten in der Vergangenheit schon einmal China bereist. Sie hatten uns damals von ihrer Reise berichtet, und wir hatten uns gemeinsam viele ihrer Urlaubsfotos angesehen. So hatten sie uns einen kleinen Eindruck vom Leben in China vermitteln können.

Aber hier in Chinatown/Honolulu bot sich auch Lothar und mir die Möglichkeit, ein kleines Stück chinesischer Kultur aus erster Hand kennenzulernen und zu erleben. Ich zog meinen Stadtplan aus der Tasche. Unser Ziel war die *Maunakea Street*. Wir orientierten uns. Auf dem Weg dorthin gab es so viel zu sehen. Die Schaufenster der Asia-Shops lockten uns mit ihren hübsch dekorierten Auslagen. Während Lothar und Detlef sich entschieden, die Straße entlangzubummeln, zog es Ines und mich in das erste Geschäft. Wir traten ein, und es war überwältigend. Ich war förmlich erschlagen von der Vielfalt der Farben. Ein kunterbuntes Warensortiment türmte sich bis unter die Decke des Ladens. Wir drängten uns an riesigen Buddha-Statuen vorbei hin zu Regalen, die vollgestopft waren mit chinesischen Vasen und Porzellanfiguren. In großen Kisten türmten sich, farblich sortiert, Jadesteine. Schmuck gab es, wohin man auch blickte. Perlen, Swarovski-Kristalle, Glücksbringer, Feng-Shui-Figuren ergänzten das Warenangebot. Künstliche Blumen in allen nur erdenklichen Kolorationen hatten ihr ganz eigenes Flair. Räucherstäbchen verbreiteten einen schweren Duft und Nekokatzen bewegten ihre Arme auf und ab, um das Glück herbeizuwinken. Wir hielten vor einer Vitrine inne, in welcher sündhaft teure Jadefiguren standen. Teilweise entdeckten wir Dollar-Preise im vierstelligen Bereich. Von der Decke herab hingen leuchtend rote Lampions, mit goldenen Symbolen verziert. Es war himmlisch! Ich konnte gar nicht genug bekommen von diesen vielen Impressionen. Buchstäblich in jeder Ecke gab es etwas Neues zu sehen. Das Durchstöbern dieses Shops bereitete uns so viel Freude! Zwischen Ines und mir ging ständig die Frage hin und her: „Hast du das schon gesehen?" Den Ladeninhabern war unser leidenschaftliches Interesse nicht entgangen. Ich hatte das Gefühl, unsere überschwängliche Begeisterung für ihr Geschäft amüsierte sie. Als Ines und ich den Laden mit Worten des Dankes verließen, verabschiedeten uns die chinesischen Geschäftsleute sehr freundlich mit zurückhaltender Höflichkeit und lächelnd. Wir kämpften uns vorwärts – durch so einige Geschäfte.

Bis die Männer mahnten, es wäre Zeit, langsam an die Mittagsmahlzeit zu denken ... So hielten wir Ausschau nach einem geeigneten Lokal. Wir wollten auf jeden Fall etwas Asiatisches zu uns nehmen, wenn wir schon mal hier waren. Unsere Wahl fiel dann nach ein paar Minuten der Suche auf den „Maunakea Marketplace". Sein einzigartiges Eingangsportal erweckte unser Interesse. Inmitten einer Häuserzeile füllt das Eingangsportal quasi eine Baulücke aus. Es ist eine gemauerte Wand aus rotem Backstein. Auf diese Mauer sind mehrere Zinnen gesetzt. Jede einzelne wiederum ist mit dunkelgrünen Ziegeln eingedeckt, gekrönt von einer ebenso grünen Kugel. Ein breites Dach aus grünen, glänzenden Dachziegeln überspannt einen Durchlass in der Wand auf ziemlich zwei Dritteln der Gesamthöhe. Auf diesem Dach schlängeln sich links und rechts je ein Wasserdrache, auf kleinen, schäumenden Wellen reitend, aufeinander zu. Zwei große Löwen aus Sandstein flankieren links und rechts den darunterliegenden Durchlass, durch welchen wir den Marketplace betraten. Im Außenbereich war eine Vielzahl von Ständen aufgebaut. Diese boten allerlei Waren feil. Bekleidung, Souvenirs, Haushaltwaren. Es gab aber auch Stände mit Erfrischungsgetränken und frischem Obst. Uns zog es jedoch hinein in das Gebäude, das im Inneren einem riesigen *Food Court* glich. Wir mussten uns kurz zurechtfinden bei diesem Überangebot. Es schien, als sei jede asiatische Nation mit einem eigenen Ladentisch vertreten. Wir liefen an den Verkaufstheken aus Japan, Vietnam, den Philippinen, Korea, China usw. entlang. Es duftete nach gebratener Ente, Jasminreis und kräftigen Gewürzen. In den Auslagen entdeckten wir frittierte Seegurken neben gebackenem Fisch, chinesische Nudelsuppe und Frühlingsrollen. So vielfältig das Angebot auch war: Letzten Endes musste sich jeder von uns vieren für ein Essen seiner Wahl entscheiden. Nachdem wir unsere Mahlzeiten in den Händen hielten, nahmen wir Platz an einer riesigen Tafel, die so lang war wie der gesamte *Food Court*. Niemand von uns war von seinem Essen enttäuscht. Es schmeckte wirklich prima.

Ein Blick die Tafel entlang ließ uns erkennen, dass inzwischen weitere Gäste Platz genommen hatten. Direkt zu uns gesellte sich ein Mann mittleren Alters. Er hatte uns offensichtlich als Touristen identifiziert und fragte, woher wir kämen. Wir kamen ins Gespräch und plauderten ein wenig. Er erzählte, dass er ein Veteran der US-Navi sei. Er beklagte, dass ständig in seine Garage eingebrochen werde. Wahrscheinlich seien es Obdachlose, die immer wieder das Türschloss seines Schuppens unrechtmäßig öffneten und Schaden anrichteten. Ich übersetzte für meine Familie. Alle blickten verlegen drein, denn keiner von uns wusste so recht, etwas darauf zu erwidern. Ich antwortete noch, dass es bedauerlich sei, wenn persönliches Eigentum durch Dritte beschädigt würde. Der Mann begann unvermittelt, auf den Gouverneur zu schimpfen. Ich verstand nicht den Zusammenhang und war auch nicht gewillt, den teils rüden Bemerkungen zuzuhören und dies zu übersetzen. Es war eine unangenehme Situation. Also beschlossen wir, da wir unser Mahl beendet hatten, unseren Weg fortzusetzen, und verabschiedeten uns von dem Veteranen.

Ich war immer noch ein wenig verstört, als wir sozusagen, „die Flucht nach vorn" angetreten hatten. Diese führte uns in eine große, hinter dem *Food Court* liegende Markthalle. Exotisches Obst und Gemüse stand, ordentlich in Reih und Glied gestapelt, zum Verkauf bereit. Es roch aromatisch nach frisch geschnittenen Kräutern, welche zu Haufen aufgeschichtet waren. In kleine Plastiktüten abgepackt, waren Tomaten, Zwiebeln und Bohnen bereits vorportioniert. Große Styroporbehälter waren mit gecrashtem Eis befüllt, auf welchem Meeresfrüchte ansprechend dekoriert waren. Fische lagen schnurgerade und vom Kopf bis zum Schwanz perfekt ausgerichtet auf ihrem kalten Bett aus Eisstückchen. Alles sah frisch und appetitlich aus. Regale, befüllt mit Lebensmitteln, säumten unseren Weg zum Ausgang. Ich hatte zuvor noch nie so eine große Auswahl an asiatischen Nudeln und Würzsoßen gesehen.

Als wir aus dem Markt heraustraten, blendete uns das gleißende Sonnenlicht. Es war inzwischen früher Nachmittag, und wir hatten noch eine kleine Aufgabe vor uns. Wir wollten einen *Maile Lei* für Lothar kaufen. Ich hatte meinen *Lei* bereits am gestrigen Tag, dem 16. Mai, in Waikiki gekauft. Dazu suchten wir am späten Nachmittag des 16. Mai das „Hyatt Regency Waikiki Beach Resort & Spa" in Waikiki auf. Im Atrium dieses hübschen Hotels fand an diesem Donnerstag wieder ein Bauernmarkt statt, und an einem der Stände hatte ich für mich einen *Lei* und einen Haarschmuck vorbestellt. Wir traten an den Marktstand heran, und die Inhaberin grüßte freudig mit einem „Aloha!". Sie hatte uns prompt erkannt und stellte vor mir zwei kleine Klarsichtboxen ab. In diesen befanden sich ein *Lei* und der dazu passend gearbeitete Haarschmuck. Sie hatte die beiden Schmuckstücke aus weißgelben Blüten der Plumeria angefertigt. Es sah umwerfend aus. Ich war begeistert! So etwas Hübsches – für mich! Ich teilte ihr unverzüglich mit, wie sehr mir ihr Arrangement gefiel, und die nette Hawaiianerin freute sich sichtlich über meine lobenden Worte. Ich fragte sie dann, ob sie noch einen *Maile Lei* für Lothar hatte fertigen können. Augenblicklich verschwand das Lächeln aus ihrem Gesicht. Mit einer Kummerfalte auf der Stirn erzählte sie mir bedauernd, keinen *Lei* angefertigt zu haben. Sie hatte einfach keine brauchbare *Maile* im Garten. Und während ich für meine Familie übersetzte, erkannte sie wohl, dass auch ein wenig Bedauern in meiner Stimme mitklang. Ich wandte mich der netten Hawaiianerin erneut zu, und dann geschah etwas, das mich sehr anrührte. Sie griff in einen ihrer bereitstehenden Körbe und holte aus diesem einen weiteren, diesmal pinkfarbenen *Lei* hervor. Sie legte ihn in meine Hände. „For you", sagte sie. Das war *ALOHA*! Ein Geschenk des Herzens! Ich blickte sie ungläubig an und hatte einen Kloß im Hals. Das war eine so lieb gemeinte Geste! Von einem mir völlig unbekannten Menschen erhielt ich einfach so ein Geschenk. Ein Präsent, das mit Hingabe und von Hand gearbeitet wurde und für dessen Fertigung Zeit, Lebenszeit aufgewendet wurde, welche mir symbolisch in diesem Augenblick mit überreicht wurde. Ich nahm den *Lei* und dankte ihr mit den Worten: „Mahalo! Mahalo nui loa!" („Danke! Vielen herzlichen Dank!") Die junge Frau schrie auf. Sie drehte sich zu einer mit ihr am Stand sitzenden Hawaiianerin und sagte sichtlich verzückt: „Hast du das gehört? Sie kann Hawaiianisch! Sie hat sich auf Hawaiianisch bedankt!" Das wiederum freute mich unglaublich! Ihre unmissverständlich beglückte Reaktion ließ erkennen, dass es für sie von beträchtlicher Bedeutung und Wichtigkeit war, diesen von Herzen kommenden Dank in der Sprache ihrer Vorfahren zu hören. Ich selbst war ja auf diese großartige Beschenkung durch die junge Frau nicht vorbereitet und antwortete spontan. Mein Herz sprach in diesem Moment, so wie es zuvor das ihre tat, als sie mir den *Lei* schenkte. Ich dachte also gar nicht nach, als ich auf Hawaiianisch antwortete. Mir wurde jedoch nach und nach die Wichtung meiner Hawaiianisch gesprochenen Worte klar ...

Man muss dazu wissen, dass die hawaiianische Sprache lange Zeit verboten war. Ende des 19. Jahrhunderts wurde per Gesetz Englisch zur Hauptsprache auf den hawaiianischen Inseln erklärt. Das Sprachverbot hielt viele Jahre an, und die englische Sprache verdrängte die hawaiianische fast vollständig. Es bedurfte sogar einer Ergänzung der Verfassung der Vereinigten Staaten von Amerika, als endlich im Jahre 1978 Hawaiianisch wieder als Amtssprache anerkannt wurde. Seit dieser Anerkennung wurde Hawaiianisch wieder an den Schulen gelehrt und fand so nach und nach in den Alltag der Menschen zurück. Die Menschen Hawaiis pflegen ihre Traditionen und leben ihre Kultur. Die Erinnerung an die Vergangenheit wird an die kommenden Generationen weitergegeben. Und dies in der Sprache ihrer Ahnen tun zu können, muss für sie von unschätzbarem Wert sein. Ein Wahnsinn! Den Menschen das zu verbieten, was sie ausmacht. Ein substanzielles Gut. Ihre Sprache. Das lebendigste und wichtigste aller Kommunikationsmittel von Mensch zu Mensch! Es grenzt fast an ein

Wunder und ist einer Gruppe von rund 1.000 Hawaiianern zu verdanken, dass die hawaiianische Sprache nicht verloren gegangen ist. Diese Menschen haben während des Sprachverbotes Hawaiianisch „am Leben erhalten". Die Sprache bewahrt, gelehrt, gelebt, gepflegt und weitergegeben entgegen jeglicher Vorschriften, Untersagungen, Gesetze – über einen Zeitraum von 82 Jahren hinweg. Und diese unglaubliche Leistung, dieses Vermächtnis, findet Ehrung und Würdigung, indem immer mehr Menschen Hawaiis die so sorgfältig beschützte Sprache ihrer polynesischen Vorfahren in ihr Leben Einzug halten lassen, die hawaiianische Sprache anwenden, ein Verständnis dafür entwickeln und sie an nachfolgende Generationen weitergeben. Ich dachte mir, dass dieses Wissen um die Bedeutung der hawaiianischen Sprache der Grund gewesen sei, weshalb die junge hawaiianische Standbesitzerin sich so sehr darüber freute, dass ich ihr auf Hawaiianisch für den überreichten *Lei* dankte.

Da ich nun bereits mit *Lei* und Kopfschmuck versorgt war, bestand heute unser Ziel darin, hier in Chinatown einen *Maile Lei* für Lothar zu besorgen für unsere kleine Zeremonie am darauffolgenden Tag. Ich hatte von Deutschland aus bereits im Internet recherchiert. In Chinatown/Honolulu waren die meisten *Lei*-Shops ansässig und eine Vielzahl derer in der *Maunakea Street*. Unser erster Anlaufpunkt war „Lin's Lei Shop". Zufällig hatten wir Monate zuvor im Fernsehen eine Reportage über Hawaii gesehen. Und darin wurde auch über „Lin's Lei Shop" berichtet, den wir inzwischen zu Fuß erreicht hatten. Vor dem Geschäft standen große Bodenvasen, befüllt mit exotischen Pflanzen. Ein buntes Blumenmeer breitete sich auf dem Gehweg aus. Wir erkannten Strelitzien, Anthurien, Azaleen, Orchideen, aber auch Sonnenblumen und Astern und viele, viele andere. An den Wänden hingen Ketten, gefertigt aus Kukuinüssen. Auch diese Ketten wurden in allen nur erdenklichen Farben angeboten. Hübsch sahen sie aus! Einige Ketten waren abwechselnd mit Kukuinüssen und winzigen

Muscheln bestückt. Bei anderen wiederum waren die Kukuinüsse bemalt mit filigranen Motiven. Die Auswahl war riesig! Dann fiel unser Blick auf vier nebeneinanderstehende Kühlzellen. Durch die zwei Meter großen Vollglasscheiben blickten wir hinein. Sie enthielten das Objekt unserer Begierde – *Leis*. In kleinen Klarsichtboxen aus Kunststoff waren die *Leis* vorsichtig in kleinen Kreisen zusammengelegt. Sie waren gefertigt aus wundervollen Blüten der Orchideen, Tuberosen, Pikake, Plumeria sowie des Ingwers, Jasmins und, und, und. Die Farbenpracht war unübertroffen. Die *Leis* waren nicht nur einfache Blumenketten. Kunstvoll gefertigt, erinnerten die gedrehten, gezwirbelten, geknoteten und gefalteten Blütenblätter an Schmetterlinge und Federn. Sehr aufwendig waren einige Blumenkränze mit ineinander verschlungenen Mustern gestaltet. Das gewaltige Angebot in seiner ganzen Pracht lenkte uns erst einmal ab. Wir standen gemeinschaftlich vor den Glasscheiben der Kühlzellen und kamen aus dem Staunen gar nicht mehr heraus. Die kleinen floralen Kunstwerke zeugten von großer Handwerkskunst. Kein Zweifel! Die Anfertigung dieser makellosen Meisterstücke setzte jede Menge Kreativität, Hingabe und Liebe zum Detail voraus. Dann irgendwann entdeckten wir Plastikbehältnisse mit *Maile Leis*. Wir verschafften uns einen preislichen Überblick und beschlossen dann, noch weitere *Lei*-Shops aufzusuchen, einfach weil es so schön war, die *Leis* anzuschauen. Also zogen wir weiter. In der *Maunakea Street* gab es jede Menge *Lei*-Shops. Ausnahmslos bot sich uns derselbe zauberhafte Anblick. Entzückende *Leis*, auf die unterschiedlichsten Weisen gefertigt. Dennoch einte sie alle das gekonnte Handwerk ihrer Schöpferinnen, welche in hohem Maße über Sinn für Ästhetik, ein großes Farb- und Formverständnis sowie Ausdauer verfügten und unverkennbar Liebe und *Aloha* in jeden einzelnen dieser wundervollen *Leis* hineingeflochten hatten.

Der *Lei* blickt auf eine lange Tradition zurück. Die Völker Polynesiens ehrten ihre Gottheiten, indem sie *Leis* fertigten. Sie baten ihre

Götter um fruchtbare Ernten, ertragreichen Fischfang und um Schutz bei Bootsfahrten auf das weite Meer hinaus. Die Kränze und Ketten wurden aus einheimischen Blüten und Blättern hergestellt. Aber auch Knochen, Muscheln und Federn fanden Verwendung. Dann, nachdem die Polynesier Hawaii besiedelt hatten, standen ihnen viele weitere einheimische Pflanzen für die Anfertigung der *Leis* zur Verfügung. Und nach dem Kontakt zur westlichen Welt erweiterte sich nach und nach der Bestimmungszweck des *Leis*. Er war nicht mehr allein den Gottheiten als Gabe vorbehalten. Der *Lei* bereicherte den Alltag und das Leben der Menschen. Als kostbares Schmuckstück getragen oder als wertvolles Geschenk überreicht, nahm er einen festen Platz in der hawaiianischen Kultur ein. Der *Lei* ist ein Symbol der Liebe und Ausdruck des *Aloha Spirits*. Überreicht wird er als Zeichen der Zuneigung, der Anerkennung, der Freundschaft oder als herzlicher Willkommensgruß. Mit ihm werden Glückwünsche übermittelt zur Geburt, zur Heirat, zur bestandenen Prüfung. Aber auch bei Bestattungen auf dem Meer wird der *Lei* als letzte Gabe und Huldigung des Verstorbenen an den Ozean übergeben. Es gibt ganz bestimmte Regeln für das Überreichen, Annehmen und Tragen eines *Leis*. Zwischenzeitlich und der modernen Denkweise folgend, unter dem Aspekt des Umwelt- und Naturschutzes hat sich sogar ein kleines Regelwerk für die umweltschonende Entsorgung des *Leis* etabliert. Es gibt viele Anlässe, um einen *Lei* zu verschenken oder zu tragen. So ist es mittlerweile zur Selbstverständlichkeit geworden, dass auf Hawaii Politiker oder religiöse Würdenträger bei öffentlichen Auftritten oder zu feierlichen Anlässen einen *Lei* tragen.

Und anlässlich unseres 30. Hochzeitstages und der bevorstehenden kleinen Zeremonie suchten wir hier in Chinatown/Honolulu nun nach einem *Maile Lei*. Unterdessen hatten wir den letzten *Lei*-Shop in der *Maunakea Street* erreicht, der auf meiner ausgedruckten Liste stand. Auch hier wundervolle Blumen. Zauberhafte *Leis*. Wir entdeckten in einer der Kühlzellen *Maile*. Der Preis auf dem Etikett ließ mich leicht erschaudern. Obwohl die Blumen (ebenso wie die Ananas) vor Ort wachsen, sind sie extrem teuer. Haben wir nicht verstanden! Aber wir entschieden uns dann für den hübschen *Maile Lei*. Ich hatte eine Kühltasche mitgebracht. In dieser verstauten wir den *Maile Lei* für den Rücktransport ins Hotel. Dort angekommen, legte Lothar die Box in unseren Zimmerkühlschrank, um unseren kostbaren Kauf frisch zu halten. Da wir seit dem Morgen unterwegs waren, machte sich bei uns ein kleines „Leistungstief" bemerkbar. Wir entschieden uns, kurz auszuruhen, um dann mit neuem Elan durchzustarten ...

Es erwartete uns an diesem Tag nämlich noch ein weiteres Highlight ... Cool war, dass wir allmorgendlich eine druckfrische Zeitung auf unser Hotelzimmer geliefert bekamen – den „Honolulu Star-Advertiser". Ich habe es geliebt und wirklich genossen, täglich den „Honolulu Star-Advertiser" zu lesen – eine sehr interessante Berichterstattung mit großartigen Leitartikeln, beigefügten Sonderausgaben und aktuellen Bekanntmachungen. Eine dieser Bekanntmachungen entnahm ich einem kleinen, unscheinbaren Artikel. Die Schlagzeile lautete: „Sunset on the Beach returns to Waikiki for summer series". Darin wurde auf das bevorstehende „Sunset on the Beach" aufmerksam gemacht – ein Event, welches in direkter Nähe zum Meer, am Strand des *Queen's Surf Beach* stattfindet. Von Mai bis September, so stand geschrieben, sollte dort monatlich eine dieser Veranstaltungen stattfinden.

Und heute war so ein Tag. Ich hatte meinen drei Mitreisenden davon berichtet, und wir wollten uns diese kleine Abendunterhaltung auf keinen Fall entgehen lassen. Also verabredeten wir uns gegen 17 Uhr in der Lobby unseres Hotels. Von hier aus bis zum *Queen's Beach* war es ein Fußweg von knapp 15 Minuten, den wir, gemütlich spazierend, am Meer entlang zurücklegten. Als wir auf den *Queen's Beach* zusteuerten, konnten wir schon aus einiger Entfernung eine am Strand aufgestellte Kinoleinwand von gewaltigen Ausmaßen erkennen. Sie war bestimmt zehn mal sieben Meter groß und an einem umlaufenden Metallgerüst befestigt. Freilichtkino! Super! Vor der Leinwand war eine Bühne aufgebaut. Auf dieser performte gerade eine kleine Band gemeinsam mit einer Hula-Tänzerin. Das nahm ich noch aus den Augenwinkeln wahr, denn mein Blick richtete sich auf die sich vor der Bühne und Leinwand einfindende Menschenmenge. Hunderte von Menschen hatten es sich bereits bequem gemacht auf mitgebrachten Strandstühlen, Angelhockern, Campingliegen und *Deck Chairs,* auf ausgebreiteten Decken und Handtüchern. Sogar unter eigens für das heutige Event aufgestellten Pavillons harrten die Besucher erwartungsvoll aus. Es waren hauptsächlich Einheimische oder, wie die Hawaiianer sagen, *Kamaʻaina*, aber auch Touristen konnte man erkennen. Junge und alte Menschen, ganze Familien. Viele hatten ihre Hunde mitgebracht. Der Clou war ein mitgebrachter Vogel im Käfig, dem der Passatwind das Gefieder durcheinanderpustete.

Und obwohl so ein enormer Andrang herrschte, war die Stimmung locker und entspannt. Große Schilder wiesen auf die Sponsoren der Veranstaltung hin. An einem Stand gab es für jeden Besucher eine Gratis-Tüte Popcorn, und an einem weiteren Stand bekam man, ebenfalls gratis, Plastikcoins. Diese hatten einen bestimmten Wert, und man konnte sie in speziell dafür bereitgestellte Boxen einwerfen. Es gab Boxen für unterschiedliche Projekte auf den hawaiianischen Inseln, welche dem Schutz des Meeres, dem Umweltschutz und der schulischen Bildung gewidmet waren. Durch den Einwurf der Coins in die entsprechende Box wurde das jeweilige Projekt unterstützt, indem der Sponsor den Gegenwert der Coins in Dollar spendete. Prima Sache! Wir reihten uns also auch in die Warteschlange vor den beiden Ständen ein und erhielten dankend gesponsertes Popcorn und Coins, welche wir in eine Box unserer Wahl einwarfen. *Mahalo* an die Sponsoren!

Wir blickten uns um. Es gab jede Menge Stände, an welchen wir uns mit einem leckeren Abendessen selbst verpflegen konnten. Als jeder von uns seine mit einem köstlichen hawaiianischen Gericht befüllte Styroporbox inklusive Plastikbesteck in den Händen hielt, machten wir es uns auf einer kleinen Kaimauer bequem mit Blickrichtung auf den Pazifik. Wir befanden uns ja direkt am Meer, und die Dämmerung hatte bereits eingesetzt. Während wir aßen, ging die Sonne unter und versank Stück für Stück im Ozean. Die letzten Badelustigen und Surfer kehrten nun auch aus dem Meer an den Strand zurück und suchten, in Handtücher gehüllt, nach einem noch freien Platz. Das war gar nicht so einfach, denn inzwischen war es gerappelt voll, und die besten Plätze weiter vorn waren logischerweise belegt. Die Band und die Hula-Tänzerin performten immer noch auf der Bühne. Ich konnte mich jedoch nicht auf ihren Auftritt konzentrieren.

Viel zu spannend und interessant war es, die Menschen zu beobachten. Inmitten dieser ethnischen Vielfalt saß ich gemeinsam mit Lothar, Ines und Detlef *am Queen 's Beach*, umringt von Hunderten Menschen, im Schein der untergehenden Sonne, das Rauschen des Pazifiks wahrnehmend. Obwohl wir als Gäste in einem fernen Land waren, fühlten wir uns nicht als Fremde. Wir fühlten uns aufgenommen und eingebettet in diese Gemeinschaft, die uns immer mit Respekt, Aufmerksamkeit und Freundlichkeit gegenübertrat. Detlef lächelte mir zu. Er sah, was ich noch nicht entdeckt hatte. Neben mir im Sand hatte es sich eine Gruppe hawaiianischer *Keiki* (Kinder) gemütlich gemacht. Aufgeregt und quirlig sprangen sie immer wieder auf, um ruhelos umherzulaufen in Erwartung, dass doch endlich der Film gezeigt würde. Dann horchten wir alle gemeinsam auf. Die Band hatte ihre Show beendet, und eine junge Frau betrat die Bühne vor der Riesenleinwand. Sie begrüßte die Besucher und richtete dankende Worte an die Sponsoren, die Veranstalter sowie die anwesenden Gewerbetreibenden. Und dann kündigte sie den Höhepunkt des Abends an: den

Film. Eine Disneyproduktion: „Moana"! Die kleine Kindergruppe neben mir schrie verzückt auf. Applaus und Jubelrufe. Wir waren gespannt. Als die junge Frau die Bühne verließ, erloschen die Lichter. Wir waren von Dunkelheit umgeben. Mehrere Sekunden lang. Dann endlich ging es los. Auf dem riesigen Bildschirm lief der Film an. Ich kuschelte mich an Lothar. Wir nahmen, genauso wie Ines und Detlef, unsere Popcorntüten in die Hände, die Augen fest auf die Leinwand gerichtet. Es machte keinen großen Sinn, die Filmdialoge zu übersetzen. Das wäre zu störend gewesen. Außerdem waren die Szenen größtenteils selbsterklärend. Es war auch nicht schlimm, dass ein Teil der Handlung des Films an mir vorbeiging. Denn immer wenn Filmmusik erklang, sprang die neben mir sitzende Rasselbande hawaiianischer Kinder auf und stimmte lauthals und textsicher in den Song mit ein. Ihre Begeisterung und ihre Ausgelassenheit verbreiteten pure Lebensfreude. Es war einfach entzückend, und wir ließen uns anstecken von dem kindlichen Frohmut, der uns ein Lächeln in die Gesichter zauberte. Die Filmvorführung endete nach kurzweiligen eineinhalb Stunden. Einige der Besucher des „Sunset on the Beach" begaben sich auf den Heimweg. Andere blieben noch am Strand sitzen. Wir beratschlagten, was wir tun sollten, und entschieden uns dann, langsam zu unserem Hotel zurückzulaufen. Denn am kommenden Tag hatten wir, vor allem Lothar und ich, Großes vor. Unsere Zeremonie im *Hoʻomaluhia Botanical Garden.*

Unser Hochzeitstag im *Ho'omaluhia Botanical Garden* – unvergesslich schön …

Am 4. Februar 2019 jährte sich Lothars und mein Hochzeitstag zum 30. Mal. Jeder unserer Hochzeitstage, jedes gemeinsame Ehejahr ist es Wert, Beachtung zu finden. Diesem runden Jubiläum jedoch wollten wir einen ganz besonderen Rahmen schenken. Wir haben lange überlegt, was wir wohl unternehmen könnten, wo wir diesen bedeutsamen Tag verbringen könnten und ob wir ihn in Zweisamkeit oder mit Familie und Freunden begehen wollen. Die Antwort auf all diese Fragen ergab sich, nachdem feststand, dass wir nach Hawaii fliegen werden. Wir wollten dort, auf Oahu, unseren gemeinsamen Jahrestag feierlich, gemeinsam mit Ines und Detlef, zu einem unvergesslichen Ereignis werden lassen. Das war eine ganz wundervolle Aussicht. Und da Lothar und ich denselben Wunsch verspürten nach einer intimen, kleinen Zeremonie in paradiesischer Umgebung, begann ich mit der Recherche. Ein paar Nächte hat es schon gebraucht, bis ich meine Sondierungen abschließen und Lothar präsentieren konnte. Wir beide waren sowohl entzückt als auch erschlagen von der Fülle der Möglichkeiten, welche sich uns boten. Sehr schnell jedoch fiel unsere Wahl auf den für die Erfüllung all unserer Wünsche vollkommen erscheinenden *Ho'omaluhia Botanical Garden*.

Dieser botanische Garten ist im Osten der Insel Oahu am Rande der Stadt *Kane'ohe* gelegen. Er wurde im Jahre 1982 von Ingenieuren des *US Army Corps of Engineers* entworfen und errichtet, ursprünglich zum Zwecke des Hochwasserschutzes der Stadt *Kane'ohe*. Das Areal des Parkes bedeckt die gewaltige Fläche von ca. 100 Hektar. Es besteht die Möglichkeit, den *Ho'omaluhia* auf eigens dafür angelegten Straßen per Kfz zu erkunden. Man fährt dann durch das weitläufige Gelände, stoppt an einem der vielen Haltepunkte und kann zu Fuß die Reise fortsetzen. Es gibt einen herrlichen See. An diesem findet samstags und sonntags ein Familienangeln statt. Es ist jedoch so, dass das Fischen im Sinne des „Catch and Release" erfolgt, das bedeutet, man fängt die Fische, schenkt ihnen anschließend jedoch wieder die Freiheit. Angeln und Zubehör kann man mitbringen oder aber diese vor Ort ausleihen. Es gibt auch einen kleinen Campingplatz. Wer hier, inmitten der wundervollen Parkanlage, übernachten möchte, benötigt jedoch eine Genehmigung und sollte sich zuvor informieren. Ein ständig wechselndes Angebot von Veranstaltungen lockt Botaniker, Kunst- und Kulturinteressierte sowie Naturliebhaber gleichermaßen an. In speziell auf die schulische Bildung ausgerichteten Kursen wird Lehrern und Schülern in derselben Weise die Möglichkeit geboten, den Lehrstoff inmitten der Natur und der ursprünglichen Schönheit des Parks zu bereichern. Eines der vielen Angebote des Parks richtet sich an heiratswillige Paare. Diese können in der traumhaften Kulisse des *Hoʻomaluhia Botanical Garden* mit Gästen ihre Hochzeit feiern und das außergewöhnliche Ambiente auf sich wirken lassen. Und so etwas Ähnliches hatten Lothar und ich uns vorgestellt.

Der 18. Mai war der Tag, an welchem wir unseren kleinen Traum Wirklichkeit werden ließen. Nach einer unruhigen Nacht begab ich mich bereits 6.30 Uhr in das Badezimmer. An Schlaf war nicht mehr zu denken, so aufgeregt war ich. Lothar erging es ähnlich, und so hatten wir ausreichend Zeit, um uns in aller Ruhe auf unsere in ein paar Stunden stattfindende Zeremonie vorzubereiten. Wir waren gegen 9.45 Uhr in der Hotellobby mit Ines und Detlef verabredet. Zuvor wollten Lothar und ich uns jedoch noch für unseren kleinen Festakt einkleiden. Bereits im Vorfeld stand die Frage im Raum: „Was ziehen wir an?" Wenn ich mir online die unzähligen Fotos der vielen Hochzeitspaare, welche auf Hawaii geheiratet hatten, angeschaut hatte, geriet ich regelrecht ins Schwärmen. Vor allem die Bräute sahen in ihren erlesenen und aufwendig gearbeiteten Roben ganz bezaubernd aus.

Die eleganten Anzüge der Bräutigame standen den kostbaren Kleidern ebenfalls in Nichts nach. Aber wollten wir uns so herausputzen? Nein! Wollten wir nicht. Es wäre für unser Vorhaben und nach unserem Verständnis einfach zu viel gewesen. Zu unserer schlichten Zeremonie wählten wir eine den Anlass würdigende, jedoch zurückhaltende Garderobe aus. Lothar entschied sich für eine leichte Sommerhose und ein Hemd mit kurzen Ärmeln. Ich wählte ein dezentes, knielanges Kleid mit Tüllrock. Der kostbare Schmuck, der die Verbindung zwischen unserem Jahrestag und dem pazifischen Inselreich schaffen sollte, lag, in Kunststoffboxen verpackt, im Kühlschrank unseres Hotelzimmers: unsere *Leis*. Der Moment, in dem wir sie dem schützenden Kühlapparat entnahmen, hatte fast etwas Ehrfurcht Gebietendes, aber vor allem freute es uns beide gleichermaßen, dass wir ein Stück hawaiianischer Tradition in unser anstehendes Ritual mit einbinden konnten. Ich entnahm einer der Verpackungen meinen aus malerischen Blüten bestehenden Kopfschmuck und befestigte ihn in meinem Haar. Lothar legte die beiden für mich bestimmten *Leis* über seinen Arm. Ich hingegen schlang seinen *Maile Lei* und eine Kukuinuss-Kette, welche wir zuvor in Waikiki besorgt hatten, um meinen Arm.

So verließen wir unser Hotelzimmer und betraten das Hotelfoyer, in welchem Ines und Detlef schon auf uns warteten. Wir begrüßten uns mit einer Umarmung und einem „Aloha!" an diesem besonderen Morgen. Uns zog es an den *Kaimana Beach* vor unser Hotel. Dort beabsichtigten Lothar und ich, uns gegenseitig die *Leis* zu überreichen. Am Strand hatten sich bereits erste Badegäste eingefunden. Das störte uns jedoch keinesfalls. Wir hatten nur Augen füreinander, und der bevorstehende Augenblick ließ unsere Herzen schneller schlagen. Detlef folgte uns, eine Kamera in den Händen haltend. Es war ein fast unwirklicher Moment. Der goldfarbene Strand, der Ozean, die Palmen … Lothar und ich standen uns gegenüber und blickten uns an. Ich spürte meinen Herzschlag bis in die Venen meines Halses pulsieren.

Ich nahm die Kukuinuss-Kette und den *Maile Lei* in beide Hände. Sein tiefgrünes, glänzendes Blattwerk hob sich kontrastreich von Lothars hellem Hemd ab, als ich ihm den *Maile Lei* und dann die Kette über seine Schultern legte und sagte: „Ich gebe dir diesen *Lei* als Zeichen meiner Liebe und Wertschätzung". Diese Worte richtete auch Lothar an mich, als er mir die beiden *Leis* aus Plumeria-Blüten um den Hals legte und wir uns küssten. Mehr brauchte es nicht in dieser Sekunde. Es war ein Band aus Liebe, Respekt, Vertrauen und Ehrlichkeit, das uns seit über 30 Jahren vereinte. Das strahlte dieser Moment aus, und wir strahlten mit der Sonne um die Wette und mit Ines und Detlef ebenfalls. Sie hatten aus der Entfernung zugeschaut, Fotos gemacht und empfingen uns mit lieben Worten. Wir liefen zurück in die Lobby unseres Hotels und nahmen auf den gemütlichen Sitzmöbeln Platz. Es war noch ein wenig Zeit bis zum vereinbarten Abholzeitpunkt.

Ich hatte bereits von Deutschland aus im Zuge der Reisevorbereitung Gebühren und Bewertungen verschiedener Taxiunternehmen online recherchiert. Sehr gut gefielen mir die Preise und Beurteilungen von „Star Taxi". Da „Star Taxi" keine längerfristigen Buchungen entgegennimmt, rief ich also eine Woche vor unserem geplanten Ausflug an und orderte von unserem Hotelzimmer aus ein Fahrzeug, welches uns in den *Hoʻomaluhia Botanical Garden* bringen sollte. Bill hieß der freundliche Mann, mit dem ich telefonisch alles besprochen hatte, auf ihn warteten wir. Ines und Detlef schauten sich in der Hotelhalle um, und Lothar und ich hielten uns schweigend bei den Händen und beobachteten das Kommen und Gehen. Erst jetzt bemerkte ich den mich umgebenden Wohlgeruch. Es waren die Plumeria-*Leis*, welche ich um den Hals trug. Die dickfleischigen, schweren Blüten verströmten einen intensiven, berauschenden Duft. Ich hatte zuvor kein annähernd so betörendes Bukett wahrgenommen, und von diesem Moment an habe ich die Plumeria zu meiner absoluten Lieblingsblume erklärt. Ich denke, das wird auch für immer so bleiben. Diese *Leis* sahen so prachtvoll aus! Die großen, leuchtenden, wohlgeformten Blüten waren schon von Weitem sichtbar. Und dann noch dieser Duft! Leider sind sie von vergänglicher Schönheit. Doch zu jedem neu angefertigten Blumenkranz gehört auch automatisch eine neue Geschichte des Lebens. Mein Blick fiel auf Lothar. Die Kukuinuss-Kette und der *Maile Lei* schmückten ihn. Lothar sah toll aus! Und er fühlte sich offensichtlich sehr wohl mit seinen traditionellen hawaiianischen „Accessoires"!

Im Eingangsbereich des Hotelfoyers erschien ein Mann. Sein Schritt stockte, und er sah sich suchend um. Als ich aufstand, steuerte er auf mich zu. Ich fragte ihn: „Excuse me, sir! Are you Bill?" Und ja – er war es! Bill, der Mann, der uns mit seinem Taxi zum *Hoʻomaluhia Botanical Garden* bringen würde. Ines, Detlef und Lothar traten heran, und ich stellte uns alle vor. Bill war mir vom ersten Augenblick an sehr sympathisch. Er wirkte etwas zurückhaltend und war dabei überaus freundlich. Wir bestiegen sein Fahrzeug. Detlef nahm auf dem Beifahrersitz Platz, während Ines, Lothar und ich es uns auf den Rücksitzen bequem machten. Wir ließen Waikiki hinter uns und fuhren die *Interstate H1* entlang. In der Nähe des *Bishop Museums* bogen wir auf die *H 63 N* ab, eine Autobahn, deren Verlauf uns durch den *Wilson*-Tunnel führte. Während der 30-minütigen Fahrt erzählte uns Bill von seinen Vorfahren, welche als Missionare nach Hawaii gekommen waren. Und wenn wir unterwegs etwas Interessantes sahen und uns erkundigten, was wir denn dort erblickten, stillte Bill ausführlich und mit viel Geduld unseren Wissensdurst. Dann wiederum war es Bill, welcher sich noch einmal unser Vorhaben im *Hoʻomaluhia* erklären ließ. Die Zeit verging schnell, und ruck zuck erschien am Straßenrand ein großes Schild mit der Aufschrift: „Hoʻomaluhia Botanical Gardens".

Mein Herz pochte. Ich freute mich auf das, was uns alle erwartete. Ich kann sagen, dass wir vier geplättet waren von der Ansicht, welche sich uns bot. Unser Fahrzeug fuhr auf die *Koʻolau Range* zu. Was für ein wundervoller Anblick! Der wie in Falten gelegt wirkende Gebirgszug flankierte die gesamte Zufahrtsstraße zum Botanischen Garten. Wolken hingen tief über den Wipfeln und hüllten sie ein. Das Bergmassiv war vollständig bedeckt von einem immergrünen Pflanzenteppich. So als hätte man die Höhenzüge mit Samt überzogen. Ein atemberaubendes Panorama! Die breite Straße erschien uns wie eine Allee, denn links und rechts des Weges reihte sich Palme an Palme. Herrlich! Da es eine Geschwindigkeitsbegrenzung für die Fahrzeuge gab, hatten wir jede Menge Zeit, alles in Ruhe zu betrachten und zu fotografieren.

Bill erzählte uns derweil von seinen Wanderungen in der *Ko'olau Range*. Es ist nicht ungefährlich. Der Gebirgszug erstreckt sich über viele Kilometer von Nordost nach Südost über die gesamte Insel. Man sollte sich für einen Trip in die Berge gut vorbereiten. Ohne vorhandene Ortskenntnisse ist es besser, sich bis an die Zähne mit intelligenter Technik und praktischer Outdoor-Ausrüstung zu bewaffnen, um sicher durch das teilweise schwer zugängliche Gelände zu gelangen. Denn es kam immer wieder vor, dass Wanderer im Dickicht der zugewucherten Berge die Orientierung verloren. Das war auch zufällig zum Zeitpunkt unserer Reise der Fall. Damals wurde auf der Insel Maui eine junge Frau vermisst, welche von einer Wanderung nicht zurückgekehrt war. Einsatzkräfte und viele Freiwillige suchten tagelang unentwegt nach der Wanderin. Dann endlich die erlösende Nachricht. Sie wurde gefunden! Nach 17 Tagen in der Wildnis auf sich allein gestellt, ging es ihr den Umständen entsprechend gut. Was für ein Glück! Was für ein Happy End!

Ein Ende fand vorerst auch unsere Fahrt in Bills Taxi. Wir bogen von der Straße ab und stellten das Auto auf einem Parkplatz ab. Und wieder – eine über alle Maßen schöne Aussicht! Direkt vor uns erhob sich das *Ko'olau*-Massiv. Davor breitete sich eine riesige Grünfläche aus. Palmen unterschiedlichster Gattungen waren auf dem Rasen gruppiert angeordnet. In der Zwischenzeit hatten sich die Wolken, welche die Wipfel der *Koʻolau Range* einhüllten, bis in das Tal herabgesenkt. Eine dicke, weiße Wand aus Zuckerwatte verschluckte mehr und mehr den Gebirgszug, rutschte immer tiefer in die Niederungen hinab. Dieser Ort schrie förmlich danach, fotografiert zu werden. Ich bat Bill kurzerhand, ein Foto von unserer kleinen Familie mit dem surrealen Schauspiel im Hintergrund aufzunehmen. Selbstverständlich tat er es. Und noch vielmehr, wie wir bald feststellen sollten! Ein Schild zeigte uns den Weg zum *Visitor Center* des botanischen Gartens. Als wir eintraten, erblickten wir als Erstes eine Hawaiianerin, die, an einem Tisch sitzend, *Leis* flocht. Wie schön! „Aloha!", grüßten wir, und unser Gruß wurde erwidert. Eine zweite Dame stand hinter einem Verkaufstresen. Auch sie begrüßten wir. Sie bat uns, heranzutreten, denn auf der Theke lag jede Menge Informationsmaterial, den *Hoʻomaluhia* betreffend. Das nahmen wir gern entgegen. Es sollte uns auf dem Gelände des endlos scheinenden Gartens bei dessen Erforschung helfen. Das *Visitor Center* hielt für uns jedoch noch eine weitere Überraschung bereit: eine kleine Kunstausstellung. Diese Möglichkeit ließen wir uns nicht entgehen. In einem separaten Raum sahen wir uns Zeichnungen und Skulpturen zeitgenössischer Künstler an. Ebenso wie der Eintritt in den *Hoʻomaluhia Botanical Garden*, welcher für alle Besucher kostenlos ist, war auch diese Ausstellung gratis!

Als wir vor das *Visitor Center* traten, hatte die Sonne sich hinter der dicken, tief hängenden Wolkenwand versteckt. Ich breitete den Lageplan des Parks vor uns aus. Eine erste grobe Orientierung ließ erkennen, dass hier im Park alles seinen Platz hatte. Die unglaublich große botanische Sammlung war, nach geografischen Regionen gegliedert, angelegt. Hier wurden Pflanzen aus Afrika, Sri Lanka, den Philippinen, aus Polynesien, Hawaii und vielen weiteren Teilen der Erde zusammengetragen und mit gärtnerischem Geschick angepflanzt. Überraschenderweise übernahm nun Bill die Führung. Er hielt eine rote

Mappe in der Hand, welche ich bereits in seinem Auto bemerkt hatte. Mit einem Handzeichen gab er uns zu erkennen, ihm zu folgen. Unser Rundgang begann. Wir betrachteten Unmengen wunderschöner tropischer Gewächse. Die Vielfalt an Formen, Farben und Düften hier an diesem Ort so komprimiert vorzufinden, war großartig. Da Lothar und ich ja noch nicht so viel von der Welt gesehen hatten, ließ uns dieser Platz erahnen, was „die Welt da draußen" noch so alles für uns bereithielt. Und Bill entpuppte sich als ein Füllhorn botanischen Wissens. Immer wenn uns eine Blume, ein Baum oder ein Strauch ganz besonders interessierten, dann zauberte Bill aus seiner mitgebrachten roten Mappe so einiges Wissenswertes über das Gewächs hervor. Er ging förmlich auf in der (selbst ernannten) Rolle als Parkführer. Es war eine Freude, ihm zuzuhören. Ich habe nicht alles übersetzen können, was er uns mitteilte. Da kamen Ines und Detlef ins Spiel. Sie hatten sich auf ihren vielen Reisen ebenfalls ein umfangreiches botanisches Wissen angeeignet, und das teilten sie gern mit uns.

Wir liefen die befestigten Wege entlang inmitten dieser sagenhaft schönen Natur. Ein Schild wies uns die Richtung. „To Lake" stand darauf. Dort wollten wir hin. Zum See. Von Weitem konnten wir ihn erahnen. Durch die dicht gewachsenen Sträucher blitzte hin und wieder das Blau des Gewässers hervor. Als wir es erreichten, hatte sich der Himmel inzwischen noch mehr verdunkelt. Es sah nach Regen aus. Und weil Regenschauer auf Hawaii kurz, aber dennoch sehr intensiv sein können, beschlossen wir, erst einmal ein paar Fotos zu machen. Das war schon eine witzige Angelegenheit. Lothar und ich waren in dieser Fotosession die Hauptakteure. Wir gaben unser Bestes! Während uns Detlef mit der Kamera ablichtete, sprang Ines um uns herum und dirigierte uns in die richtige Position. Mit Zurufen, wie „Den Arm runter!", „Das Kinn höher!", „Geht weiter zusammen!", „Zieh mal dein Hemd glatt!", sorgte sie dafür, dass wir so gut wie möglich auf den Fotos rüberkamen. Und Detlef wurde nicht müde, noch ein Foto und noch ein Foto und noch ein Foto von uns zu schießen. Bill hielt sich im Hintergrund, hatte aber ebenso wie wir alle seinen Spaß an dem kleinen Spektakel. Die ersten Regentropfen fielen. Wir mussten weiter. Denn schließlich stand ja Lothar und mir noch der schönste und aufregendste Teil unseres Ausfluges bevor. Unsere kleine Zeremonie, in welcher wir unser Eheversprechen erneuern wollten. Wir warfen noch einen letzten Blick auf den See und begaben uns zurück auf den befestigten Weg, dessen Verlauf wir folgten. Wir hielten Ausschau nach einem geeigneten Platz für unsere Feierlichkeit. Es war überall so schön!

Aber dann, nach ein paar Minuten Fußweg, erblickten wir unser Ziel. Einen Ort, der vollkommener, romantischer und magischer nicht hätte sein können. Es war eine Gruppe riesenhafter, sehr alter Bäume. Ihre massiven Stämme waren von unglaublichem Umfang und wurden von fast mannshohen, weit ausgestreckten Wurzeln im Boden verankert. Dicke, verknöcherte Äste trugen, weit verzweigt, ein spärliches, grünes Blätterdach, welches den Blick in den wolkenverhangenen Himmel freigab. Lothar und ich waren begeistert. Zu diesem Ort hatten wir instinktiv eine innere Verbindung hergestellt. Diese Bäume symbolisierten all das, was unsere Ehe ausmachte. Ihr offensichtlich hohes Alter stand für die Anzahl unserer Ehejahre. Ihr starkes Wurzelwerk war gleichzusetzen mit dem Fundament, dem Nährboden unserer Partnerschaft. Liebe, Vertrauen, Respekt, Ehrlichkeit, Zusammenhalt, Verständnis und Wertschätzung. Die weit verzweigten Äste zeigten die vielen Wege, welche wir gemeinsam beschritten hatten. Das unvollkommene Blätterdach versinnbildlichte auf anschauliche Weise, dass auch unsere Ehe nicht makellos, nicht fehlerfrei war. Die Entscheidung war getroffen. Wir teilten unseren drei Weggefährten mit, dass nun der Zeitpunkt gekommen sei für unser Ritual. Während Ines, Detlef und Bill am Wegesrand stehen blieben, liefen Lothar und ich zu einem der gewaltigen Bäume und stellten uns darunter. In diesem Moment gab es nur uns beide. Lothar ließ mir den Vortritt. Ich durfte zuerst sprechen. Und da ich ihm ja bereits in unserem Hotelzimmer in der ersten Nacht nach unserer Ankunft auf Oahu mein Herz ausgeschüttet hatte, blieb mir nicht mehr viel zu sagen, was ich dem bereits Ausgesprochenen noch hinzufügen wollte. Ich hatte jedoch noch etwas vorbereitet, das uns in besonderer Weise an diesen Tag und speziell an den Ort unserer Reise erinnern sollte. Liebesbezeugungen in hawaiianischer Sprache. Ich hatte diese poetischen Worte zuvor zu Papier gebracht. Mein Herz schlug wie wild, als ich Lothar abwechselnd die hawaiianische Liebeserklärung und dann die deutsche Übersetzung entgegenbrachte. Gut, dass ich alles aufgeschrieben hatte, denn die aus tiefster Seele kommenden Worte trafen sichtlich in Lothars Herz. Seine Augen begannen, zu glänzen, und auch in meinen Augen standen Tränen. Es fiel mir schwer, mich zu konzentrieren, und ich war froh, immer wieder einen Blick auf das Blatt Papier werfen zu können. Dann kam Lothars Moment. Wir hatten uns die Hände gereicht und blickten uns an. Es waren unglaublich wertschätzende, liebevolle Worte, die er an mich richtete. Das, was er mir offenbarte, war das, was wir beide in gleicher Weise fühlten, dachten, lebten. Ich war tief ergriffen und zu Tränen gerührt. Wir waren uns sehr nah in diesem Moment, und ich war unendlich dankbar und glücklich, dass das Leben es so gut mit uns gemeint und uns zueinander geführt hatte. Dann, als auch er die letzten Worte gesprochen hatte, endete unsere kleine Zeremonie in einem Kuss und einer innigen Umarmung.

So standen wir unter diesem ehrwürdigen Baum. Es hatte bereits die ganze Zeit genieselt, aber nun setzte der Regen mit aller Kraft ein. Er holte uns zurück ins Hier und Jetzt. Als wir aufblickten, standen unsere drei Begleiter bereits Schutz suchend unter einem Baum. Wir liefen zu ihnen. Ines umarmte mich mit Glück wünschenden Worten. Und auch Detlef und Bill traten heran. Ich deutete mit dem Zeigefinger nach oben und sagte zu Bill, dass der Regen ruhig etwas später hätte einsetzen können. Aber Bill erklärte, das sei ein gutes Zeichen! Nach hawaiianischem Glauben würde dem Regen eine große Bedeutung beigemessen. Regen bedeute Leben. So gab uns Hawaii in diesem Augenblick ein Geschenk des Lebens mit auf den Weg. Der Regen wurde immer stärker. Mein hübscher Haarschmuck hing inzwischen schlapp an meinen vor Nässe triefenden Haaren herunter. Es störte mich nicht. Es war gut so, wie es war. In einiger Entfernung entdeckten wir eine Picknickhütte. Dort wollten wir uns unterstellen, bis es aufhörte, zu regnen. Wir liefen hinüber. Auf dem Weg dorthin begegnete uns eine kleine Gruppe Parkbesucher. Sie riefen uns zu und wollten wissen, weshalb wir die *Leis* trugen. Ich verwies auf unseren 30. Hochzeitstag. „Congratulations!" und „All the best!" riefen uns die freundlichen Leute zu. Das war sehr aufmerksam! Wir bedankten uns auf Hawaiianisch: „Mahalo!" Unter dem Dach der Picknickhütte hatte bereits eine Familie mit Kindern Platz genommen. Wir setzten uns an einen noch freien Tisch und besprachen, wie wir unseren Ausflug fortsetzen wollten. Bill schlug vor, mit dem Auto noch eine Runde durch den Park zu drehen.

So machten wir es dann. Wenige Besucher waren vor Ort. Nur hin und wieder begegneten wir einem anderen Fahrzeug. Wir hielten noch an einigen interessanten Punkten an, und Bill stand mit seiner roten Mappe bereit, um all unsere Fragen zu beantworten. Suuuper! Dann, irgendwann, mahnte ein Blick auf die Uhr zur Rückkehr nach Waikiki. Bill steuerte unser Gefährt Richtung Parkausgang. Wir schossen noch ein paar letzte Naturaufnahmen. Dort entstand auch mein absolut liebster Schnappschuss von Lothar und mir. Ich habe ihn im Großformat gerahmt. Immer wenn wir ihn anschauen, erinnert er uns an unsere emotionalen Momente im *Ho'omaluhia* anlässlich unseres 30. Hochzeitsjubiläums. *Ho'omaluhia* bedeutet übrigens „Ort des Friedens und der Ruhe". Und genau das strahlt dieser wundervolle Park aus. Idyllisch gelegen, bepflanzt mit wunderschönen tropischen

Gewächsen, lässt sich diesem Ort die gärtnerische Sorgfalt und Kenntnis sowie die liebevolle Pflege an seiner Gestaltung ablesen. Sein exotisches, märchenhaftes Flair erweckt ein Entzücken für all die vielen paradiesischen Kostbarkeiten. Die ausgedehnte Parkanlage bietet vielen Besuchern die Möglichkeit, ungestört und die Stille genießend, diesen malerischen Ort zu erkunden. Wir werden den *Hoʻomaluhia Botanical Garden* als einen ganz besonderen Platz in Erinnerung behalten. Und ebenso Bill. Er war unglaublich! Wir hatten eine Taxifahrt gebucht, und Bill hat daraus ein kleines Erlebnis werden lassen. Uneigennützig hat er uns einen wunderschönen Tag bereitet, indem er uns seine Zeit und sein Wissen schenkte, mit Freundlichkeit und Geduld. Liebenswürdig und mit bescheidenem Auftreten. Das war pures *Aloha*! Lieber Bill! Wir danken dir von Herzen! *Mahalo nui loa!* Ein herzlicher Dank gebührt jedoch auch Ines und Detlef. Es war so schön, dass sie sich entschieden hatten, diesen Ausflug in den Park gemeinsam mit uns zu unternehmen. Und darüber hinaus haben auch sie Lothar und mir ein Geschenk gemacht, indem sie uns während unserer kleinen Zeremonie gewähren ließen und diese wundervollen Momente in Bild und Ton festhielten. *Mahalo! Mahalo nui loa* auch an euch!

Die Rückfahrt nach Waikiki verging wie im Flug. Bill setzte uns an unserem Hotel ab. Wir verabredeten uns für den 22. Mai, da wollte Bill uns abholen und zum Flughafen bringen. Wir würden ihn also noch einmal wiedersehen! Die Verabschiedung fiel herzlich aus. Und als er davonfuhr, ging ein Freund! Die Planung für den Abend stand an. Das war nicht schwer, denn Lothar und ich hatten lange im Voraus beschlossen, an diesem Abend Ines und Detlef zum Dinner einzuladen, was wir dann auch gern taten. Zwei Stunden später war wieder mal das Hotelfoyer unser gemeinschaftlicher Treffpunkt. Ich hatte zuvor noch eine wichtige Frage an Lothar gerichtet. Ich wollte gern einen meiner *Leis* für den Rest des Abends an Ines übergeben. Aus Dankbarkeit und damit auch sie mit ihren eigenen Sinnen fühlen konnte, wie unvergleichlich schön das Tragen eines *Leis* sich anfühlt. Ich fragte deshalb Lothar, ob es für ihn in Ordnung sei, wenn ich Ines einen meiner *Leis* überlasse. Denn nach hawaiianischem Brauch gilt es als sehr unhöflich, den *Lei* in Gegenwart des Schenkenden abzunehmen. Und ich wollte meinen ja nicht nur abnehmen, sondern sogar weiterreichen. Lothar jedoch war damit einverstanden. Wir vier traten vor das Hotel, und Lothar und ich richteten einige Worte der Anerkennung und des Dankes an Detlef und Ines, der ich einen meiner *Leis* über die Schulter legte.

Unsere kleine Gruppe schlenderte zum Restaurant und als wir unser Mahl beendet hatten, erzählte ich meinen Leuten von meinem letzten Plan für diesen Abend. Dieser unglaublich schöne Tag sollte nicht einfach so wie bisher bei einem Glas Wein auf dem Hotelbalkon enden. Zuvor wollten wir den *Leis*, die uns den ganzen Tag über begleitet hatten und uns so viel Freude bereiteten, ebenfalls einen gebührenden Abschied schenken. Es war für mich unvorstellbar, die *Leis* in den Müll zu werfen! Das ging auf gar keinen Fall! So schlug ich meiner Familie vor, dass wir die *Leis* an einer der vielen Statuen Honolulus ablegten. Die anderen waren sofort begeistert und stimmten meinem Vorschlag zu. Lothar wusste auch sofort, welche Statue er aufsuchen wollte. Es war bereits 21 Uhr und dunkel. Wir liefen die von Touristen bevölkerte *Kalakaua Avenue* entlang, Richtung Waikiki-Strand. Vor dem Monument von Duke Kahanamoku stoppte unser kleiner Tross. Diesen berühmten Schwimmer, Surfer und Lebensretter wollte Lothar ehren. Er sagte, er habe Hochachtung vor „dem Duke" und respektiere dessen sportliche Leistungen, nachdem er sich hier am Strand von Waikiki selbst ein Bild davon hatte machen können, was wirkliche Surfleidenschaft bedeutet. Und Lothar sagte, er wäre auch gern so ein tollkühner Wassermann. Vielleicht in seinem zweiten Leben ... Mein Ehemann ist eher von zurückhaltender Natur. Es widerstrebt ihm, im Mittelpunkt zu stehen. Dennoch kletterte er inmitten all der Touristen, welche an diesem (wie an jedem) Abend um die Statue gedrängt standen, auf das Podest der Statue. Er nahm seinen *Maile Lei* und hing ihn um den ausgestreckten Arm der Skulptur, von welcher bereits viele weitere *Leis* herabhingen. Dieser Augenblick fühlte sich wie ein kleiner Festakt an.

Dann liefen wir die *Kalakaua Avenue* zurück in Richtung unseres Hotels. Auf der Höhe des Zoos befindet sich auf der Strandseite die *Waikiki Wall* – eine Art Seebrücke aus Stein. Diese reicht ein ganzes Stück in den Pazifik hinein. Am Ende befindet sich ein Holzpavillon. Zu diesem spazierten wir an diesem lauen Sommerabend. Ich entfernte den Haarschmuck von meinem Kopf und begann, die sorgfältig aufgereihten Plumeria-Blüten vorsichtig abzuzupfen. Die eine Hälfte der Blumen legte ich in die Hände von Ines, die andere Hälfte behielt ich. Wir warfen jede einzelne der Blüten mit einem gedachten oder gesprochenen Gruß oder Wunsch ins Meer. Die Wellen des Ozeans trugen die Plumerias fort in die alles verschluckende Dunkelheit. Zu Zeiten, als die ersten Kreuzfahrtschiffe die hawaiianischen Inseln anliefen, war es unter den abreisenden Kreuzfahrern üblich, die *Leis* weit draußen auf dem Meer über Bord zu werfen. Und die Legende besagte, sollte der *Lei* von den schäumenden Wogen zurück an die hawaiianische Küste getragen werden, so würde auch sein ursprünglicher Besitzer nach Hawaii zurückkehren. Ich wünschte mir von ganzem Herzen, dass unsere Blüten wieder zurück an den Strand gespült würden.

Unser Weg führte uns auf der *Waikiki Wall* zurück zur *Kalakaua Avenue*. Die letzte Handlung des heutigen Abends stand uns bevor. An einem kleinen Weg, welcher in den *Kapiʻolani Park* führte, befand sich, ebenfalls auf ein kleines Podest gestellt, die Statue von Queen Kapiʻolani. Der aufopfernde, hingebungsvolle Einsatz der Königin für ihr Volk und insbesondere für Mütter und Kinder hatte mich ergriffen und berührt. Und so wollte ich mit meinem *Lei* dem Lebenswerk Queen Kapiʻolanis Achtung erweisen. Ines empfand ebenso und schloss sich meiner Entscheidung an. Zuerst trat ich an die Statue heran. Ein geflüstertes „Aloha!" und „Mahalo!" sollte von Herzen kommende Anerkennung zum Ausdruck bringen. Es sprach mein Mutterherz in diesem Moment. Es war ein Moment der Erinnerung an den Verlust unseres Kindes und der Dank, Jahre später einen wunderbaren Sohn als Geschenk des Lebens erhalten zu haben. Und ein Dank an alle Menschen, die uns auf diesem Weg unterstützend, mitfühlend und herzlich zur Seite standen, so wie es Queen Kapiʻolani gegenüber ihren hawaiianischen Mitmenschen auch getan hatte. Und dann übergab ich der Königin meinen Schatz: diesen wundervollen *Lei*, der mich mit seiner farbenprächtigen Schönheit und seinem betörenden Duft den ganzen Tag über begleitet hatte. Hätte ich ihn doch nur mit nach Hause nehmen können! Aber da dies nicht möglich war, erfüllte es mich mit Freude, ihn in würdiger Weise zurückzulassen und gleichzeitig mit seinem Liebreiz eine Ehrerbietung an anderer Stelle zu schaffen. Ines war nun an der Reihe. Sie verharrte regungslos vor dem Monument. Man konnte erahnen, dass sie in Gedanken zu der Statue sprach. Dann nahm auch sie ihren *Lei* und wickelte ihn, mit einem Kuss versehen, um die Hand der Statue. Es war vollbracht. Unser aufregender Tag hatte sich nun dem Ende zugeneigt und einen schönen, unvergesslichen Abschluss gefunden.

Wir bezwingen einen Vulkan –
unsere Wanderung auf den *Leʻahi* …

Als ich mit meiner Familie unsere Reise nach Oahu plante, entschieden wir gemeinschaftlich, dass sich jeder von uns einen speziellen Wunsch erfüllen solle. Der Wunsch von Ines war es, auf den *Diamond Head* zu wandern. Das tut sie nämlich gern – wandern. Sie hat schon Hunderte von Kilometern auf dem Jakobsweg zurückgelegt. Wenn sie zurückkehrt, berichtet sie jedes Mal von ihren Erlebnissen: der sagenhaften Natur, den interessanten Wegbegleitern und der Herzlichkeit der Menschen im Gastgeberland. Auch von den Strapazen, die der Jakobsweg den Wanderern abverlangt. Aber diese Anstrengungen nimmt sie gern in Kauf und stellt sich der Herausforderung. Tja, und nun stand fest, wir alle werden uns ebenfalls einer Herausforderung stellen und den *Diamond Head* bezwingen.

Dieser aus vulkanischer Aktivität entstandene Tuffsteinkrater verfügt gleich über zwei Namen: Die Bezeichnung „Diamond Head" entstand im späten 17. Jahrhundert, als Menschen der westlichen Welt auf die Insel Oahu kamen. Bei der Analyse des Tuffsteinkraters gingen die Erforscher davon aus, auf Diamanten gestoßen zu sein. Dies erwies sich jedoch als Irrtum. In Wirklichkeit waren es im Gestein des Kraters gebundene Kalzitkristalle, welche sie fälschlicherweise für Diamanten hielten. Sein alter, ursprünglicher Name jedoch lautet „Leʻahi". Der hawaiianischen Mythologie zufolge war es die Göttin Hiʻiaka, die dem Berg seinen Namen „Leʻahi" verlieh. Es heißt, dass die Form seines Gipfels die Göttin an die Stirn (*lae*) eines Thunfisches (*ahi*) erinnerte. Der *Diamond Head* ist eines der bekanntesten Wahrzeichen Hawaiis und eines der meist besuchten Ausflugsziele Oahus. Eine große militärische Bedeutung erlangte er ab dem Jahre 1904. Das Bergmassiv liegt am östlichsten Punkt der Küste Honolulus etwas außerhalb des

Stadtteils Waikiki. Von seinem 232 Meter hohen Gipfel aus bietet der *Le'ahi* einen hervorragenden Panoramablick über die Küste und den Pazifik und den perfekten Standort für die Küstenverteidigung. So wurden seinerzeit seewärts gerichtete Geschütze aufgestellt. Die für den Fall eines See- oder Luftangriffs errichtete Küstenartillerie erhielt Unterstützung von zusätzlich platzierten Langstreckenkanonen. Heute existieren auf dem *Diamond Head* noch einige Relikte aus der Zeit seiner militärischen Nutzung in Form von Bunkern, einer Feuerleitstelle, Tunneln. Uns interessierte jedoch in erster Linie der *Le'ahi* als das, was wir vom Fenster unseres Hotelbalkons jeden Morgen mit Freude erblickten ... der *Le'ahi* als Wunder der Natur, als Naturschönheit.

Viel Vorbereitung erforderte unser geplanter Ausflug auf den *Diamond Head* nicht. Ich schlug vor, einen Samstag dafür einzuplanen, um im Anschluss an unsere Wanderung den nahe gelegenen „KCC Farmers Market" besuchen zu können. Wir haben uns dann den 11. Mai für unser Vorhaben ausgesucht. Gegen 5 Uhr riss der Wecker uns aus dem Schlaf. Ein herrlich duftender, in unserem Zimmer zubereiteter *Kona*-Kaffee weckte unsere Lebensgeister. Mehr gab's nicht, denn frühstücken wollten wir später auf dem Bauernmarkt. Also rein in die Sportklamotten und raus aus dem Hotel. Erfrischende Luft erfüllte den Morgen. Mit Ines und Detlef an unserer Seite zogen wir los. Draußen war es schummrig. Die Straßenbeleuchtung hatte sich noch nicht abgestellt. Wir liefen am *Kapi'olani Park* entlang hin zur *Monsarrat Avenue*. Mein Blick wanderte über den Park hinweg. Über Nacht hatten die Rasensprenger auf den Grünflächen Pfützen hinterlassen, in welchen unzählige Vögel ihr Morgenbad nahmen. Im Hintergrund erhob sich die graubraune Silhouette des *Diamond Head*. Ganz oben auf der Aussichtsplattform waren noch keine Ausflügler zu sehen. Dafür war es noch zu früh. Der Park öffnete um 6 Uhr. Und wir wollten dort pünktlich eintreffen, um unseren Aufstieg zu beginnen, bevor die aufgehende Sonne es uns unmöglich machen würde. Nach zehn Minuten Fußweg erreichten wir die Bushaltestelle in der *Monsarrat Avenue*. So früh waren kaum Urlauber unterwegs. Wir warteten allein auf den Bus. Und warteten. Und warteten. Als nach 30 Minuten immer noch kein Transportmittel auftauchte, stand fest: Hier stimmt was nicht! Da wir keine weitere Zeit mit aussichtslosem Warten verbringen wollten, entschieden wir uns, den Weg bis zum Eingang des *Diamond Head State Monument* zu Fuß zurückzulegen. Na dann, Beine in die Hand und los ging's! Wir liefen die *Monsarrat Avenue* entlang, und nach weiteren 30 Minuten sahen wir die für den anstehenden Bauernmarkt aufgestellten Zelte der Händler. Die Farmer richteten ihre Stände für den bald eintreffenden Besucheransturm her. Wir konnten jedoch nicht verweilen. Wir waren inzwischen eine Stunde zu spät dran.

Gegen 7 Uhr erblickten wir dann eine große Tafel mit der Aufschrift „Diamond Head State Monument". Nun konnte der Eingang nicht mehr fern sein. Weiteren bebilderten Tafeln konnte man Interessantes zur Geschichte des *Leʻahi* entnehmen. Wir folgten einem richtungsweisenden Pfeil mit der Aufschrift „Crater". Unser Weg führte uns durch eine kleine, gepflegte Parkanlage. Das war der *Leʻahi Millennium Peace Garden*. Es ging leicht bergauf. Von Zeit zu Zeit lichtete sich das Dickicht der Bäume und Büsche am Straßenrand und gab einen Blick auf die wohlhabende Nachbarschaft des *Leʻahi*, den Stadtteil *Kahala* frei. Ein sagenhafter Anblick! Die Dächer der Wohnhäuser blitzten zwischen unzähligen Palmenkronen hervor. Der Pazifik ruhte in leichten Bewegungen, in einen dunstigen Mantel gehüllt, vor dem sich im Hintergrund erhebenden schwarzen Profil des *Koko Head*-Vulkankraters. Die Sonne stand bereits hoch oben am Himmel und sog letzte, zarte Wolkenreste auf. Wir blieben kurz stehen. Diesen Anblick mussten wir genießen! Ein paar Fotos machten wir auch, und dann setzten wir unseren Fußmarsch fort.

Nach der nächsten Kurve lag er dann auch schon vor uns, der Zugang zum Kraterinneren des *Leʻahi*. Ein mächtiger Tunnel war durch den Kraterrand getrieben. Eine zweispurige Fahrbahn sowie ein separierter Fußweg führten auf die andere Seite zum Kraterinneren. Die geradlinig verlaufende Deckenbeleuchtung endete am Tunnelausgang, der wie ein großes, helles Loch wirkte. Wir begaben uns in den Tunnel und kamen keine drei Minuten später am anderen Ende wieder heraus. Nun befanden wir uns im Krater. Viel gab es noch nicht zu sehen. Wir mussten erst noch ein Stück laufen, bis wir dann nach der nächsten Straßenbiegung den Parkeingang sahen: ein kleines Häuschen aus weiß gestrichenen Brettern. Ein großes angebrachtes Schild verwies die Besucher an den korrekten Schalter. Links gab es Eintrittskarten für die Fußgänger, rechts bekamen Besucher mit Kfz ihre Tickets. Wir kauften vier Eintrittskarten. Pro Person war ein US-Dollar zu entrichten. Vorbei an den Parkplätzen gingen wir weiter. Ein Verkaufswagen bot kalte und heiße Getränke, Eis, Ananas sowie einige kleine Speisen zum schnellen Verzehr an. Ebenfalls vorzufinden waren dort die Toiletten und das *Diamond Head Visitor Center*, welches u. a. Souvenirs und Postkarten zum Kauf anbot. Wir befanden uns nun inmitten des Kraters. Das 475 Morgen große Areal begrenzte der geschlossene Ring des Tuffsteinkraters. Und ein Blick auf die Hänge des Kraters erweckte die Abenteuerlust in uns. Es ging los. Unsere Wanderung begann. Ein kleiner, sporadisch beschatteter Weg führte uns an den inneren Kraterrand. Wir waren froh, eine Kopfbedeckung zu tragen. Die Sonne würde ab jetzt erbarmungslos auf uns herabscheinen, denn Schatten würden wir bei unserm Aufstieg kaum noch finden. Die Wege waren unbefestigt – oder besser – unbegradigt. Gutsitzendes, bequemes Schuhwerk war unerlässlich. Von nun an ging es nur noch aufwärts! Der schmale Wanderweg schmiegte sich an den Kraterhang. Die Seite zum Kraterinneren war durch Geländer gesichert. Noch befanden wir uns im Schatten einer kleinen Felswand. Erste Wanderer kehrten bereits vom Gipfel zurück. Als wir auf gleicher Höhe waren, ertönte:

„Aloha!" oder „Good morning!". Wir erwiderten freudig. Auf unserem Weg Richtung Gipfel überholten uns eiligen Schrittes immer wieder Jogger. Ich bewunderte insgeheim ihre Leidenschaft und ihre Kondition und fragte mich, wie sie diese Anstrengung bei den immer höher kletternden Temperaturen meistern konnten. Aufgestellte Schilder warnten vor herabfallendem Gestein. Unser Pfad wechselte nun die Richtung. Er schlängelte sich serpentinenartig an den inneren Hängen des Kraters entlang, mit mäßiger Steigung immer höher und höher. Rund 1,3 Kilometer Wegstrecke waren vom Kraterboden bis zum Gipfel zurückzulegen. Vor uns war kein schattiges Plätzchen mehr zu erkennen ... In unseren Rucksäcken befanden sich Wasserflaschen, die von nun an häufig zum Einsatz kamen. Der Ausblick von unserem Wanderweg über das Kraterinnere bestätigte, dass wir zwar schon so einige gelaufene Meter hinter uns gelassen hatten, jedoch nur wenige Höhenmeter. Dann erschienen wieder uns entgegenkommende Wanderer. Diesmal waren wir schneller und grüßten zuerst. Einige von ihnen sahen frisch und munter aus, was mich hoffen ließ, dass der Aufstieg nicht ganz so beschwerlich werden würde ...

Dies erwies sich jedoch als Trugschluss. Einige Zeit später und ein paar Höhenmeter weiter erreichten wir eine steile Treppe. Ihre 74 Betonstufen mündeten in einen Tunnel. Ines ging voraus. Ihr folgten Detlef, Lothar und ich als „Schlusslicht". Es war schlimm. Die Hitze und die Anstrengung setzten mir mit jeder neuen Treppenstufe immer mehr zu. Mein flüchtiger Blick traf Detlef. Er sah ebenfalls leicht angeschlagen aus. Ines und Lothar hingegen schienen völlig unbeeindruckt von der steilen Treppe und von keinerlei Strapazen gequält. Die drei waren schon im Dunkel des Tunnels verschwunden, als ich noch immer mit den letzten Treppenstufen kämpfte. Als ich es endlich geschafft hatte, die Treppe hinter mir lag und ich den Tunnel betrat, schaffte ich nur noch ein paar Schritte, dann versagten meine Beine. Ich bekam Ohrensausen und musste mich augenblicklich hinhocken.

Mein Kreislauf spielte verrückt. Lothar kam zurück und stand mit einem Blick des Entsetzens vor mir. Mein Puls raste, das Herz hämmerte, und ich atmete schwer. Das war wirklich kein schöner Anblick für ihn. Er war in Sorge und reichte mir die Wasserflasche. Ich sagte ihm, dass ich noch eine Minute bräuchte, um mich zu erholen. Mein Körper reagiert auf hohe Temperaturen generell mit Kreislaufproblemen. Das wusste auch Lothar. Während ich unentwegt aus meiner Wasserflasche trank, wartete er an meiner Seite, bis meine Vitalfunktionen sich wieder normalisiert hatten, und dann durchquerten wir den beleuchteten, ziemlich schmalen, 68 Meter langen Tunnel. Im Tunnelinneren war es warm und sehr, sehr stickig. Ich wollte nur noch durch und endlich raus. Lothar drehte sich immer wieder zu mir um. Entgegenkommende Wanderer verstärkten zusätzlich das Engegefühl im Stollen. Dann war es endlich geschafft. Am Ausgang warteten Ines und Detlef. Sie hatten von alledem nichts mitbekommen. Ich atmete tief durch. Die warme Außenluft war zwar nicht erfrischend, fühlte sich aber entschieden besser an als die verbrauchte Luft im Tunnelinneren. Detlef hatte es offensichtlich auch erwischt. Er war ziemlich blass, wollte sich jedoch nichts anmerken lassen.

So liefen wir weiter, um nach ein paar Schritten in Schockstarre zu verfallen. Vor uns erhob sich erneut eine Treppe. Aber nicht irgendeine Treppe. Es war DIE Treppe. Ein Monster. Ein Ungetüm. Sie schien endlos lang. Und war noch steiler als die erste. „So ein Mist!", dachte ich. Ich trat zu Ines heran und fragte, wie es Detlef ginge. Ines antwortete: „Na ja, nicht ganz so gut. Vielleicht ist es besser, er wartet hier, bis wir zurückkehren." Während Detlef und Ines sich abstimmten, beratschlagte ich mit Lothar, wie wir das Ungetüm bezwingen wollten. Zurückbleiben war keine Option für mich. So weit war es ja nicht mehr bis zum Gipfel. Aber einen Kollaps riskieren wollte ich auch nicht. Also entschied ich, die Treppe, dieses megasteile, aus 99 Betonstufen bestehende Treppenmonster, Stück für Stück zu bezwingen. Langsam und mit vielen Pausen. Ich konnte mir ja Zeit nehmen und hatte Lothar und die Wasserflasche als unterstützende Begleiter. Okay. So machten wir es dann. Ines stieg als Erste die Treppe hinauf. Ihr folgten Detlef, Lothar und ich hintendran. Fünf Stufen, dann war auch schon Schluss. Pause. Trinken. Weiter. Wieder fünf Stufen. Pause. Trinken usw., usw. Die Treppe war links und rechts begrenzt von Betonwänden. Man hatte also nicht mal einen Ausblick – auf irgendwas Schönes oder Aufmunterndes. Blickte man vorwärts, sah man Treppenstufen, blickte man rückwärts, sah man Treppenstufen. Und vom strahlend blauen Himmel knallte die Sonne. Aber nein! Ich wollte nicht aufgeben. Ich wollte so gern auf den Gipfel und eine der Personen sein, die winzig klein aussieht, wenn man sie vom Fuße des Berges aus oben auf die Plattform treten sieht.

Ich hatte mir bereits Bilder im Internet angesehen, welche die fantastische Aussicht vom Gipfel aus dokumentierten. Der Gedanke an den Ausblick ließ mich die Zähne zusammenbeißen. Stück für Stück oder besser Stufe für Stufe ging es weiter. Langsam, aber stetig. Ein Gefühl der Wut gesellte sich von innen zu den äußerlich von mir abtropfenden Schweißperlen. Ich schwor mir, endlich etwas zu tun, um meine Fitness zu erhöhen. Wieder Volleyball zu spielen oder einen Zumba-Kurs zu belegen. Auf keinen Fall wollte ich mich mehr so fühlen, wie gerade jetzt. Wie eine alte Frau! Ich habe immer sehr gern Sport getrieben. Leichtathletik, Handball, Volleyball. Sogar Ballett habe ich getanzt. Aber durch meine Fokussierung auf meine Arbeit war das alles in Vergessenheit geraten. Ich habe mich vergessen. „Damit ist jetzt Schluss!", dachte ich mir. Weil ich so in Gedanken war, hatte ich gar nicht bemerkt, wie weit ich schon vorangekommen war. Ich stand auf der obersten Treppenstufe. Endlich! Es war mehr ein Gefühl der Erlösung als des Triumphes. Nun konnte es weitergehen. Ein letzter Blick zurück auf die Treppe ließ mich erkennen, dass es vielen weiteren Mitwanderern so ergangen war wie mir. Einige Leute stützten sich innehaltend am Geländer ab, andere saßen auf den Stufen und ruhten aus. Detlef erzählte mir später, er hätte einen Wanderer auf der Treppe gesehen, der weinend vor dem Treppenmonster kapitulierte und umkehrte. Andere wieder zogen durch und bezwangen das Ungetüm ohne einmal anzuhalten. Respekt!

Auch die Monstertreppe mündete in einen Tunnel. Ines, Detlef, Lothar und ich traten ein. Er war nicht ganz so lang wie der erste und erschien auch nicht ganz so schmal. Dennoch erwartete uns am Ende des Tunnels, man soll es nicht für möglich halten, eine Treppe! Genauer gesagt, eine Wendeltreppe. In diesem Moment hatte ich die Nase echt gestrichen voll! Findet das denn gar kein Ende? Es machte jedoch keinen Sinn, herumzubocken oder zu jammern! Initiative war gefragt. Und ich ergriff die Initiative und bezwang gemeinsam mit meinen drei Weggefährten die 52 eisernen Stufen, von welchen aus man in die vier Ebenen der Feuerleitstelle gelangte. Im obersten Level angekommen, erreichten wir den Bunker der Feuerleitstelle. Über Schießscharten bot sich uns von hier oben aus ein erster Blick über den Pazifik. Traumhaft! Aber in der bedrückenden Enge des aus Beton und Stahl errichteten Bunkers wollte ich nicht länger bleiben. Klaustrophobiker würden hier ihrem Albtraum begegnen. Über einen winzigen Ausstieg kletterten wir aus dem Bunker heraus.

Das Tageslicht hatte uns zurück. Und zu unserer größten Überraschung waren es auch zum Gipfel nur noch ein paar weitere Stufen und Schritte! Die letzten Meter zur Aussichtsplattform legten wir schnell zurück. Und dann kam der Moment, den wir uns so sehr gewünscht hatten, welcher mich während meines Aufstieges immer wieder motiviert hatte – der Ausblick! Er war noch viel schöner, als die Fotos aus dem Internet es hatten ahnen lassen. Viele Menschen hatten inzwischen die Plattform betreten. Wir suchten nach einem freien Platz am Rand der Plattform, um den freien Panoramablick genießen zu können. Wunderschön! Der 360-Grad-Blick war atemberaubend. Der blau strahlende Pazifik vereinte sich mit dem Himmel in endloser Weite. Der Küste vorgelagerte Riffe lagen unübersehbar als große, braune Gesteinsformationen im kristallklaren Ozean. Sie unterbrachen die dem Ufer zustrebende, leichte Dünung der Wellen und erzeugten weiße Schaumkronen.

In direkter Nähe erkannten wir den *Kapiʻolani Park*. Eingebettet in einen gepflanzten Ring aus Büschen und Bäumen, lag die *Waikiki Shell*. Diese teilweise überdachte Freilichtbühne wurde in Form einer Muschel gebaut, daher die Bezeichnung – *Shell*. Ihre vorzügliche Akustik macht sie vor allem für Musiker sehr interessant und lockt viele berühmte und beliebte Interpreten und Künstler an. Ein ständig wechselnder Eventkalender deckt die unterschiedlichsten Genres ab, und die Tickets für die verschiedenen Veranstaltungen sind immer schnell ausverkauft. Denn die Besucher werden inmitten der Natur anspruchsvoll unterhalten. Mit dem nur einen Steinwurf entfernten Pazifik und dem sich ebenfalls in unmittelbarer Nähe erhebenden *Diamond Head* bietet die *Waikiki Shell* Kunstgenuss in einer außergewöhnlichen Kulisse. Die Besucher können auf der Open-Air-Bestuhlung Platz nehmen oder bringen Decken mit und setzen sich auf den Rasen. Das Dach bei diesen Dämmerungsveranstaltungen, die bis in die späten Abendstunden andauern, bildet ein mit funkelnden Sternen übersäter Himmel. Sehr romantisch und keinesfalls alltäglich.

Auffallend schön war auch der weitere Ausblick von unserer Plattform aus. Wir erkannten das *Waikiki Natatorium War Memorial* und unser Hotel. Lothar und ich versuchten, unser Zimmer ausfindig zu machen. Die beträchtliche flächenmäßige Ausbreitung Honolulus konnten wir von hier oben sehr gut erkennen. Viele Wolkenkratzer dominierten vor allem in Waikiki das Stadtbild, waren auch, vereinzelt stehend, weithin sichtbar. Auf den grünen *Lee*-Hängen und in den

Tälern der *Ko'olau Range* bzw. *Wai'anae Range* befanden sich weitere Wohnviertel Honolulus. Zig Tausende Wohnhäuser drängten sich eng aneinander. Die Parzellen waren klein, denn Bauplätze auf Oahu sind rar und sehr teuer. Dort, wo die Häuser in den Tälern errichtet waren, leuchtete ihre weiße Farbe deutlich erkennbar. Und weil alles dicht an dicht gebaut wurde, erweckte es aus der Ferne den Eindruck, als würde sich ein riesiger Gletscher von den Bergen durch das Tal in Richtung Ozean schieben.

Der Blick auf die Ostseite der Insel offenbarte Ähnliches. Direkt vor uns befand sich der Krater des *Le'ahi*, in welchen wir von hier oben hineinblickten. Sein ebener, flacher Grund und der ihn rundum einschließende Kraterrand erinnerten mich an einen zu kross gebackenen Mürbeteigboden mit Rand aus der Springform. Hinter dem Krater dehnten sich ebenfalls Wohnsiedlungen aus, die von den Bergen bis ans Meer reichten. Dahinter erhob sich das unverkennbare Profil des *Koko Head*. Und während meine Augen dem Küstenverlauf mit seinen goldenen, von Palmen gesäumten Stränden folgten, riss mich eine Stimme aus meinem Entzücken. Es war ein junger Amerikaner. Er hielt mir sein Handy entgegen und fragte höflich, ob ich ein Foto von ihm und seiner Frau machen würde. Mit der Skyline Honolulus im Hintergrund. Machte ich, sogar mehrere. Sicherheitshalber. Man weiß ja nie, ob das erste Foto gleich etwas geworden ist oder es vielleicht noch besser geht ...

Inzwischen war Ines zu Lothar und mir herangetreten. Sie bot an, die Gelegenheit zu nutzen und auch ein paar Aufnahmen von Lothar und mir mit unserer Kamera zu schießen. Ich sah mir die Bilder an und war erschrocken. Meinem hochroten Gesicht konnte man die Anstrengungen des Aufstiegs noch immer ablesen. Das war nun mal nicht zu ändern, wird mich jedoch immer, wenn ich mir die Fotos anschaue, an unsere gemeinsame Klettertour auf den Gipfel des *Le'ahi* und unsere gegenseitige Unterstützung erinnern. Ines und Detlef schwärmten genauso wie wir von dem fantastischen Ausblick über die Insel und hatten jede Menge Schnappschüsse gemacht.

So beschlossen wir, den Rückweg anzutreten. Über eine andere Route ging es nun bergab. Teilweise wieder über Treppen. Noch immer kamen uns Wanderer entgegen, welche den Aufstieg zum Gipfel vor sich hatten. „Aloha!" und „Good morning!" entgegneten wir uns gegenseitig. Die zunehmende Hitze machte es uns allen schwer. Dennoch kamen wir gut voran, und 20 Minuten später durchquerten wir bereits das Kraterinnere. Unsere Wasserflaschen waren geleert, und so freuten wir uns auf ein kaltes Getränk, welches wir auf dem „KCC Farmers Market" kaufen wollten. Dieser war unser nächstes Ziel. Zuvor jedoch liefen wir vorbei am Tickethäuschen und den Parkplätzen. Wir blickten zurück in den Krater und hinauf zum Gipfel, auf dessen Aussichtsplattform wir gerade eben noch selbst gestanden hatten ... Über den gewaltigen Autotunnel, den *Kahala Tunnel*, verließen wir den Krater. Es war ein unvergessliches Erlebnis, diesen erloschenen Vulkan zu besteigen. Und ich achtete auf mein Gefühl, das mich erreichte, als ich einen letzten Blick zurückwarf. Es waren Freude und auch ein wenig Stolz, die ich empfand. Freude darüber, dass sich jeder unseres Vierergespanns der Hilfe und Unterstützung der anderen gewiss sein konnte, und Stolz darauf, nicht aufgegeben zu haben, um letzten Endes diesen unglaublichen Ausblick vom Gipfel des *Diamond Head* ewig in guter Erinnerung zu behalten.

Inzwischen durchschritten wir den hübschen *Leʻahi Millennium Peace Garden*. Der „KCC Farmers Market" befand sich auf der anderen Straßenseite in der Nähe des *Kapiʻolani Community College*. Daher die Abkürzung „KCC". Inzwischen war es 9 Uhr. Es wimmelte nur so von Menschen. Alle wollten den Bauernmarkt besuchen. Um sicher auf die andere Straßenseite zu gelangen, liefen wir zu einem Zebrastreifen. Dort hatte sich in der Straßenmitte ein uniformierter *Police Officer* positioniert und regelte den Verkehr. Weiß behandschuht, gab er im dichten Verkehr den Fahrzeugen ein Zeichen, anzuhalten. Dann winkte er uns zu. Wir konnten nun den Zebrastreifen betreten und gelangten gefahrlos zum Eingang des „KCC Farmers Market". Oje! So viele Menschen! Als Erstes verabredeten wir einen Treffpunkt, falls wir uns in dem Gewimmel aus den Augen verlieren sollten. Und da wir noch nicht gefrühstückt hatten und außerdem durstig waren, hielten wir Ausschau nach etwas Essbarem und Getränken. Los ging's! Das Angebot war enorm. Die Farmer hatten sich allergrößte Mühe gegeben mit der Präsentation ihrer Waren. Jedes angebotene warme Gericht war in offenen Styroporbehältern als Musterbeispiel aufgebaut und angerichtet. In den aufgeklappten Deckeln der Boxen waren die namentlichen Bezeichnungen der Mahlzeiten sowie ihre Preise vermerkt. Das war wirklich clever! So konnte man sich, ohne viel fragen zu müssen, gleich entscheiden. Lothar und ich konnten es leider nicht.

Und während Ines und Detlef sich an ihrem duftenden Essen gütlich taten, erreichten Lothar und ich den Stand von „Dina's Garden". Dort kauften wir eiskalt gekühlte, hausgemachte Limonade. Ein Genuss! Dina war eine ältere Dame. Sehr freundlich mit einem breiten Lächeln im Gesicht. Ihren Stand hatte sie sehr liebevoll dekoriert. Fast künstlerisch anmutend. Das gefiel mir prima. Ich fragte, ob ich ein Foto machen dürfe, und Dina hatte nichts dagegen. Sie bemerkte meinen Akzent und erkundigte sich, woher wir denn kämen. So begann unsere kleine Unterhaltung, und es war wieder einer dieser Momente, der mir zeigte, wie offen, interessiert und herzlich die Menschen Hawaiis sind.

Dann setzten wir vier die Erkundung des Bauernmarktes fort. Es gab einfach alles, was das Herz oder der Gaumen begehrte! Ein Stand bot Honig von hawaiianischen Bienen an. Das flüssige Gold war in kleine

Kunststoffbären abgefüllt. Das war eine große Freude! So etwas hatten wir schon seit Ewigkeiten nicht mehr gesehen! Diese Honigbären kannten wir noch aus Zeiten der DDR. Wir schmunzelten. Daneben ein Stand mit Macadamianüssen. Das Angebot offerierte 15 verschiedene Geschmacksrichtungen. Wie soll man sich da entscheiden? Stände mit Kaffee, selbst gebackenen Kuchen und Keksen lockten die Besucher ebenso wie frisch zubereitete Crêpes, Abalonemuscheln und Steaks. Während auf dem Grill zubereitete Garnelen und Fisch aus heimischen Gewässern das Speisenangebot ergänzten, ließen *Acai Bowls* und Smoothies die Herzen der Vegetarier höherschlagen. An frisch geerntetem Obst und Gemüse kamen wir einfach nicht vorbei und versorgten uns gleich mit einer Früchteauswahl für mehrere Tage. Tee und biologische Kosmetikprodukte, Sushi und Schokolade, wundervolle tropische Schnittblumen und eingetopfte Pflanzen, Pizza, Burger, Popcorn, Eier, Seesalz, Tofu, frische Kräuter, Hummus usw., usw. Als wir das gesamte Areal abgelaufen hatten, standen Lothar und ich immer noch mit leerem Magen da. Unsere Wahl fiel schlussendlich auf Kuchen nach hawaiianischer Rezeptur, welchen wir uns genüsslich schmecken ließen. Wir setzten uns gemeinsam mit Ines und Detlef auf eine nah gelegene Wiese. Im Schatten großer Bäume war die Mittagshitze erträglicher.

Unweit unseres Rastplatzes entdeckten wir eine Bushaltestelle. Dort hatte sich bereits eine große Menschenmenge angesammelt. Wir gesellten uns hinzu. Es ging zügig voran, und so kamen wir 30 Minuten später bereits in unserem Hotel an. Den Rest des Tages verbrachten wir am Strand und im Meer. Für den Abend planten wir, den *Food Trucks* in Waikiki einen Besuch abzustatten. Diese hatte ich im Internet ausfindig gemacht. Die ins Netz gestellten Fotos und Bewertungen der *Food Trucks* sahen vielversprechend aus. Das wollten wir gern vor Ort selbst testen. Gegen 18 Uhr begannen wir vier unseren Spaziergang Richtung Waikiki. Höhe *Honolulu Zoo* bogen wir auf die *Ka-*

pahulu Avenue ab, um dann wenig später Kurs auf die *Kuhio Avenue* zu nehmen. Die *Kuhio Avenue* als eine der Hauptverkehrsstraßen im Stadtteil Waikiki war, wann immer wir sie entlangfuhren oder entlangliefen, gut frequentiert. Jede Menge Hotels, Restaurants und Geschäfte waren dort für die zahlreichen Touristen verfügbar. Es gab viel zu sehen, und so verging die Zeit schnell, und wir hatten alsbald unser Ziel erreicht.

Mittlerweile hatte bereits die Dunkelheit eingesetzt, und so erstrahlten die *Food Trucks* im Glanze bunter Lichterketten und leuchtender Neonreklame. Auf dem Gehweg waren vier große Schaukästen angebracht, in welchen die bebilderten und namentlich bezeichneten Speisen dem Gast die Vorauswahl erleichtern sollten. Dahinter, auf einem großen Platz, standen, an der Seite ausgerichtet und hintereinander gereiht, zwei *Food Trucks*. Auf dem restlichen Areal befanden sich mehrere Tische mit Stühlen. Die *Food Trucks* waren sozusagen „Garküchen auf Rädern". An einem großen Fenster nahm eine sehr freundliche Hawaiianerin die Bestellungen der Gäste entgegen. Eine kleine Schlange hatte sich gebildet, und so stellten wir uns ganz hinten an. Daher hatten wir noch etwas Zeit, uns zu entscheiden. Das fiel wieder mal sehr schwer. Wir konnten eine Auswahl treffen zwischen frischen Salaten, Sandwiches, Pizza, Burgern, Tacos. Es gab verschiedene Pastagerichte und Menus mit Hühnchenfleisch. Großartig gefielen uns jedoch die angebotenen Shrimps- und Fischgerichte.

Ruck zuck waren wir an der Reihe, und ich gab unsere Bestellung bei der liebenswürdigen Hawaiianerin auf. Ich hatte sie beobachtet, solange wir anstanden. Geduldig und entgegenkommend nahm sie die Bestellungen der vielen Menschen, die aus allen Teilen der Erde zu kommen schienen, entgegen. Sonderwünsche wurden nicht abgelehnt und Nachfragen bereitwillig beantwortet. Jeder Gast wurde mit „Aloha!" begrüßt und mit einem freundlichen Gruß oder Wunsch oder „Mahalo!" verabschiedet. Das fand ich unheimlich prima! Die Ruhe und Ausgeglichenheit, welche die Hawaiianerin ausstrahlte, schienen sich auch auf die quirligen Touristen zu übertragen. Es gab kein Gedränge oder mürrische Gesichter, weil man warten musste. Auch nicht bei uns. Ich bezahlte unsere Rechnung und erhielt einen kleinen nummerierten Coupon. Sobald die aufgedruckte Zahl aufgerufen würde, könnten wir unser Essen abholen.

Wir suchten uns einen freien Tisch und nahmen Platz. Der Großteil der Tische war bereits besetzt. Die Trucks erfreuten sich offensichtlich guten Zuspruchs. Ich schaute mich um. Das Publikum war bunt gemischt. Sehr viele junge Leute, Familien mit Kindern, aber auch einige „mittelalte" Gäste, so wie wir es waren, konnte ich entdecken. Wir hatten uns inzwischen noch gedruckte Speisekarten in Form von Flyern besorgt und studierten diese, während wir auf unser Essen warteten. Wenn jemand von den Nebentischen mit seinem frisch zubereiteten Essen Platz nahm, dann machten wir vier „lange Hälse" und beäugten die herrlich duftenden Mahlzeiten. Wir hatten uns unterschiedliche Gerichte bestellt. Das machten wir des Öfteren so, damit mal jeder vom anderen probieren konnte.

„Twenty-two!" ertönte der Aufruf aus einem der geöffneten Truckfenster. Das war unsere Nummer! Wir gingen zum Truck, gaben unseren Coupon ab und erhielten unsere Mahlzeiten, in Styroporboxen verpackt und Plastikbesteck mit Serviette dazu. Am Tisch angekommen, öffneten wir die Boxen, und es roch genauso gut, wie es aussah! Unsere Speisen waren appetitlich angerichtet. Jedes Essen kam mit einem (spartanischen) Salat und einem *Bun*, einem weichen, warmen, aufgeschnittenen Brötchen. Vor uns auf dem Tisch standen eine Portion *Firecracker Shrimps* (sehr feurig, paniert und frittiert), eine Kombiportion Steak mit *Mahi* (das ist ein Fisch), eine Portion Knoblauchshrimps sowie eine Kombiportion Lachs mit Hühnchenfleisch.

Dazu hatten wir Reis oder Pommes ausgewählt. Das große Schlemmen begann ... Und wir haben gegenseitig von unseren Tellern genascht. Die Shrimps waren der Hammer! Ebenso der *Mahi.* Ausreichend groß waren die Portionen auch. Es gab also nichts zu meckern. Dazu saßen wir bei milden Temperaturen unter freiem Himmel, als wir es uns schmecken ließen. Wir sahen dem bunten Treiben auf der *Kuhio Avenue* zu. Okay, dieser Ort war durch seine Einfachheit geprägt. Wer einen mit einem gestärkten, weißen Leinen gedeckten Tisch bevorzugt, elegantes Ambiente, wohlgeformtes Service und Kristallgläser, der täte gut daran, sich einen Tisch in einem der vielen Nobelrestaurants Honolulus zu reservieren. Die *Food Trucks* in der *Kuhio Avenue* haben uns jedoch mit ihrem Preis-Leistungs-Verhältnis überzeugt. Für ein wohlschmeckendes und satt machendes Gericht haben wir im Schnitt 16 US-Dollar bezahlt. Das ist ein echt fairer Preis. Es hat uns so gut gefallen und vor allem gemundet, dass wir beschlossen, bei den *Food Trucks* zukünftig nochmals einzukehren. Ich würde sie auf jeden Fall weiterempfehlen und denke gern an unsere Abende dort zurück.

Stranderlebnisse –
Meerestiere in freier Wildbahn …

Der Pazifik als Quelle des natürlichen und artenreichen Lebens hielt so viele Geschenke für uns bereit! Er war so schön anzuschauen. Eine Augenweide! Das immerwährende, wechselnde Farbspiel, welches er uns Tag für Tag, ja sogar minütlich bot, hielt unsere Blicke gefesselt. Der Ozean leuchtete dann in den unterschiedlichsten Blauabstufungen, türkisfarben oder in grün schimmernden Variationen. Vor allem an den Riffkanten trug er weiße Schaumkronen, und wenn der Meeresboden aufgewühlt war, erschienen die Wasser milchig und blassblau. Spektakulär zeigte sich der Pazifik auch, wenn er vom Passatwind gepeitscht eine Gischt trug und dicke Wolken über ihm die Sonne verdeckten. Dann erschien er dem Betrachter in einem fast trostlos anmutenden Graublau, eingehüllt in einen zartgrauen Schleier.

Beim Schnorcheln waren wir immer wieder aufs Neue beeindruckt und überrascht. Vor der Küste Oahus haben wir Unmengen an Fischen beobachten können. Ein ganz besonderes Exemplar ist nicht nur optisch ein Hingucker. Es ist der Staatsfisch Hawaiis und bringt jeden Menschen zum Schmunzeln, der seinen Namen hört oder liest. Es ist der: *Humuhumunukunukuapuaʻa.* So ein kleiner Fisch und so ein großer Name! Die Hawaiianer nennen ihn kurz und knackig „Humu". Mir bereitet es aber jedes Mal eine große Freude, seinen vollständigen Namen auszusprechen! Einzig und allein, weil sein ausgesprochener Name witzige Reaktionen bei den Menschen hervorruft. Übersetzt aus dem Hawaiianischen, bedeutet sein Name so viel wie „Fisch mit einem Maul wie ein Schwein", denn der *Humu* hat wirklich auffallend dicke „Lippen", welche an einen Schweinerüssel erinnern. Unser Strandleben auf Oahu verbrachten wir an mehreren Stränden. Wir waren am *Waikiki Beach*, am *Kuhio Beach*, am *Kailua Beach*. Hauptsächlich jedoch genossen wir die Stunden am Meer an dem Strand direkt vor unserem Hotel, dem *Kaimana Beach*.

Dort verbrachten wir auch den 07. Mai 2019. Dieser Tag sollte uns für immer im Gedächtnis bleiben ... Lothar hatte schon seit ein paar Tagen vom Ufer aus etwas im Wasser beobachtet, von dem er jedoch nicht wusste, wie er es einordnen sollte. Er meinte, Schildkröten gesehen zu haben. Ein amerikanisches Ehepaar stand neben uns am Strand und beobachtete ebenfalls die Wasseroberfläche. Die Eheleute meinten, es könnten Robben sein, wollten sich jedoch nicht festlegen. Wir waren uns auch nicht hundertprozentig sicher, was wir dort im Wasser gesehen hatten. Ich dachte noch so bei mir: „Na hoffentlich ist es kein Hai!" Denn abwegig war der Gedanke nicht. Liana hatte uns bei unserer gemeinsamen Inselrundfahrt von einem Haiangriff aus dem Jahr 2013 berichtet. Da wurde eine junge deutsche Frau vor der Küste Mauis von einem Hai angegriffen und erlag eine Woche später ihren schweren Verletzungen. So gingen wir also immer mit leicht gemischten Gefühlen und wachsamen Augen ins Wasser.

Und hier am *Kaimana Beach* befand sich seit ein paar Tagen ganz bestimmt etwas im Wasser, das bis in Ufernähe kam. Während ich unsere Strandlaken ausbreitete und den Sonnenschirm aufbaute, stand Lothar am Ufer und betrachtete aufmerksam den Ozean. Als ich mich das nächste Mal zu ihm umdrehte, stand er bis zu den Knien im Pazifik. Dann rief er auch schon zu mir herüber: „Silke, komm mal schnell her, hier ist wieder was im Wasser!" Ich schnappte meine Kamera und rannte, so schnell ich konnte, zu Lothar. Er fuchtelte wild mit seinen Armen. Mit seiner Hand wies er auf eine Stelle im Meer, direkt vor uns. „Da, schau doch! Siehst du die denn nicht? Das sind *Honus*." („Honu" ist das hawaiianische Wort für Schildkröte.) Ich stand wie gebannt da und suchte mit den Augen die Meeresoberfläche ab. Ja! Tatsächlich! Zwei Köpfchen mit langen, schrumpeligen Hälsen ragten aus dem Wasser. Es sah ein wenig aus, als würde uns E. T. anblicken ... Was für ein aufregender Moment! Ich konnte es kaum glauben! Immer wieder verschwanden die Köpfe und tauchten dann an anderer Stelle abermals auf. Lothar holte seine Schnorchelausrüstung und schwamm hinaus zum Riff. Dort hatten wir die Köpfchen das letzte Mal auftauchen sehen.

Ich blieb am Ufer und hielt weiterhin Ausschau. Lothar war ganz schön lange da draußen. Als er zurückkam, trug er eine alte Flasche in der Hand, welche mit Muscheln, Algen und Seepocken besiedelt war. Sie hatte offensichtlich schon eine sehr lange Zeit im Pazifik gelegen. Lothar hatte sie am Meeresboden bemerkt und gleich mal so nebenbei einen *Ocean Clean Up* veranstaltet. Auf Hawaii sagt man „Malama I Ke Kai". Das bedeutet so viel wie „für den Ozean sorgen". Und diese Wertschätzung zu zeigen, ist gar nicht so schwer und sollte für jeden Menschen ein grundgegebenes Bedürfnis sein, z. B. indem man die Strände frei von Müll hält, nichts am Strand zurücklässt, was dort nicht hingehört, Unrat aufsammelt, den andere Menschen zurückgelassen haben. Unter Wasser sind Korallen so schön anzusehen! Dabei sollte man es bewenden lassen und sie nicht berühren. Übrigens werden ab dem Jahre 2021 auf den hawaiianischen Inseln nur noch spezielle Sonnenschutzprodukte erlaubt sein. Diese müssen frei von Oxybenzon und Octinoxat sein. Denn diese chemischen Stoffe stehen im Verdacht, Schäden am Erbgut von Korallen und Fischen herbeizuführen und zu ihrem Ab- bzw. Aussterben beizutragen. Man sollte auch die Meeresbewohner, wie die grüne Meeresschildkröte (*Honu*) oder die vielen, teils zutraulichen Fische, bei Tauchgängen nicht anfassen oder füttern. Und noch etwas ganz Wichtiges! Die Menschen Hawaiis blicken auf eine einzigartige Kultur und alte Traditionen zurück. Diesen sollte man als Gast in ihrem Land mit Respekt begegnen. Es gibt überall auf den Inseln verstreut historische Stätten. Manche sind unscheinbar und für einen Besucher gar nicht als solche wahrnehmbar. Deshalb gilt, alles, was man in Strandnähe vorfindet, an Ort und Stelle zu belassen, seien es Muscheln, Sand oder aufgeschichtete Steinformationen. Aber auch in den eigenen vier Wänden kann man zum Schutz des Ozeans beitragen, indem man Duschgänge nicht ausdehnt und auf ein Minimum beschränkt und beim Zähneputzen das Wasser abstellt und nicht laufen lässt. Vermeintliche „Kleinigkeiten" mit immens großen Auswirkungen auf unsere Umwelt. Und wenn man all diese Prinzipien beherzigt und aus innerster Überzeugung heraus anwendet, dann verstehe ich das als „Malama I Ke Kai".

Lothar verließ das Wasser und kam auf mich zu. Ich bemerkte seinen zufriedenen, glücklichen Gesichtsausdruck. Er strahlte förmlich und begann sofort, zu berichten. Während er zum Riff schnorchelte, blieb eine der Schildkröten immer an seiner Seite. Diese Schildkröte haben wir kurzerhand Honu getauft. Honu machte sich also nicht davon, sondern führte Lothar zu einer kleinen Schildkrötengruppe. Auch diese Tiere flüchteten nicht vor Lothar. Sie ließen ihn gewähren und duldeten seine Anwesenheit. Er konnte ihnen beim Abgrasen der Riffkante zusehen. Ein einmaliges Erlebnis! Von nun an gab es kein Halten mehr. Eine knappe Woche lang gab es Tag für Tag dasselbe Schauspiel. Wir gingen an den Strand, Lothar stellte sich ins knietiefe Wasser, Honu erschien und streckte neugierig ihren Kopf mit dem langen, schrumpeligen Hals aus dem Pazifik. Lothar legte seine Schnorchelmaske an, und Honu nahm ihn mit zum Riff. Dort befanden sich bereits viele kleine und große Schildkröten. Sie ließen sich von Lothar nicht stören. Manche schliefen in Riffspalten, andere labten sich an dem Grünzeug, das auf dem Riff wuchs. Honu wich Lothar nicht von der Seite. Sie war mindestens genauso interessiert an ihm wie er an ihr. Nach sechs Tagen zog die Schildkrötengruppe dann leider weiter. Sicherlich brauchten sie neue Flächen zum Grasen. Lothar hat ein paar tolle Unterwasseraufnahmen gemacht. Mir sind ebenfalls einige Schnappschüsse an der Wasseroberfläche gelungen.

Abends vorm Schlafengehen kuschelten wir uns dann in unser Bett und betrachteten die Fotos. Wir waren begeistert und konnten unser Glück kaum fassen. Gewissermaßen direkt „vor der Haustür" durften wir diese friedvollen, anmutigen Tiere aus nächster Nähe erleben. Was für ein Geschenk!

Und als ob das nicht schon ein unglaubliches Ereignis für uns gewesen wäre, meinte es die Vorsehung noch besser mit uns! Am 13. Mai waren Ines und Detlef mit Lothar und mir wieder am *Kaimana Beach*. Wir schwammen im Meer oder lagen faul in der Sonne. Unsere Strandtage liebte ich! Das Rauschen des Ozeans, die warmen Sonnenstrahlen auf der Haut, die leichte Brise des Passatwindes, all das erzeugte ein wohliges Gefühl in mir. Entspannen, loslassen, den Kopf ausschalten. Dies zu genießen, hatte ich jahrelang unbewusst nicht zugelassen. Aber nun konnte ich es. Und ich war dankbar und glücklich, endlich wieder positive Gefühle anzunehmen und empfinden zu können. Manchmal, während der drei Wochen auf Oahu, waren diese Glücksmomente fast übermächtig. Dann musste ich kurz innehalten und fragte mich: „Ist das jetzt wirklich echt oder träume ich?" Mir standen dann Tränen, wirkliche Freudentränen in den Augen. Weil mich etwas oder jemand zutiefst bewegt oder berührt hatte, ich Herzlichkeit, Wohlwollen oder die Kraft innerster Überzeugung fühlen konnte.

Und hier am *Kaimana Beach* empfand ich etwas Friedliches. Jedenfalls bis eine allgemeine Unruhe einsetzte. Eine beginnende Rührigkeit am Strand riss uns aus unserem Nichtstun. Eine Handvoll Touristen stand am Ufer. Alle hielten Handys oder Kameras in den Händen und blickten aufs Meer. Sie hatten offensichtlich etwas im Wasser entdeckt. Wir sprangen auf und rannten ebenfalls zur Wasserlinie. Es war erschreckend! Etwas Großes, Schwarzes war im Wasser! Mir klopfte das Herz! Noch immer waren Menschen im Wasser! Der *Lifeguard* stand auf seinem Rettungsturm mit dem Fernglas in der Hand. Ich erwartete jede Sekunde Hai-Alarm! Die Augen der umherstehenden Badegäste waren allesamt auf den Pazifik und das sich darin befindliche, dunkle Subjekt gerichtet. Dann näherte sich der schwarze Schatten. Immer mehr nahm er Konturen an. Als er nur noch ein paar Meter vom Strand entfernt war, atmeten wir Schaulustigen auf. Es war definitiv kein Hai! Das war schon mal klar. Aber was war es dann? Das Tier schwamm nun direkt bis ans Ufer und war deutlich zu erkennen. Es war eine hawaiianische Mönchsrobbe. „It's a monk seal! It's not a shark!", riefen die Leute neben mir. Erleichterung machte sich breit.

Auf dieses befreiende Gefühl folgten sofort Erstaunen und Neugier. Denn die Mönchsrobbe verließ das Wasser und robbte behäbig an Land. Die Anwesenheit der Menschen schien sie gar nicht zu stören. Mit einer Selbstverständlichkeit schob sie ihren massigen Körper über den Strand, legte sich in den heißen Sand, schloss die Augen, stieß einen genüsslichen Seufzer aus – und das war's (für sie)!! Für die Strandbesucher bedeutete das jedoch: Sachen packen und Abstand halten!! Innerhalb von Minuten waren Meeresbiologen aus dem nahe gelegenen Aquarium vor Ort. Sie sperrten den Strandabschnitt um die Robbe herum großzügig ab, damit das Tier nicht gestört wurde. Ein Schild wurde aufgestellt. Aus sicherer Entfernung (für Mensch und Tier) war es dann erlaubt, Fotos und Videos zu machen. Es war einfach großartig, diesen Meeresbewohner hautnah am *Kaimana Beach* bewundern zu dürfen. Die Robbe lag dösend im Sand. Ihr speckig glänzendes Fell reflektierte das Sonnenlicht. Hin und wieder wendete sie sich. Ihr ganzer Körper war über und über mit Sand bedeckt, sozusagen „paniert".

Und wie sie so da lag und sich in der Sonne ein Schläfchen gönnte, geschah das Unfassbare. Am rechten Strandabschnitt, der inzwischen leicht überfüllt war, da wir den linken Strandabschnitt ja hatten räumen müssen, um Platz für die Mönchsrobbe zu schaffen, entschlüpfte dem Wasser eine zweite Mönchsrobbe! Sie blickte sich um, ohne Scheu zu haben, robbte den ansteigenden Strand empor, legte sich ebenfalls in den warmen Sand und schloss die Augen. Ein identisches Prozedere folgte. Meeresbiologen kamen, stellten Schilder auf, sperrten alles ab und katalogisierten das Tier.

Nun wurde es am *Kaimana Beach* für uns Strandbesucher immer enger. Sollte uns Menschen das nicht zu denken geben? Sind nicht wir es, die den Tieren – ja der gesamten Natur immer mehr den Platz, ihren Lebensraum stehlen? Durch unser Handeln sterben täglich Tier- und Pflanzenarten aus und verschwinden unwiederbringlich von dieser Erde. Das darf so nicht sein! Jedes Lebewesen ist schützenswert! Die Evolution zeigt auf, wie verbunden alles Leben unseres Planeten miteinander ist. Diesem Kerngedanken folgend, haben die Hawaiianer eine eigens dafür bestimmte Begrifflichkeit. Diese lautet „Aloha 'Aina" – „die Liebe zum Land". Diese bedeutungsvollen Worte bringen einen großen Respekt zum Ausdruck. Den Respekt vor anderen Lebewesen – den Tieren, das Wissen um die fundamentale Bedeutung der Pflanzen, die Hochachtung gegenüber dem Meer, dem Wasser als Lebensquell. Und natürlich die Wertschätzung der Menschen untereinander. Dabei besteht diese Wechselseitigkeit zwischen jedem einzelnen Individuum, denn alles befindet sich in einer Abhängigkeit zueinander. Für die Gemeinschaft ist jedes einzelne Mitglied in seiner Wichtung ebenso wertvoll, gleichbedeutend und nimmt durch sein Dasein in derselben Weise Einfluss auf das Gleichgewicht innerhalb dieser Gesamtheit. Der achtsame Umgang miteinander zielt dabei auf eine bessere Lebensqualität für alle ab. Aber *Aloha 'Aina* verkörpert darüber hinaus auch eine weitere zentrale Botschaft. Die wirkliche Verbundenheit und Treue zum Land als solches – zu Hawaii. Diese Liebe findet ihre tiefen Wurzeln in der Kultur und Geschichte des ursprünglichen Hawaiis – des Hawaiis der Urahnen, welche, aus Polynesien kommend, den hawaiianischen Archipel besiedelten und ihn als ihre neue Heimat annahmen und aufbauten. Es ist das Anliegen von *Aloha 'Aina*, den Menschen Hawaiis dieses traditionelle Wissen und die damit verbundenen Werte wieder näherzubringen. Die Menschen zu befähigen, ein Verständnis für ihre frühe Identität zu entwickeln.

Wenn ich über *Malama I Ke Kai* und *Aloha 'Aina* nachdenke, hoffe ich, dass ich dieses gedankliche und emotionale Fundament richtig verstanden habe ... So sehe ich ein großartiges positives Engagement für den Erhalt und die Weiterentwicklung der hawaiianischen Gemeinschaft. Ich erkenne Demut, Fürsorge und Schutzbestreben im Hinblick auf einen respektvollen Umgang mit der Natur und der Umwelt. Unsere Erde nennen wir nicht umsonst „den Blauen Planeten". Circa 70 Prozent der Erdoberfläche sind von Wasser bedeckt. Der Schutz der Meere ist heute wichtiger denn je ... Die weltweite Verschmutzung der Ozeane bedeutet gleichzeitig auch die Zerstörung des Lebensraumes aller Meeresbewohner, welche wiederum uns Menschen als Nahrungsquelle dienen. Wir zerstören also das, was uns das Überleben sichern soll. Der Eintrag von Mikroplastik in die Weltmeere ist erschreckend. Wir Menschen haben durch unser Fehlverhalten nicht umkehrbare Prozesse in Bewegung gesetzt, die unsere Umwelt für immer schädigen werden. Die ökologischen Belastungsgrenzen sind längst erreicht, wenn nicht schon überschritten. *Malama I Ke Kai!!! Aloha 'Aina* erweckt in mir sehnsuchtsvolle Erinnerungen an die Insel Oahu, an Orte, wie den *Ho'omaluhia Botanical Garden*, die Bergkette der *Ko'olau Range*, den *Diamond Head* und den Pazifik. Diese unglaublichen und beeindruckenden Geschenke der Natur – unserer Mutter Erde ... Erinnerungen an stattlich gewachsene Bäume und Palmen, berauschend duftende Pflanzen, welche uns Menschen nicht nur mit ihrer Optik in Verzücken versetzen. Sie helfen uns durch ihre Wirkstoffe im Kampf gegen Krankheiten, während unserer Genesung oder unterstützen die Erhaltung unserer Gesundheit.

Und dann waren da noch Menschen wie Liana ... Stellvertretend für all die Menschen Hawaiis, die ich in flüchtigen oder aber auch intensiven Begegnungen kennenlernte. Die mich jedoch trotz unseres nur kurzen Aufeinandertreffens berührt haben mit ihrer ehrlichen Freundlichkeit, Hilfsbereitschaft und Herzenswärme und die mich ihren Stolz auf ihr Land und die Achtung vor der sie umgebenden Natur spüren ließen. Die mir durch ihre Erzählungen die Kultur und Traditionen ihrer Vorfahren näher brachten. Ich fühlte mich davon wahrlich bereichert. *Mahalo!* Das war meine persönliche Erkenntnis am Ende des Tages, wo am Abend die beiden wunderschönen Mönchsrobben immer noch am *Kaimana Beach* lagen, im goldenen Licht der untergehenden Sonne ...

Pearl Harbor und das *Aloha Stadium* – ein Tag mit getrennten Wegen ...

So schön unsere sonnenverwöhnten Stunden an Oahus Stränden auch waren, die Insel bot enorm viel Interessantes, was wir entdecken und mit eigenen Augen sehen wollten. Ich hatte von Deutschland aus für uns vier einen Ausflug nach Pearl Harbor gebucht. Vor allem Detlef und Lothar freuten sich auf diese Exkursion. Es ergab sich jedoch, dass in der Zwischenzeit und vor unserer Abreise nach Oahu Baumaßnahmen an der Gedenkstätte, am *USS Arizona Memorial* erforderlich wurden. Das bedeutete im Klartext, dass Besucher Pearl Harbor besichtigen konnten, ein Betreten des *USS Arizona Memorials* jedoch nicht möglich war. Diese Nachricht teilte ich Ines, Detlef und Lothar mit, und die beiden Männer überlegten, ob sich dann noch ein Besuch Pearl Harbors lohne. Ines und ich hielten uns zurück. Wir wollten uns der Wahl der Männer anschließen. So entschieden unsere beiden Männer sich gegen einen Besuch, und ich stornierte unsere Buchung. Dann aber, während unseres Aufenthaltes in Honolulu, besannen sich die beiden eines anderen. Es packte sie nun doch das Verlangen, sich diesen geschichtsträchtigen Ort aus nächster Nähe anzuschauen. Sie fragten Ines und mich, ob wir die Erkundung gemeinsam unternehmen wollten. Wollten wir schon, aber ... Ines und ich hatten bereits andere Pläne. Wir wollten zum *Aloha Stadium* fahren. Dort fand mehrmals in der Woche ein riesiger Flohmarkt statt, und diesen beabsichtigten wir, uns anzuschauen.

So beschlossen wir, am 15. Mai getrennte Wege zu gehen. Die beiden Männer würden nach Pearl Harbor fahren und wir Frauen zum „Aloha Stadium Swap Meet & Marketplace". Ich buchte dann alles telefonisch vom Hotelzimmer aus, was mich übrigens keinen (zusätzlichen) Cent kostete. Die Hotels auf Hawaii erheben nämlich eine

Fee. Das ist eine Gebühr, in der bestimmte Serviceleistungen enthalten sind. In unserem Fall inkludierte die *Hotel Fee* u. a. Telefonate zu allen Anschlüssen auf Oahu sowie Inter-Island-Telefonate, also Anrufe zu den übrigen Inseln Hawaiis. Tja, und da nun alles organisiert war, konnte es losgehen. Gegen 10 Uhr morgens holten uns die Vans von unserem Hotel ab. Von Lothar und Detlef war bereits nichts mehr zu sehen, als Ines und ich unser Fahrzeug bestiegen. Wir fuhren durch Waikiki in westlicher Richtung zu einem Vorort Honolulus – nach *Halawa*. Auf unserer kurzen Fahrt zum *Aloha Stadium* gab ich an Ines noch ein paar wenige Infos zu der beliebten Outdoor-Arena Oahus weiter.

Das *Aloha Stadium* kann auf eine bewegte Geschichte zurückblicken. Seit seiner Errichtung im Jahre 1975 fanden auf dem wohl größten Spielfeld Hawaiis bemerkenswerte sportliche Wettkämpfe statt. Als Heimatstadion der „Rainbow Warriors", des Teams der Universität von Hawaii, war es Austragungsstätte von Kämpfen der heimischen Football-Mannschaft und Gastmannschaften, wie den „San Francisco 49ers" oder den „San Diego Chargers". Eine reguläre Saisonreihe von Baseballspielen wurde im Stadion ebenso ausgetragen wie Testspiele der Rugby-League. Ständig wechselnde Veranstaltungen sind ein wahrer Zuschauermagnet. Konzerte der berühmtesten Künstler weltweit füllten das *Aloha Stadium* bis auf den letzten Platz. Zu den großartigen Interpreten gehörten u. a. Michael Jackson, die Rolling Stones, Mariah Carey, Bruno Mars, Whitney Houston, Janet Jackson, U2, Eminem u. v. a. Autoshows und Messen ergänzen das Unterhaltungsangebot. Leider befindet sich das *Aloha Stadium* in keinem sehr guten Zustand. Die Elemente, vor allem die salzige Meerwasserluft, haben starke Korrosionsschäden an der Statik der Arena hervorgerufen. Zum Zeitpunkt unseres Aufenthaltes 2019 auf Oahu sollte eine Entscheidung getroffen werden bezüglich anstehender Sanierungsmaßnahmen. In der örtlichen Presse, im „Honolulu Star-Advertiser", konnte ich bis zu unserer Abreise jedoch nichts über den Ausgang einer Beschlussfassung zum Thema „Restaurierung des *Aloha Stadium*" finden.

Mit dem Van waren wir 20 Minuten später bereits an Ort und Stelle. Unser Fahrer steuerte unser Fahrzeug auf den riesigen Parkplatz vor dem *Aloha Stadium* und gab uns noch einige Informationen zum Abholzeitpunkt und -ort mit auf den Weg. Vor dem Stadion bezahlten wir unser Eintrittsgeld. Das Stadion selbst betraten wir nicht, denn der „Aloha Stadium Swap Meet & Marketplace" befindet sich außerhalb des Stadions. Er verläuft in mehreren konzentrischen Kreisen um das Stadion. Wir orientierten uns kurz. Dicht an dicht gedrängt, stand ein Verkaufsstand neben dem anderen. Alles war bunt und vollgepackt. Das Herz eines jeden Schnäppchenjägers wurde hier zum rasenden Klopfen gebracht. Es gab Stände mit Bekleidung, Stände, welche tonnenweise Souvenirs anboten. Wir blieben stehen an einem Zelt, vor dem ein hawaiianischer Mann saß und aus Holz wunderschöne Skulpturen schnitzte. Wale, Schildkröten und andere Meerestiere, *Tikis* (Darstellungen polynesischer Gottheiten) standen zum Verkauf bereit, ebenso wie geschnitzte Lampenschirme und Wandbilder aus Holz. Es war sehr lehrreich und eine Freude, ihm zuzusehen, wie geschickt er das Holz manuell nur mit einem kleinen Werkzeug bearbeitete. Diese Technik der Holzbearbeitung erinnerte mich an eine Weihnachtspyramide, welche ich von meiner Großmutter geerbt hatte. Die Pyramide war ebenfalls (teilweise) von Hand geschnitzt und stammt aus dem Erzgebirge. Das Schnitzen von Holz blickt dort auf eine lange kunsthandwerkliche Tradition zurück. Dieser gedankliche Brückenschlag überraschte mich jedoch nur für einen ganz kurzen Moment, denn wohin wir auch blickten, alles erschien so interessant, zog mich aus meinen Überlegungen, und wir gingen weiter.

Herrlich! Wie schön! Auf der gegenüberliegenden Seite wurden Ukulelen angeboten. Diese kleinen „Gitarren" im Miniformat wurden im 19. Jahrhundert ursprünglich von portugiesischen Einwanderern nach Hawaii gebracht. In Portugal trugen diese Instrumente den Namen „Braguinha". Die hawaiianischen Ureinwohner fanden einen so großen Gefallen an dem Musikinstrument, dass sie es in modifizierter Form nachbauten und ihm den Namen „Ukulele" gaben. Eine andersartige Saitenbespannung bzw. Saitenstimmung sorgt für den unverwechselbaren Klang der Ukulele, welcher den Hörer akustisch in die Südsee bzw. nach Hawaii transportiert.

Ein weiteres Zeltdach überspannte Tische und Regale auf denen wunderschön gequiltete Kissen und Decken zum Kauf angeboten wurden. Am Stand daneben waren Kisten aufgebaut, bis zum Rand aufgefüllt mit allerlei Schmuckwerk für die Haare. Künstliche Blüten imitierten perfekt Hibiskus, Plumeria, Orchideen und weitere exotische Schönheiten. Ines und ich schwelgten in Formen und Farben. Ich konnte mich, leider wie meistens, nicht entscheiden. Am liebsten hätte ich gleich mehrere Haarspangen mitgenommen ... So zogen wir erst einmal weiter. Das sah gut aus! Vor uns befand sich ein Händler, welcher gekühlte Kokosnüsse und erfrischende Säfte anbot. Dort wollten wir auf dem Rückweg noch mal stoppen, denn die Sonne brannte unerbittlich. Eine Kopfbedeckung ist bei einem Besuch des „Aloha Stadium Swap Meet & Marketplace" unerlässlich! Sehr hübsch anzusehen waren die handgefertigten Waren der Händlerin am nächsten Stand. Es handelte sich um große Taschen, die aus alten Kaffeesäcken genäht worden waren. So liefen wir weiter und weiter und wurden es nicht müde, uns das Angebot des nicht enden wollenden Flohmarktes genauestens anzuschauen.

Und dann entdeckte ich zufällig und gänzlich unerwartet einen Stand, welcher etwas anbot, an dem ich einfach nicht vorbeigehen konnte. Es waren Figuren von Hula-Tänzern. Ihre bronzene Farbe glänzte im Sonnenlicht. Die Statuen interpretierten Männer und Frauen, den Hula tanzend, dabei ein Paddel fest in beiden Händen haltend. Oder aber die Tänzer waren entzückend dargestellt, wie sie, vertieft in ihren Tanz, mit den Händen einen Gruß formten, die Schönheit einer Blume priesen. Die scheinbare Bewegung ihrer schwingenden Hüften strahlte Lebensfreude aus, und, in graziösen Posen verharrend, erzählte ihre Körperhaltung die Geschichten vergangener Zeiten. In meinem Kopf überschlugen sich die Gedanken. Ich möchte unbedingt so eine Figur mit nach Hause nehmen! Nur welche? Die sind alle so toll! Ich stand einfach da und blickte von Skulptur zu Skulptur. Die Inhaberin des Standes hinter dem Verkaufstisch bemerkte meine Unentschlossenheit. Geduldig gab sie mir Erklärungen zu den einzelnen Statuen. Aber mit jedem weiteren ihrer freundlich gemeinten Worte stieg meine Unschlüssigkeit. Ich befand mich in einem Dilemma. Ines bemerkte das. Sie hatte, angesteckt von meiner Begeisterung für die kleinen Figuren, an diesen ebenfalls Gefallen gefunden. So machte sie mir einen ganz außergewöhnlichen Vorschlag. Jede von uns solle sich eine Figur kaufen, und wir könnten sie dann zu Hause von Zeit zu Zeit im Tausch immer wieder auswechseln. Ich wusste in dem Moment nicht, ob ich das wirklich jemals in Erwägung ziehen würde. Der Gedanke an den Vorschlag von Ines jedoch verhalf mir zu einer Entscheidung. So kaufte ich einen Hula-Tänzer und Ines eine Hula-Tänzerin. Ich war sehr, sehr froh, dieses Erinnerungsstück hawaiianischer Geschichte und Kultur mit nach Hause nehmen zu können! Aber auch Ines freute sich, und so zogen wir wohlgelaunt mit unseren gut verpackten, kleinen „Schätzen" weiter von Stand zu Stand.

Irgendwann verriet der Blick auf die Armbanduhr die dringende Notwendigkeit der Rückkehr zum Parkplatz, auf welchem in ein paar Minuten unser Van die Heimfahrt nach Waikiki antreten würde. Unsere Rückreise bot jede Menge Zerstreuung. Wann immer wir durch Honolulu fuhren, fühlte es sich ein klein wenig wie eine Stadtrundfahrt an. Je nachdem, welche Route wir entlangfuhren, gab es ständig etwas Neues zu entdecken. Außerdem waren die unterschiedlichen Streckenführungen sehr hilfreich bei der Orientierung in Honolulu bzw. auf Oahu. Sich einen Stadtplan anzuschauen, ist dann doch etwas ganz anderes, als die Straßen in Echtzeit abzufahren. Als wir im Hotel ankamen, waren unsere Männer bereits von ihrem Tagesausflug nach Pearl Harbor zurückgekehrt. Wir hatten uns gegenseitig viel zu berichten, wobei ich sagen muss, dass Lothar und Detlef in ihren Erzählungen weitaus zurückhaltender waren als Ines und ich.

Lothar und insbesondere Detlef als gelernter Schiffsmotorenschlosser waren sichtlich beeindruckt von den riesengroßen Kriegsschiffen, Flugzeugträgern, U-Booten und sonstigen dort vor Anker liegenden Schiffen der US-Marine. Da beide kein Englisch sprechen, sind einige Informationen in schriftlicher sowie akustischer Form leider an ihnen „vorbeigerutscht". Sie hatten sich jedoch viel angesehen vor Ort, u. a. Filmaufnahmen von dem Überraschungsangriff der japanischen Marineluftstreitkräfte auf Pearl Harbor, welcher am 07. Dezember 1941 erfolgte und als ein mit Trauer besetztes Datum in die Geschichte der USA, aber vor allem Hawaiis einging. Lothar und Detlef erzählten von dem Schreckensszenario der Filmaufnahmen sowie den vielen Fotografien, welche ausgestellt waren. Bei dem Angriff auf Pearl Harbor ließen auf amerikanischer Seite 2.403 Menschen ihr Leben. Soldaten wie Zivilisten.

Es wurden eine Vielzahl Schiffe und Flugzeuge zerstört, u. a. auch das Schlachtschiff „USS Arizona". Ihr Wrack liegt heute noch im Hafenbecken und ist zugleich das Grab vieler gefallener Soldaten, welche bei dem Angriff auf Pearl Harbor ums Leben kamen. Über dem Wrack wurde das *Arizona Memorial* errichtet, eine Art schwimmende Gedenkstätte. Auf dem *Arizona Memorial* ist eine Tafel angebracht, auf der die Namen all der Gefallenen geschrieben stehen. Leider fanden dort Sanierungsarbeiten statt. Die Barkasse, welche Lothar und Detlef bestiegen, umschiffte das Denkmal, und über Lautsprecher ertönte zu Ehren der gefallenen Soldaten die amerikanische Nationalhymne. Unsere Männer erzählten, dass sie auf dem Wasser in unmittelbarer Nähe des gesunkenen Schiffswracks einen Ölfilm entdecken konnten. Ich hatte darüber gelesen. Es ist Altöl, welches noch immer aus der „USS Arizona" austritt. Dieser Vorgang hat eine Bezeichnung erhalten. Man nennt die auf dem Wasser treibenden Ölflecken „die Tränen der Arizona". Und während sie zögerlich berichteten, beschäftigte mich die Frage der Vergebung.

Nach dem Angriff auf Pearl Harbor erklärten die USA gegenüber Japan den Krieg und ab dem 08. Dezember 1941 befanden sich beide Staaten im Kriegszustand. Die USA hatten daraufhin im Jahre 1945 Atombomben auf Hiroshima und Nagasaki abgeworfen. Beide Seiten taten sich schreckliche Dinge an. Vor allem auf japanischer Seite gab es viele zivile Opfer. Wie gehen die Menschen Japans und der USA heute mit diesen kriegsgeschichtlichen Ereignissen um? Wir haben auf Oahu so viele Menschen japanischer Herkunft gesehen, die sich auf Oahu ein Leben aufgebaut haben – als Händler und Ladenbesitzer, in der Hotellerie, in der Gastronomie. Oahu ist zu ihrer Heimat geworden. Sicherlich ist dies auch darin begründet, dass die Vorfahren von vielen der heutigen japanischstämmigen Bewohner Hawaiis vor fast 200 Jahren als landwirtschaftliche Hilfsarbeiter nach Oahu kamen, um auf den Zuckerrohr- und Ananasplantagen ihr Geld zu verdienen. Und sie blieben dort, weil sie sich auf dem Archipel sehr wohl fühlten und so Hawaii zu ihrer Heimat wurde. Diese Bevölkerungsgruppe Hawaiis war also schon lange vor den Kriegsereignissen zwischen den USA und Japan auf Hawaii ansässig. Und dann darf man auf keinen Fall die gewaltige Anzahl asiatischer Touristen, welche Hawaii besuchen, aus den Augen verlieren. Insbesondere japanische Touristen lieben es, einen Kurzurlaub auf den hawaiianischen Inseln zu verbringen. Sie sind gern gesehene Gäste und machen, wo immer man sie antrifft, einen durchaus vergnügten Eindruck. Auf Oahu beobachteten wir also eine bestehende Situation, in welcher die Menschen beider Staaten sich freundschaftlich angenähert hatten. Japaner kamen als Besucher und wurden von den Hawaiianern genauso herzlich aufgenommen wie alle anderen Reisenden aus der Fremde. Japanischstämmige Bewohner Hawaiis waren im Laufe der Jahre zu US-Bürgern geworden und sahen den 50. Bundesstaat der USA als ihre Heimat an. Sie wurden ein fester Bestandteil der bunten ethnischen Diversität. Also fragte ich mich, wie die Menschen beider Staaten mit der vorausgegangenen feindlichen Auseinandersetzung und der Aufarbeitung dieses historischen Traumas umgingen. Vergessen werden die Geschehnisse nicht, aber vielleicht vergeben? Vergeben von der jungen Generation, die heute in beiden Ländern lebt und es besser machen will. Den Blick auf ein brüderliches und freundschaftliches Nebeneinander gerichtet, ein Leben in Frieden für alle Menschen dieser Erde anstrebend? Diese Frage bewegte mich sehr, denn wir vier als Menschen mit deutscher Nationalität sind doch ebenfalls mit einer zutiefst traurigen und zugleich schrecklichen (Kriegs-)Geschichte verbunden.

Wenn wir abends unser Hotel verließen, um in Waikiki zu Abend zu essen, so war unser 20-minütiger Fußmarsch für mich jedes Mal ein Ritual, welches ich nicht missen wollte. Je nachdem, welchen Weg wir einschlugen, liefen wir vorbei am *Kapiʻolani Park* und erfreuten uns am Anblick der weitläufigen Anlage, die optisch durch den sich erhebenden *Diamond Head* abgegrenzt wurde. Der *Diamond Head* erstrahlte je nach Tageszeit und Einwirkung des Sonnenlichtes ganz unterschiedlich. Morgens z. B. hatte er eine helle, gelbliche Basis und verdunkelte seine Farbe zum Gipfel hin. Im Licht der untergehenden Sonne, wenn er rötlich angestrahlt wurde, erinnerte seine Farbpracht stark an den *Ayers Rock* in der zentralaustralischen Wüste. Zauberhaft! Und Im Glanz der Sterne, zu nachtschlafender Zeit, ruhte seine tiefdunkle Silhouette wie ein schlafender Riese, stumm und präsent. Wir

Menschen betrachten und erforschen ihn, um die Erdgeschichte besser verstehen zu können, immer der Frage nachjagend: Woher stammt alles Leben? Was ist der Sinn des Lebens? Wohin gehen wir, wenn unser Leben sein Ende gefunden hat?

Liefen wir abends jedoch den Weg am Pazifik entlang, so bot sich uns logischerweise ein ganz anderer Anblick. Auf den die Strandpromenade begleitenden Rasenflächen hatten sich viele Menschen eingefunden. Oft waren es Gruppen junger Leute, welche es sich auf den Grünflächen bequem gemacht hatten. Einige von ihnen vollbrachten wahre athletische Höchstleistungen und boten den vorübergehenden Touristen sagenhaft elegante oder vor Kraft strotzende artistische Figuren dar. Andere wiederum musizierten mit Gitarren, Ukulelen oder einfach beatboxend. Die Surfer draußen auf dem Wasser hielten Ausschau nach einer letzten perfekten Welle zum Abreiten und nutzten die letzten Sonnenstrahlen maximal aus. Und wenn wir etwas spät dran waren, dann bot sich uns das romantischste aller Schauspiele – der Sonnenuntergang ... Das Wasser des Pazifiks glitzerte wie ein endlos ausgebreiteter, silbrig-grauer Teppich vor uns. Die Hänge der *Wai'anae Range* erhoben sich im Hintergrund, schwarz und erhaben, bis an das Meer reichend. Über ihnen sammelten sich die herannahenden Wolken und formten nach und nach ein zusammenhängendes Dach. Die hinter der Gebirgskette im Meer versinkende Sonne schien noch einmal alle Anstrengung darauf zu verwenden, sich mit allerhöchster Strahlkraft vom Tag zu verabschieden. Rotgolden sank sie tiefer und tiefer und schien den Himmel in Flammen zu setzen. Lothar sagte es eines Abends mit passenden Worten: „Schau mal, Silke! Der Himmel brennt!" Ja, so wirkte es wirklich! Dieses Fotomotiv ließ sich niemand entgehen. Viele Paare saßen eng umschlungen am Strand, auf Bänken oder auf den Steinmolen Waikikis und genossen verzückt den Anblick dieses unvergleichlichen Naturschauspiels. Wir taten es ebenso. Wissentlich, dass dieser Anblick mit dem Tag unserer Abreise für uns nur noch in unseren Erinnerungen existieren würde.

Nach unseren Abendessen in Waikiki begann (hin und wieder) ein weiteres Highlight ... der Bummel über die *Kalakaua Avenue*. Man hatte das Gefühl, sämtliche Touristen Honolulus würden Abend für Abend hier auf der luxuriösesten Straße Waikikis zusammenkommen. Es wimmelte dann nur so vor lauter Menschen. Dabei war die Lieblingsbeschäftigung Nummer eins natürlich das Shopping. Die wohlhabenden Reisenden waren bepackt mit stilvoll designten Papiertüten und durchkämmten die Shops der Luxuslabel auf der Jagd nach dem nächsten Ex-Lieblingsteil. Uns vieren stand der Sinn jedoch nach etwas ganz anderem. Sobald der abendliche Besucherstrom auf der *Kalakaua Avenue* einsetzte, erwachte die Prachtstraße zum Leben. Dann waren an jeder Ecke Künstler vorzufinden, die ihr Bestes gaben, das um sie herumstehende oder vorbeischlendernde Publikum zu unterhalten. Sänger, Artisten, Zauberer, Karikaturisten, Tänzer. Sie erfreuten mit ihren Darbietungen die Menschen, und diese dankten es ihnen mit einem kräftigen Applaus und einem Trinkgeld, welches in bereitgestellten Gefäßen, auf dem Boden liegenden Hüten oder Ähnlichem hinterlassen wurde.

Einen dieser unvergesslichen Momente erlebten wir am *Hula Mount* im Herzen Waikikis. Der *Hula Mount* ist eine kleine Anhöhe, welche wie eine „Naturbühne" wirkt. Sie befindet sich in unmittelbarer Nähe der Honolulu-Polizeistation und der Statue von Duke Kahanamoku. Die Anhöhe wird auf der einen Seite von der *Kalakaua Avenue* begrenzt, auf der anderen Seite vom *Kuhio Beach*. Dreimal wöchentlich findet dort eine einstündige Hula-Vorführung statt. Da das Areal nicht abgegrenzt ist, bringt man sich, wenn man mag, eine Decke oder einen Strandstuhl mit oder setzt sich einfach auf die Wiese. Bei einsetzender Dämmerung werden die *Torchlight* (Fackeln) entzündet, und der Klang einer geblasenen *Conch Shell* (einer großen Muschel) eröffnet die Hula Show. Hervorragende Hula-Tänzer, Hula-Gruppen und Musiker beweisen ihr Können und begeistern jedes Mal aufs Neue das Publikum mit ihren traditionellen Vorführungen. So auch uns.

Wir waren am frühen Abend des 05. Mai in Waikiki unterwegs und kamen leider etwas verspätet an. Die Show hatte bereits begonnen. Eine Hula-Truppe, aus mehreren jungen Tänzerinnen bestehend, tanzte auf der kleinen Anhöhe. Der zarte Stoff ihrer bunten, bodenlangen Kleider flatterte im Passatwind. Die polynesischen Schönheiten trugen ihr langes Haar streng zurückgekämmt und zu einem am Hinterkopf gebundenen Knoten. Dieser war mit einer wunderschönen Plumeria-Blüte geschmückt. Ihre anmutigen Bewegungen führten sie in absoluter Synchronität aus. Ihren strahlenden Gesichtern konnte man die Freude ansehen, welche sie bei diesem Tanz empfanden, der so tief in der Tradition Hawaiis verwurzelt ist. Mein Blick fiel auf die Menschen, welche uns vis-à-vis auf der anderen Seite des *Hula Mount* Platz genommen hatten. Auch dort konnte ich in strahlende Gesichter blicken. Einige Besucher folgten fasziniert und lächelnd, andere konzentriert und mit ernster Miene der Tanzvorführung, während weitere, mit Handys oder Kameras „bewaffnet", versuchten, das Geschehen in einer Momentaufnahme festzuhalten. Ich konnte auch Menschen sehen, die teilnahmslos auf ihren Handys Nachrichten schrieben oder wer weiß was taten ... Diese hätten besser daran getan, sich abseits ein stilles Fleckchen zu suchen. Denn so nahmen sie nicht nur schaulustigen Besuchern den Platz weg, sondern bezeugten durch ihr unhöfliches Benehmen den auftretenden Künstlern gegenüber keinerlei Wertschätzung ...

Applaus! Die Truppe verließ den Hügel und die *Hula Kumu* (die Meisterlehrerin des Hula), welche ebenfalls mit auf der Bühne stand, kündigte eine neue Truppe an. *Keiki!* Es würden also Kinder auftreten.

Ich übersetzte schnell für meine Familie, und dann ging es auch schon los. Die Lehrerin hatte eine *Uli Uli* in der Hand. Das sind mit Sand oder Steinchen befüllte Kalebassenkürbisse. Diese schüttelte sie rhythmisch zum Takt der Ukulele, welcher der neben ihr stehende Musiker hawaiianische Klänge entlockte. Ein leichtes Raunen ging durch die Menge, denn die *Keiki*, die Kindertruppe, betrat die Bühne. Einige von ihnen wirkten noch etwas schüchtern und zurückhaltend. Andere hingegen trugen einen stolzen Blick in den Augen. Mit ebenfalls tadellosen Frisuren, Blüten im Haar und um den Hals geschlungenen Kukuinuss-Ketten, sahen sie in ihren einheitlichen Kostümen zuckersüß aus! Als jedoch die ersten Takte der Musik erklangen, überzeugten die *Keiki* die Zuschauer augenblicklich davon, dass sie viel mehr konnten, als „nur" niedlich auszusehen. Auch sie tanzten synchron, voller Hingabe und Leidenschaft. Als ihr Hula endete, erschallten großer Applaus und Pfiffe sowie Jubelrufe der Anerkennung. Stolz und lächelnd verließen sie die Bühne.

Es war eindrucksvoll, zu sehen, wie viele unterschiedliche Bewegungen es im Hula-Tanz gibt. Zeitgleich erfordert es dann auch noch die entsprechende Mimik der Tänzer. In deren Antlitz erkennt der Zuschauer, je nachdem, welche Geschichte der Hula erzählt, Freude, Ernsthaftigkeit, Traurigkeit oder Wehmut. Manchmal wird der Tanz durch Musik begleitet, manchmal erklingt eine Art Sprechgesang, welcher quasi den getanzten Hula „übersetzt". Meinetwegen hätte es noch ewig so weitergehen können. Aber die Show neigte sich bald dem Ende entgegen, und ein letztes Mal betraten die Tänzerinnen aller Hula-Truppen gemeinsam die Bühne. Es war umwerfend! Diese vielen Tänzerinnen waren in einer Harmonie über den Tanz vereint. Man konnte spüren, dass es ihr Anliegen war, die Authentizität und Tradition des Hula nach außen zu tragen. Mit jeder ihrer Bewegungen, jedem ihrer Schritte, jedem ihrer Blicke. Lothar, Ines und Detlef und ich waren ebenso gefangen in der Vorführung wie das gesamte

Publikum. Die Menschen klatschten, der Beifall wollte nicht enden. Die kleinen und großen Künstlerinnen auf der Bühne nahmen diese Ovation gern entgegen. Man konnte es an ihrer stolzen Haltung und dem Ausdruck in ihren Gesichtern ablesen. Ich habe noch immer eine Gänsehaut, wenn ich an diesen Moment zurückdenke. Wenn man Hawaii bereist, so sollte man die Möglichkeit nutzen und sich einen Hula anschauen. Wenn man sein Herz öffnet, dann erfüllt es der Hula mit Wärme.

Und herzerwärmend waren weitere Begegnungen oder, besser gesagt, Bekanntschaften, welche wir in den drei Wochen unseres Urlaubes auf Oahu schlossen. Da war z. B. Martin. Ihn lernten wir im „Barefoot Beach Cafe" kennen an dem wundervollen Abend, an welchem wir gemeinsam mit so vielen anderen Menschen Hula tanzten ... Martin berichtete uns zu unserer großen Überraschung, dass er ebenfalls wie wir vier aus der ehemaligen DDR stamme, aus Oberhof bei Suhl. Er sei mit seinen Eltern und seiner Zwillingsschwester (als kleiner Junge) nach Nürnberg umgezogen. Und mit 25 Jahren verschlug es ihn in die schöne Stadt München. Er besuchte jährlich das Oktoberfest, denn er mochte das „gute deutsche Weißbier", aber vor allem das internationale Flair. Denn zum Oktoberfest reisen Menschen aus der ganzen Welt an, um sich auf dieser traditionellen Veranstaltung zu vergnügen. Dort bestimmte der Zufall sein weiteres Dasein. Er lernte die Liebe seines Lebens kennen, einen hawaiianischen Mann, welcher von der Insel Oahu stammt. Martin brach in Deutschland alle Zelte ab, gab Job und Wohnung auf, ließ schweren Herzens Familie und Freunde zurück und flog nach Oahu. Dort lebt er heute seinen Traum und hat sich ein neues, ein anderes Leben aufgebaut. Mit dem richtigen, seinem richtigen Menschen fürs Leben ist er glücklich verheiratet, spricht mittlerweile fließend Englisch und hat darüber hinaus Hawaiianisch gelernt. Super!!! Man konnte ihm anmerken, wie sehr er seine neue Heimat ins Herz geschlossen hatte, dass er dort angekommen war, sich aufgenommen fühlte und den *Aloha Spirit* als festen Bestandteil in sein tägliches Leben integriert hatte. Das freute mich für ihn. Auch in beruflicher Hinsicht schaffte es Martin, sich auf Oahu zu etablieren. Er betreibt einen erfolgreichen YouTube-Kanal unter dem Namen „Mahalo Martin". Auf diesem teilt er seinen Alltag und sein Wissen über seine Wahlheimat Hawaii mit der gesamten Internetgemeinschaft. Mein Mann und ich schauen uns regelmäßig Martins Videos an. Voller Freude erfahren wir so die „latest news" vom Inselarchipel, bereisen mit Martin und seiner Videokamera die Insel Oahu und gelangen auf diese Weise noch einmal an Orte, welche wir bereits während unseres dreiwöchigen Urlaubs auf Oahu aufgesucht hatten. Das ist jedes Mal ein kleines Erlebnis für uns. Seit Kurzem hat Martin ein weiteres geschäftliches Standbein aufgebaut. Auf seiner Website **www.theothebus.com** bietet er heiratswilligen Paaren die Möglichkeit, (s)einen umgebauten und liebevoll restaurierten VW Bus „Theo" als Hochzeitsgefährt bzw. für Foto- und Videoaufnahmen auf Oahu zu buchen. Prima Sache!

Am *Kaimana Beach* sprach uns während eines unserer Strandtage völlig unvermittelt eine überaus freundliche und sehr liebenswürdige Dame an. Wendy. Wie sich herausstellte, kam Wendy aus Australien und verbrachte nicht das erste Mal eine „Auszeit" auf Oahu. Wendy ist eine Künstlerin. Sie malt wunderschöne Bilder. Ihre Kunstwerke werden in Galerien ausgestellt. Ihre sympathische, herzliche Art und ihre positive Ausstrahlung waren so erfrischend! Es war immer wieder eine Freude, wenn sie sich zu uns gesellte und wir uns unterhielten. Dann erzählten Ines und ich über unsere deutsche Heimat, was Wendy sichtlich interessierte. Und Wendy wiederum gab uns wertvolle Informationen zu sehenswerten Orten auf Oahu oder auch Tipps, wo in Honolulu wir gesund und günstig und vor allem einheimisch essen gehen konnten. Und auch bei Wendy war es so, dass man ihr die Liebe zu Hawaii anmerken konnte. Mit anerkennenden und würdigenden Worten berichtete sie dann von Menschen, die sie auf Oahu kennengelernt hatte, so wie Elizabeth, die sie mir eines Tages vorstellte. Oder sie berichtete von ihren Lieblingsplätzen auf Oahu, wie den *Three Tables Beach*. Zu diesem, sagte sie, fühle sie sich immer wieder hingezogen, denn dieser Ort inspiriere sie in ihrem künstlerischen Gestalten. Wendy sagte mir einmal: „Hawaii hat etwas Magisches!", und ich verstand, was sie meinte. Wir halten heute noch Kontakt per E-Mail und tauschen uns über aktuelle Geschehnisse aus.

Ebenfalls am *Kaimana Beach* lernten wir Kristy aus Kalifornien kennen. Sie war mit ihrem Mann und ihrer Mutti auf Oahu. Unser Kennenlernen war einem Zufall geschuldet. Meine Familie und ich verbrachten den Tag am *Kaimana Beach*. Kristy und ihr Mann befanden sich ebenfalls dort. Sie hatten es sich ganz in unserer Nähe bequem gemacht und fielen uns auf, da sie ihren kleinen, niedlichen Hund bei sich hatten. Als sie am Nachmittag den Strand verließen, bemerkte Ines dort, wo Kristys Strandstühle gestanden hatten, ein Handy im Sand liegen. Ines nahm es an sich und am darauffolgenden Tag übergab sie es Kristy, als wir uns nochmals am Strand begegneten. Dies war der Moment, in welchem wir uns bekannt machten. Von da an, blieben wir immer stehen, wenn wir uns über den Weg liefen. Für eine kleines Gespräch oder den Austausch über schöne aber auch ernsthafte Themen. Kristy ist eine sehr gebildete Frau, lebensfroh und ansteckend gutgelaunt. Sie bewohnte ein *Condo* im Apartmenthaus, direkt neben unserem Hotel. Kristy und ihr Mann luden uns eines Tages ein, ihr *Condo* zu besichtigen. Ines und ich sagten auf der Stelle zu. So eine tolle Möglichkeit bot sich uns vielleicht nie wieder! Es war umwerfend! So etwas Tolles hatte ich nicht erwartet! Ein sehr geräumiges und geschmackvoll eingerichtetes Apartment mit dem größten aller Highlights: einem *Lanai*, einem großen Balkon mit direktem Blick auf den Pazifik. Wasser bis zum

Horizont. Es war ein Traum! Wir alle traten hinaus auf den *Lanai,* und die Aussicht fesselte mich augenblicklich! Kleine Schauer von Gänsehaut überzogen meinen Körper! Rechterhand konnten wir die Skyline Honolulus sehen. Ich stellte mir vor, hier auf dem *Lanai* zu sitzen und an einem Freitagabend das Feuerwerk zu beobachten, welches vor dem Komplex des „Hilton Hawaiian Village" in den abendlichen Himmel abgefeuert wird. Das würde bestimmt ganz zauberhaft sein! Direkt unter uns befand sich der *Kaimana Beach.* Das Strandleben konnte man von hier oben wunderbar verfolgen. Ein weiteres kleines Highlight war ein auf dem *Lanai* befindliches *Daybed.* Man konnte es sich darauf also bequem machen und dort vielleicht sogar nächtigen, berührt vom lauen Passatwind, in den Schlaf gewogen vom Rauschen des Meeres ... Ich war fast bockig, als die anderen wieder zurück ins *Condo* traten. Es widerstrebte mir, mich von diesem sagenhaft schönen Anblick des sich in unendlicher Weite vor mir ausbreitenden Ozeans zu lösen. Aber es nutzte ja alles nichts. Auch ich trat zurück ins Apartment, wo Kristy uns von Stolz erfüllt Fotos ihrer Kinder zeigte. Wir plauderten noch ein wenig über unsere Familien. Da geschah noch etwas sehr Unerwartetes. Kristy lud Ines und mich ein, ihrer Mutti, welche in einem gesonderten *Condo* untergebracht war, einen kleinen Besuch abzustatten. Das taten wir sehr gern! Die ältere Dame empfing uns alle herzlich und freute sich über den unverhofften Besuch aus „Germany". Interessiert lauschte sie den Ausführungen Kristys, als diese erzählte, was sie so alles über uns in Erfahrung gebracht hatte. Ich fand es unglaublich, wie uns hier am anderen Ende der Welt pure Liebenswürdigkeit entgegengebracht wurde. Ines und ich dankten für die uns erwiesene Gastfreundschaft und verließen angenehm berührt und glücklich, die Gelegenheit beim Schopfe gepackt zu haben, das *Condo.* Wir hätten uns gern von Kristy und ihrem Mann an unserem letzten Aufenthaltstag auf Oahu verabschiedet. Leider war das nicht möglich. Aber auch wir halten weiterhin per E-Mail-Kontakt.

Ich denke, dass all diese Begegnungen stattfinden sollten. Es war der *Aloha Spirit,* der uns zusammenführte. Und mich haben diese geschlossenen Bekanntschaften nicht nur freudig berührt. Sie haben mich auch sehr nachdenklich gemacht im Hinblick auf das Miteinander der Menschen generell und im Speziellen auf das Miteinander der Menschen in meinem direkten Umfeld. Ich empfinde, all die unterschiedlichen Menschen auf Oahu kennengelernt zu haben, als eine interessante, anregende und überaus positive Bereicherung meines Lebens ...

Kailua Beach – dem Paradies ganz nah …

Wir schrieben inzwischen den 21. Mai 2019. Es war der Tag vor unserer Abreise. Der Gedanke an unseren Rückflug nach Deutschland machte mich traurig. Ich würde so gern noch bleiben! Zu schön war es auf Oahu! Und wirklich schön begann auch der Tag des 21. Mai. Strahlender Sonnenschein weckte uns. Lothar und ich tranken unseren Kaffee auf dem Balkon unseres Hotelzimmers. Wir beobachteten von der vierten Etage aus, das rege Treiben vor unserer Unterkunft in den frühen Morgenstunden und mutmaßten, wie der Tag sich wohl für uns entwickeln würde. Ich hatte für unser Vierergespann einen Ganztagesausflug an den Strand von *Kailua* gebucht. Im Internet war ich auf „Kailua Beach Adventures" aufmerksam geworden. Wir wussten, dass wir Kajak fahren würden und im Anschluss daran noch Zeit für den Strand hätten. Ein Mittagessen sowie ein kleiner Snack waren im Reisepreis inkludiert, ebenso der Transport von Waikiki nach *Kailua* und zurück. Gegen 8 Uhr sollte der Van uns vor unserem Hotel abholen. Mit deutscher (Über-)Pünktlichkeit standen Ines, Detlef, Lothar und ich bereits um 7.30 Uhr, vorn an der *Kalakaua Avenue* und warteten. Die Vans kamen fast nie pünktlich. Das ist aber auch nicht verwunderlich, denn sie fuhren in der Regel mehrere Hotels in Waikiki an und holten dort die Urlauber ab. Und da wir nur eines von vielen Hotels waren, das angesteuert wurde, hätte der Van verspätet oder aber auch vorzeitig eintreffen können. So warteten wir voller Ungeduld auf den Kleinbus. 8.20 Uhr war es endlich so weit. Ein Van hielt direkt vor uns. Eine junge Frau stieg aus und steuerte zielstrebig auf uns zu. „Aloha! Have you booked *Kailua Beach*?" Ja, hatten wir! Ich zeigte unser Voucher vor, und wir konnten einsteigen. Ich war die Letzte, die den Bus betrat. Meine drei standen im Mittelgang des Fahrzeugs. Der Van war voll. Wohin sollten wir uns denn nun setzen? Fragende Blicke … Ein junger Mann stand von seinem einzelnen Fensterplatz auf und setzte sich zu seiner Freundin auf die gegenüberliegende Seite. Ines und Detlef besetzten den frei gewordenen Platz, eng aneinandergedrängt. In der letzten Rückbankreihe rutschten die Passagiere zusammen und machten für Lothar und mich Platz. „Thank you very much!" Wir quetschten uns dazwischen, die Arme verschränkt vor dem Körper und die Rucksäcke auf den Knien. Ich begann, zu zählen. Es befanden sich 12 Personen und die Fahrerin an Bord des Vans. Hier passte wirklich keine Maus mehr rein! Aber so eng es auch war, so interessant war es auch. Neben Lothar und mir saßen japanische Touristen. Sie sprachen nicht, waren die ganze Zeit mit ihren Handys beschäftigt. Amerikanische Urlauber waren auch an Bord. Sie unterhielten sich angeregt darüber, aus welchem Bundesstaat sie kamen und über welche Plattformen sie günstig Flüge, Hotels und Ausflüge gebucht hatten. Dann saß noch eine Familie im Bus, die ihrem äußeren Erscheinungsbild nach vom indischen Subkontinent hätte stammen können. Begeistert machten sie Fotos und Videoaufnahmen von der Umgebung, während sich unser Kleinbus immer mehr seinem Ziel näherte.

Nach 40 Minuten kamen wir auch schon an der Ostseite Oahus an, in *Kailua*. Wir hielten auf einem kleinen Parkplatz, welcher direkt an den Kajakverleih grenzte, bei dem ich die Tour gebucht hatte. Unsere bunt gemixte Touristengruppe entstieg dem Van. Wir sahen uns erst einmal um. Um den Parkplatz herum gruppierten sich einige kleine Geschäfte sowie Restaurants. Zauberhafte Bäume und Blumenrabatten boten auch hier einen von der Natur gegebenen Eyecatcher. Der Kajakverleih war nicht zu verfehlen. Im Außenbereich vor dem einstöckigen Haus befanden sich zig Kajaks, die mit ihrer strahlend gelben Farbe alle Blicke auf sich zogen. Wir betraten das Gebäude. Ein großer Shop nahm uns in Empfang. Hier konnte man alles rund um den Wassersport käuflich erwerben. Am hinteren Ende des Geschäftes befand sich ein Servicetresen für die Tourgäste. Dort hatte sich bereits eine kleine Schlange gebildet. Ich erkannte unsere Mitreisenden aus dem Van. Wir stellten uns ebenfalls an, und als wir an der Reihe waren, identifizierte ich uns über das Ticketvoucher. Wir bekamen kleine Papierarmbänder ums Handgelenk gebunden, so wie man es aus dem All-inclusive-Urlaub kennt.

Dann bat uns ein freundlicher junger Mann in den Außenbereich hinter das Gebäude. Dort befanden sich u. a. die Umkleiden und abschließbare Fächer für mitgebrachte Utensilien, die man nicht mit aufs Meer nehmen wollte. Der sympathische, junge Mann stellte sich unserer Gruppe vor. Chad war sein Name. Chad erklärte uns, dass er unseren Ausflug als Guide begleiten werde. Eine große Tafel hing an der Gebäudewand. Schematisch war darauf die *Kailua Bay* gezeichnet. Chad gab uns allen anhand dieser eine Sicherheitseinweisung, erklärte Strömungen, die Lage der Riffe, Verbotszonen. Er zeigte uns an der Tafel unseren Einstiegspunkt in den Pazifik und unsere Route, welche wir übers offene Wasser im Kajak zurücklegen würden. Unser Ziel war eine kleine Insel, die sich flach aus dem Meer erhob, *Flat Island*. Ihr hawaiianischer Name lautet *Popoi'a Island*. Anschließend erhielten wir nochmals Instruktionen und Rettungswesten. Dann begann die Zuteilung der Kajaks. Detlef und Ines suchten sich ein Doppelkajak aus. Lothar und ich entschieden uns ebenso. Da der Strand einen Fußmarsch von etwa zehn Minuten entfernt war, bekamen wir kleine Slipwagen. Auf diesen legten wir unsere Kajaks ab und konnten sie ohne große Mühen hinter uns herziehen. Unsere Gruppe zog gemächlichen Schrittes im Gänsemarsch durch *Kailua* in Richtung Strand. Die Kajaks im Schlepptau. Dabei hatten wir Gelegenheit, die Umgebung ein klein wenig zu erkunden.

Hübsch war es dort, in *Kailua*! Die Vorgärten der schmucken Wohnhäuser sahen sehr gepflegt aus. Es gab viele Häuser im Bungalowstil, aber auch mehrstöckige Bauten. Es fiel uns immer wieder auf, dass es wenige Häuser gab, die aus Stein errichtet worden waren. Für eine Vielzahl von Häusern wurde das preislich günstigere Baumaterial Holz verwendet. Das hat in allererster Linie mit den Kosten zu tun. Denn jeder Mauerstein, jede Schraube, jedes Fenster und jede Bodenfliese müssen vom Festland antransportiert werden, da Hawaii ja nicht über die entsprechende Industrie verfügt, um derlei Produkte herzustellen. Die Entfernung zwischen dem nordamerikanischen Kontinent und Hawaii beträgt rund 4.000 Kilometer. Der Antransport der Waren vom Festland herüber auf die hawaiianischen Inseln kostet natürlich und schlägt sich auf deren Endpreis nieder. Also gehen viele hawaiianische Menschen den Weg, nicht ständig neue Dinge zu kaufen, sondern aus dem Vorhandenen das Beste zu machen, zu improvisieren, zu tüfteln, so wie wir es als Bewohner der ehemaligen DDR auch taten. Wir „Ossis" taten es aus Gründen der Nichtverfügbarkeit, weil es viele Dinge des täglichen Lebens einfach nicht immer zu kaufen gab oder bestimmte Waren nur in limitierter Menge erhältlich waren. Wir vier, als Bewohner der neuen Bundesländer, haben uns nach der Wiedervereinigung der beiden deutschen Staaten sehr schnell an das ständige Überangebot an Waren gewöhnt und es anfangs sehr gern als gegeben angenommen. Mittlerweile betrachten wir die Unmengen der Waren mit kritischen Augen. Hier auf Oahu holte mich die Erinnerung an die Lieferengpässe unserer damaligen (DDR-)Heimat überraschend ein und baute eine gedankliche Brücke für mich. Um besser zu verstehen, weshalb hier im Paradies nicht immer alles perfekt aussah.

In *Kailua* jedenfalls blühte es nicht nur in den Gärten kunterbunt. Auch die Straßenränder und freien Flächen waren bewachsen mit allerlei tropischen Bäumen, Büschen und Sträuchern. Die Pflanzen entfalteten zu unserer großen Freude ihre leuchtende Farbenpracht! Mir fiel auf, dass sich die Straßen in einem top Zustand befanden. Unsere Slipwagen surrten über den Asphalt, und Fahrzeuge überholten uns.

Sie drosselten ihr Tempo und nahmen Rücksicht auf unsere kleine Kolonne. Dann machte unsere Straße einen Bogen, und wir hatten eine große Wiese erreicht, an welche sich der Strand anschloss. Eigentlich sah es mehr wie eine Parkanlage aus, denn auch hier standen wunderschöne Bäume hinunter bis an den Strand. Unsere Slipwagen stellten wir ab und bildeten Zweierteams. Die Kajaks mussten nun über die Wiese bis an den Strand transportiert werden. Die Männer waren kräftig und zogen je ein Kajak hinter sich her. Den Frauen fiel das schon schwerer. Also fragte ich eine junge Amerikanerin, ob sie Unterstützung benötigen würde. „Oh, yes!", war ihre Antwort. Und so schnappte sich jede von uns ein Seil am anderen Ende ihres Kajaks, und wir trugen es zum Strand.

Oh, ja! Der Strand ... Der *Kailua Beach* war der schönste Strand, den ich jemals gesehen habe! Noch schöner als der *Secret Beach*, welcher mich ja schon umgehauen hatte. *Kailua Beach* war paradiesisch, traumhaft, umwerfend, grandios, fantastisch, atemberaubend. Ich finde nicht genug Adjektive, die seine natürliche Schönheit anerkennend beschreiben. Der breite Strand war von Bäumen gesäumt und erstreckte sich kilometerlang. Sein hellbeigefarbener Sand war feinkörnig, und die Aussicht auf das Meer war faszinierend und fesselnd. Ich wusste gar nicht, wohin ich zuerst blicken sollte. So viele Inseln lagen vor der Küste *Kailuas*! Da war erst einmal *Flat Island*, die Insel, zu welcher wir paddeln wollten. Im wahrsten Sinne des Wortes lag sie flach wie ein Brett mitten im Ozean vor uns. Rechterhand erhoben sich *Nā Mokulua* (die Zwillingsinseln) *Moku Nui* und *Moku Iki* aus dem Pazifik. Ihre Form erinnerte mich an kleine Pyramiden. Und geradezu, weiter hinten am Horizont in einigen Kilometern Entfernung, präsentierte sich die Schildkröteninsel. Sie sah wirklich aus wie eine im Meer schwimmende Schildkröte im Profil: voran der Kopf mit dem Hals, an welchen sich der riesige Panzer anschloss. Witzig!

Unser Guide Chad erschien. Er gab uns noch einige letzte Hinweise, denn das offene Meer ist nicht ganz ungefährlich. Dann ging es endlich los. Wir zogen nacheinander unsere Kajaks ins Wasser und nahmen Kurs auf die Zwillingsinseln. Allen voran unser Guide, unsere kleine Reisegruppe, auf zehn Kajaks verteilt, folgte ihm. Die knallgelben Blätter unserer Paddel tauchten in das kristallklare Wasser. Schnell ließen wir den Strand hinter uns. Chad war sehr aufmerksam. Immer wieder stoppte er, um sich zu vergewissern, dass auch niemand den Anschluss verlor. Wir waren schon ein ganzes Stück vom Ufer entfernt, als Chad uns bat, eine kurze Pause auf dem Wasser einzulegen. Er deutete mit dem Zeigefinger auf das Ufer und versorgte uns mit interessanten Fakten und außergewöhnlichem Hintergrundwissen über den kleinen Ort *Kailua*. Aber bereits nach einigen Sätzen war ich nicht mehr bei Chad. Ich hörte seine gesprochenen Worte nicht mehr. Ich war in meiner eigenen Welt. Der Anblick der Küstenlinie hatte mich schlichtweg überwältigt. Hier vom Meer aus konnten wir die gesamte Breite des *Kailua Beach* bis hin zum sich anschließenden *Lanikai Beach* überblicken.

Wow! Was für ein Panorama! Als Zeitzeuge hawaiianischer geologischer Geschichte richtete sich im Hintergrund majestätisch das *Koʻolau*-Gebirge auf. Nicht wie eine ebene Wand, sondern wellenförmig erhob sich sein Relief in einem ständigen Auf und Ab. Viele kleinere dieser Aufwölbungen reichten fast bis an das Meer. Sie waren bebaut mit Häusern, unten vom Strand bis fast zur Spitze der Hügel. Eingebettet in sehr viel Natur, blitzten die weißen Häuserfassaden und roten Dächer zwischen dem sie umgebenden Grün hervor. Zwischen den Häusern und dem Meer lag nur noch der Strand. Ich versuchte, mir den Ausblick von den Häusern aus in Richtung Ozean vorzustellen: morgens zu erwachen, die strahlende Sonne und ein paar Zuckerwattewolken am Himmel ziehen zu sehen. Mit Blick auf die von der Natur im Pazifik so sorgsam verteilten Inseln und all die Farbenpracht!

Ich würde jeden Tag mit einem Bad im Meer beginnen und beenden! Ob das die hier lebenden Menschen so handhabten?

Lothars Stimme riss mich aus meinen Träumereien. „Silke, es geht weiter!" Unsere Gruppe hatte sich bereits in Bewegung gesetzt und war uns ein Stück voraus. Unser Kajak war ein kleines Stück seitlich abgetrieben. Simultan tauchten unsere Paddel ins Wasser. Aber was war das? Mein Herz blieb fast stehen! Direkt unter uns befand sich ein Riff. Es erhob sich bedrohlich unter der Wasseroberfläche und schien gleich unseren Bootsrumpf zu berühren. Ich war furchtbar erschrocken! Ich rief, so laut ich konnte, zu Chad hinüber, dass hier Felsen im Meer seien und ob das ein Problem sei. Chad blieb gelassen. Er winkte mit dem Arm, dass wir ein Stück weiter in die Fahrrinne der Gruppe hinüberpaddeln sollten, und zeigte mit beiden Händen, dass zwischen der Wasserlinie und den Riffspitzen noch 50 Zentimeter Abstand lägen. Okay. Mulmig war mir trotzdem. Mir kam augenblicklich die schematische Zeichnung an der Häuserwand des Kajakverleihs zurück ins Gedächtnis. Die Worte „boundary line" und „dangerous reef" hatten auf einmal, hier draußen auf dem Meer, eine ganz andere Wichtung. Wer hier mit einem Surfbrett ins Wasser geht, der muss den Ozean und die lokalen Gegebenheiten schon ganz genau kennen! Als Surfer hier vom Board zu stürzen und auf so einem Riff aufzuschlagen, das wäre lebensgefährlich! Zum Glück war das Wasser ruhig und weder unsere Paddel noch unser Bootsrumpf berührten das Riff. Wir fuhren im Wasser eine Wende und steuerten nun auf *Flat Island* zu.

Nach 45 Minuten landeten wir am winzigen Strand der kleinen Insel an. Wir alle entledigten uns zuerst einmal unserer Schwimmwesten, denn es war sehr heiß, und Schatten würde erst wieder am *Kailua Beach* verfügbar sein. Chad rief unser Team zusammen. Er erklärte uns einige Vorschriften, welche es auf *Flat Island* zu beachten galt. Denn *Flat Island* ist Teil des *Hawaii State Seabird Sanctuary*. Die kleine Insel ist geschützter Lebensraum für Tausende dort nistender Seevögel. Bevor unsere Ökowanderung rund um die Insel begann, verteilte Chad an jedes Gruppenmitglied einen kleinen Snack und eine Flasche Wasser. Das tat gut und war erfrischend! Bei unserer Wanderung über die flache Insel war höchste Konzentration gefordert. Die Augen waren ständig auf den Boden gerichtet, denn das Vulkangestein war uneben und scharfkantig. Chad machte regelmäßig Pausen, um uns an seinem umfangreichen Wissen teilhaben zu lassen. Der hawaiianische Name *Flat Islands* lautet *Popoiʻa,* und das bedeutet so viel wie „fauler Fisch". In der Inselmitte hatten vor langer Zeit hawaiianische Fischer einen Schrein errichtet. Dort wurden den Göttern Opfergaben dargeboten, um diese um einen guten Fischfang zu bitten und milde zu stimmen. Der Schrein wurde jedoch im Jahre 1946 von einem Tsunami zerstört. Heute nisten schätzungsweise 3.000 Keilschwanzsturmtaucher in Sinklöchern auf *Flat Island.* Wir mussten also ganz schön aufpassen. Schließlich wollten wir auf keinen Fall die Nester der Seevögel zertreten.

Wir liefen weiter und sahen eine kleine, vor *Flat Island* liegende Sandbank. Diese ragte aus dem Wasser und teilte den Pazifik. Sie erweckte den Eindruck, als würden dort zwei Ozeane aufeinandertreffen. Vorbei ging es an Gezeitenpools, in deren glasklarem Wasser sich Tausende von Fischlein tummelten, ich denke es waren Seenadeln. Lothar meinte jedoch, es seien Hornhechte. Ich übersetzte Fragen und Antworten zwischen Chad und meiner Familie hin und her und wurde immer wieder von einem Gefühl der Leichtigkeit eingeholt. Diese Leichtigkeit hatte eindeutig mit diesem Ort zu tun, mit Hawaii oder, genauer gesagt, mit Oahu. Es waren die Sonne, der angenehme Wind, das Meer, die Natur, die Farbenpracht und die Menschen, so wie jetzt gerade unser sympathischer Guide Chad. Wir hatten die Insel fast umrundet, da gab es noch einen kleinen Fotostopp. Chad bot an, von Ines, Detlef, Lothar und mir eine Fotoaufnahme zu machen mit den

Zwillingsinseln im Hintergrund. Das nahmen wir gern dankend an. Dann waren es nur noch ein paar Meter bis zu unseren Kajaks. An unserer Anlandungsstelle sprangen wir noch mal ins Wasser und kühlten uns ab, bevor wir zurück an den Strand von *Kailua* paddelten. Den Blick von hier aus auf *Kailua* und *Kailua Beach* habe ich tief in mir eingeschlossen. Tränen füllten meine Augen. Ich war glücklich, dies alles zu sehen. Es wirklich zu erleben, war ein unglaubliches Geschenk. Es war *Aloha*, das ich fühlte.

Nach 30 Minuten hatten wir dann wieder festen Boden unter den Füßen: *Kailua Beach*. Der Ausflug über das Wasser hatte uns allen sehr gefallen. Es ging langsam auf die Mittagzeit zu. Wir schnappten unsere Kajaks, setzten sie auf die Slipwagen und zogen im Konvoi zurück zum Kajakverleih. Unsere kleine Reisegruppe trennte sich dort erst einmal. Ines, Detlef, Lothar und ich holten unsere Taschen aus den Schließfächern und zogen uns trockene Sachen an. Da uns inzwischen der Magen knurrte, beschlossen wir, essen zu gehen. Gleich um die Ecke befanden sich mehrere Geschäfte und u. a. auch eine Pizzeria, welche nur wenige Schritte entfernt war. Wir traten in den kleinen Verkaufsraum ein. Es duftete köstlich nach dem italienischen Nationalgericht. An einer großen Tafel waren die unterschiedlichen Pizzavariationen angeschrieben. Nachdem jeder von uns seine Wahl getroffen hatte, bestellte ich. Bezahlt habe ich mit Gutscheinen, welche wir vom Kajakverleih beim Check-in erhalten hatten, da die Verpflegung im Gesamtpreis der Buchung enthalten war. Prima! Vor der Pizzeria waren im Außenbereich hübsche Sitzgelegenheiten und Tische aufgestellt. Wir nahmen an einem kleinen Tisch Platz. Ein Sonnenschirm spendete uns Schatten. Wir mussten gar nicht lange warten, da wurden uns auch schon unsere bestellten Mahlzeiten an den Tisch gebracht. Auf einem sehr großen, runden Tablett lagen für jeden von uns zwei übergroße Pizzastücke bereit. Na, dann mal: „Guten Appetit!" Wir ließen es uns genüsslich schmecken und beratschlagten nebenbei, wie wir den Rest des Nachmittages (knapp zwei Stunden) in *Kailua* verbringen wollten. Wir könnten Fahrräder ausleihen und über *Lanikai* in Richtung *Waimanalo* fahren. Oder wir könnten Segways mieten und damit umherdüsen. Das macht bestimmt auch Spaß! Oder wir schnappen unsere Taschen, gehen zurück an den traumhaft schönen Strand und bleiben dort.

Unsere einstimmig getroffene Wahl fiel auf den Strand, und nachdem sich kein Krümelchen Pizza mehr auf unseren Tellern befand, machten wir uns erneut auf den Weg zum *Kailua Beach*. Wir nahmen diesmal eine leicht modifizierte Route, bogen nicht mit der Hauptstraße ab, sondern folgten einem kleinen Pfad, welcher geradezu auf den Strand führte. Der schmale, sandige Weg wirkte wie verzaubert. Links begleiteten ihn aneinandergereiht wachsende Bäume, an welchen ein Fahrrad lehnte. Auf der rechten Seite wurde er von einem Dickicht immergrüner tropischer Gewächse begrenzt. Nach vorn blickend, erkannten wir das Blau des Meeres, welches durch das tief hängende Geäst der Bäume schimmerte. Der Weg war leicht abschüssig und endete auf einer von Gras bedeckten Düne. Alte Bäume, krumm und schief gewachsen, streckten ihre Äste weit von sich. Der Passatwind, welcher nie ruht, hatte sie ihr ganzes Baumleben lang gebeugt. Sie hatten sich gefügt, ergeben wuchs ihr Astwerk in fast horizontaler Richtung zum Boden, in welchem ihre starken Wurzeln sie verankerten. Eine andere Baumart wiederum schien den Passatwinden zu trotzen. Aufrecht und respektabel erhoben sich diese Bäume als eine von der Natur gezogene Grenzlinie zwischen Strand und Dünen bzw. Rasenflächen, linkerhand strandaufwärts und rechterhand strandabwärts.

Im Schatten dieser Bäume und Palmen hatten es sich einige Strandbesucher bequem gemacht. Kinder bauten Sandburgen, und Spaziergänger suchten das Ufer nach Strandgut ab. Die Szenerie hatte etwas

Friedvolles. Im Wasser war da schon etwas mehr los. Dort wurde geplantscht, geschwommen, geschnorchelt. Stand-up-Paddler und Kajakfahrer bewegten sich elegant auf dem ruhigen Wasser und umschifften die Inseln, die verstreut im Pazifik vor der Küste *Kailuas* lagen. Weiter draußen wurden Kitesurfer meterhoch über den Ozean von ihren Kiteschirmen in den Himmel getragen. Der wirklich breite, kilometerlange Strand bot verschwenderischen Platz für all seine Besucher. Wir erblickten einen herrlichen Baum und deponierten darunter unsere mitgebrachten Utensilien. Schnell zogen wir uns bis auf die Badesachen aus, und dann endlich liefen wir durch den heißen, weichen Sand auf die Uferlinie zu. Meine Füße wurden vom warmen Wasser umspült. Es brauchte überhaupt keine Überwindung, um hineinzuspringen. Ich weiß nicht, ob es vielleicht an der einsetzenden Tide des Pazifiks lag, welche den feinen Sand im Wasser aufwirbelte ... Jedenfalls war das Meer hier, an dieser Stelle, milchig-türkisfarben. Es wirkte wie verschleiert. Auch in Ufernähe konnten wir in dem trüben Wasser nicht unsere Füße erkennen. Was ich aber augenblicklich wahrnahm, war die Konsistenz des Meeresbodens. Der Sand hatte sich hier derart verfestigt, dass es sich anfühlte, als liefe man auf einem ebenen, unnachgiebigen Untergrund. Da das Meer so angenehm warm war, verbrachten wir eine lange Zeit damit, zu schwimmen, zu baden, zu schnorcheln. Detlef hatte seine Kamera dabei, und so fragte ich meine Truppe, ob wir nicht noch ein paar Erinnerungsfotos machen wollen. Wollten wir alle! Ich unterbreitete den anderen dreien einen witzigen Vorschlag.

Im Internet hatte ich Fotos gesehen, welche genau hier, vor der malerischen Kulisse des *Kailua Beach*, aufgenommen wurden. Auf den Fotos waren im Ozean zwei Personen nebeneinander untergetaucht, sodass von der einen Person nur die linke Hand und von der anderen Person nur die rechte Hand aus dem Wasser ragte. Beide Hände formten ein *Shaka*, den Gruß aller Surfer weltweit. Vollkommenheit fand die Fotoaufnahme durch die sich im Hintergrund befindenden Zwillingsinseln. Wir vier waren uns sofort einig. So ein Foto wollten wir unbedingt auch nachstellen. Wir haben etwa 20 Minuten damit verbracht, ein annähernd ähnliches Bild, wie ich es online entdeckt hatte, hinzubekommen. Es war sehr lustig! Irgendwie hatten Ines und ich zu viel Auftrieb im Wasser und gingen einfach nicht so richtig unter. Ich schwamm ständig „Kiel oben", sodass auf einigen Bildern nur mein Bauch aus dem Wasser ragte. Detlef versuchte, Ines zu umschlingen, um sie so unter Wasser zu halten. Es sah aus, als ob die beiden ein riesiges Knäuel gebildet hätten, dass nur schwerlich zu entwirren war. Wir erlebten ausgelassene Minuten der Unbeschwertheit, haben herzlich gelacht und herumgealbert. Das Niveau der Fotoaufnahmen aus dem Internet haben wir nicht erreichen können. Aber dennoch ist jede einzelne Aufnahme in meinem Fotoalbum gelandet als Erinnerung an sorglose, ungezwungene Augenblicke. Jedes Mal, wenn ich die Aufnahmen anschaue, bringen sie mich zum Schmunzeln, und ich kann dieses Gefühl ungetrübter Lebendigkeit abrufen!

Nach unserer kleinen Fotosession im Pazifik schnorchelten wir noch ein wenig. Aber auch weiter draußen im Meer war die Sicht nicht sonderlich gut. So beschlossen wir, zurück an den Strand zu schwimmen, um uns dort noch ein wenig in den Sand zu setzen. Als wir unsere Schnorchelmasken unter unserem Baum ablegen wollten, sprach uns auf dem Weg dorthin ein älteres hawaiianisches Paar an. Sie fragten, wie die Masken funktionierten, ob sie dicht halten würden und kein Wasser eindringen ließen. Und als sie bemerkten, dass wir keine Amerikaner sind, folgte die Frage nach unserer Herkunft. Als das Ehepaar hörte, dass wir aus Deutschland kommen, berichtete es uns, ebenfalls Verwandtschaft in „Germany" zu haben. Ich freute mich über die Offenheit des Ehepaares, das, stellvertretend für die Menschen Hawaiis, freundlich, aufgeschlossen und interessiert auf uns zuging. Ines, Detlef, Lothar und ich waren fortwährend erstaunt, wie viele dieser Familienbande, die Hawaii mit Deutschland verknüpften, uns während unseres Urlaubes auf Oahu begegneten.

Dafür gibt es jedoch eine sehr simple Erklärung. Nach dem Ende des Zweiten Weltkrieges übernahmen bis zur Gründung der beiden deutschen Staaten im Jahre 1949 die vier Siegermächte (Frankreich, England, die Sowjetunion sowie die USA) vorübergehend die Regierungsgewalt in Deutschland. Die Besatzungsstreitkräfte waren am Wiederaufbau beteiligt und unterstützten die Aufrechterhaltung von Gesetz und Ordnung. Zu diesem Zwecke wurden an verschiedenen Standorten in Deutschland u. a. US-amerikanische Soldaten stationiert. Die Stationierung von US-Truppen in Deutschland dauert bis in die heutige Zeit an. Nicht selten kam es vor, dass sich dann im Laufe der Zeit ein Soldat der US-Army in eine deutsche Frau verliebte oder umgekehrt. Es kam sogar ziemlich oft vor. Sogar so oft, dass die Regierung der USA sich veranlasst sah, nach dem Zweiten Weltkrieg ein Gesetz zu erlassen, das „War Brides Act". Denn weltweit waren US-amerikanische Truppen im Ausland stationiert, und aus all diesen Ländern kehrten Soldaten zurück, die sich in der Ferne verliebt, verlobt und geheiratet hatten. Diese Soldaten wollten ihre Ehefrauen oder Verlobten mit in die USA bringen, ohne dass diese jedoch im Besitz eines Visums waren. Und durch das „Kriegsbräutegesetz" wurden diese Familienzusammenführungen und Einwanderungen legitimiert und ermöglicht. Und so gibt es viele hawaiianisch-deutsche Familien, die ganz gewiss auf eine spannende Familiengeschichte zurückblicken können.

Wir blickten derweil auf den Ozean, saßen am *Kailua Beach* und genossen die letzten Minuten an diesem paradiesischen Ort. Als wir uns auf den Weg zurück zum Kajakverleih machten, versuchte ich, den Gedanken an unsere Abreise am darauffolgenden Tag mit aller Kraft zu verdrängen. Unterwegs wollte ich die farbenfrohen, idyllischen Bilder vor meinen Augen, die Gerüche, die Geräusche, den Geschmack des salzigen Meerwassers in mir bewahren. Diese Erinnerungen an Oahu würden vielleicht alles sein, was mir nach unserer Rückkehr nach Deutschland von unserer Reise ans andere Ende der Welt bleibt. Wir würden vielleicht nie wieder zurückkehren können. Schon allein aus finanzieller Sicht. Ich spürte, wie sich meine Schultern senkten, weil sich Traurigkeit auf ihnen ablegte. Nein! Nicht jetzt! Ich will nicht traurig und nachdenklich sein! Ich möchte jede Minute, die wir noch hier auf Oahu verbringen, mit allen Sinnen genießen! Also Kopf hoch, Schultern zurück und sich an dem erfreuen, was das Hier und Jetzt bereithält!

Wir erreichten den Kajakverleih. Mehrere Vans standen auf dem Parkplatz. Eine junge Frau hielt eine Liste mit Buchungsnummern in der Hand. Ich nannte ihr meinen Namen, und sie wies uns einem Fahrzeug zu. Wir stiegen ein. Ich setzte mich nach vorn auf den Beifahrersitz. Das war eine gute Entscheidung. Durch die große Windschutzscheibe hatte ich einen fantastischen Blick und eine super Position, um Fotos zu schießen. Wir befanden uns bereits auf dem Rückweg nach Honolulu, als die Fahrerin unseres Vans bemerkte, dass ich immer wieder fotografierte. Sie stellte extra für mich ihre Scheibenwischanlage an, um so für eine klare Sicht durch die Frontscheibe zu sorgen. Das war supernett! „Mahalo!" Ich bedankte mich lächelnd und erfreut über diese aufmerksame Geste, und schon verbrachten wir den Rest der Fahrt mit einer wirklich angenehmen Unterhaltung. Eine halbe Stunde später war es dann so weit. Unsere liebenswürdige Fahrerin setzte uns an unserem Hotel in Honolulu ab. Dies war der Schlusspunkt unseres wundervollen Ausflugstages nach *Kailua*. Einen schöneren letzten Tag auf Oahu hätte ich mir nicht vorstellen können. Wir vier waren begeistert von dem, was wir erlebt hatten, und von dem, was der Tag an Überraschungen für uns bereitgehalten hatte. Diese Überraschungen waren für mich die schönsten aller Momente.

Das waren Momente, die ich nicht organisiert hatte. Augenblicke, die nicht geplant oder vorhersehbar waren und die sich als mitreißende, bezaubernde und beglückende Erlebnisse in unsere Herzen und Köpfe eingebettet hatten. Danke dafür! *Mahalo nui loa!*

Abschied von Oahu –
gibt es jemals eine Rückkehr ...?

Es war der (sehr) frühe Morgen des 22. Mai. Gegen 4 Uhr (*Honolulu time*) schrillte der Reisewecker. Ich hatte äußerst unruhig geschlafen. Ohnehin war die Nacht sehr kurz. Als ich die Augen öffnete, war sie sofort da. Eine furchtbare Empfindung. Negativ hatte sie sich augenblicklich über meinen ganzen Körper gestülpt. Wie eine feste, unangenehme Umarmung umklammerte mich ein schmerzendes Gefühl aus Traurigkeit. Es war so weit. Der Tag unserer Abreise lag vor uns. In ein paar Stunden würden wir im Flieger sitzen, und diese einzigartige Insel und ihre wunderbaren Menschen verlassen. Mein Blick fiel auf die gepackten Koffer, die wir an die Zimmertür geschoben hatten. Es war ein trostloser Anblick. Während ich im Badezimmer verschwand, kochte Lothar ein letztes Mal den morgendlichen *Kona*-Kaffee für uns beide, den er so sehr mochte. Als ich zurückkehrte, hatte Lothar seinen Becher schon geleert und begab sich wortlos ins Bad.

Ich setzte mich mit meinem Kaffeebecher auf unseren kleinen *Lanai* und ließ gedankenversunken die Augen über die Umgebung schweifen. In der Apartmentanlage und dem Hotel nebenan herrschte Stille. Es war auch kein Verkehr auf der *Kalakaua Avenue* auszumachen. Der *Diamond Head* hatte im noch dämmrigen Morgenlicht eine dunkelbraune Verfärbung angenommen. Er wird hier noch in Jahrmillionen als Wahrzeichen und Dokument erdgeschichtlicher Veränderungen und Geschehnisse vorhanden sein, dachte ich und betrachtete ihn noch einmal mit aller Aufmerksamkeit. Vielleicht war es das letzte Mal, dass ich ihn sehen würde ... Dann richtete ich meinen Blick nach rechts auf den Pazifik. Seitlich befand sich ein breiter Spalt zwischen den Häuserwänden unseres Hotels und denen des benachbarten Apartmentkomplexes. Dort hindurch war es mir möglich, das Meer zu erkennen. Es war ruhig. Ich konnte nur leichte Wellenbewegungen ausmachen. Sanftes Rauschen drang bis zu mir herüber. Ein friedvoller Anblick. Mein Becher *Kona*-Kaffee war inzwischen ausgetrunken. Mit einem tiefen Seufzer verließ ich unseren *Lanai* und trat zurück in unser kleines Hotelzimmer, welches uns drei Wochen lang angenehm beherbergt hatte. Selbst dort fiel es mir schwer, Adieu zu sagen.

Lothar hatte seine Morgentoilette beendet, und wir standen uns gegenüber. Er kennt mich genauso gut wie ich ihn. Er wusste, was ich fühlte und was ich in diesem Moment brauchte. Er nahm mich in seine Arme. So standen wir im Halbdunkel unseres Zimmers, und ich kämpfte mit dem Kloß in meinem Hals. So verwunderten mich auch nicht seine Worte, als er sagte: „Silke, irgendwann ist nun auch mal dieser Urlaub vorbei! Daran lässt sich nichts ändern! Freuen wir uns jetzt auf unsern Sohn, unsere Familie und unser Zuhause!" Ich wusste, er hatte recht! Seine klaren, nüchternen Worte sind oftmals hilfreich, wenn ich mich in großer Emotionalität verrenne. Dann ist es gut, ihn neben mir zu wissen mit einer deutlichen Aussage, die mir einen Weg aus meinem Gefühlschaos weist. Ein Kuss, dann lösten wir uns aus unserer Umarmung und schoben unsere Koffer aus dem Hotelzimmer.

Als die Tür hinter uns ins Schloss fiel, fühlte ich mich wie ausgesperrt. Wir fuhren mit dem Lift hinunter in die Lobby. Dort checkten wir aus. Das freundliche „Aloha!" der Rezeptionistin konnte nichts an meinem betrübten Gemütszustand ändern. Ich hatte mich am Vortag bereits an der Rezeption von den liebenswürdigen Hawaiianerinnen verabschiedet, die uns jederzeit bereitwillig unterstützten, uns immer ein Lächeln und lieb gemeinte Worte mit auf den Weg gaben. Es lag mir viel daran, ihnen meinen aufrichtig gemeinten Dank auszusprechen. Sie verstanden meine wertschätzenden Worte und waren sichtlich gerührt. Aber nun verabschiedeten wir uns mit einem „Aloha!" und traten vor das Hotelgebäude. Auf einer Bank saß Ines. Ein Nackenhörnchen lag auf ihrem Schoß. Neben ihr standen zwei Koffer. Wir begrüßten uns mit einer Umarmung. Ines lächelte, war jedoch auffallend still. Sie ist ein positiver Mensch. Aber auch ihr fiel der Abschied von Oahu nicht leicht. Detlef trat zu uns heran, und so warteten wir vier auf Bill, unseren Taxifahrer, welcher uns so vortrefflich und hingebungsvoll durch den *Hoʻomaluhia Botanical Garden* begleitet hatte. Keinem von uns war nach Konversation zumute.

Als unser Taxi auf den Parkplatz fuhr, hüpfte mein Herz noch einmal vor Freude. Wir würden Bill, der für einen Tag lang zu unserer *Ohana*, unserer Familie, gehört hatte, noch einmal sehen und uns von ihm verabschieden können. Aber der Schock folgte! Dem Taxi entstieg ein völlig fremder Mann. Keine Spur von Bill. Offenbar hatte er die Tour an einen Kollegen abgeben müssen. Dieser war alles andere als redselig. Stumm nahm er unsere bereitstehenden Koffer und verstaute sie im Kofferraum seines Gefährtes. Als wir alle im Taxi saßen, sagte ich ihm noch einmal, zu welchem Gate am Flughafen wir wollten und mit welcher Fluggesellschaft wir fliegen würden. Er nickte. Das Taxi setzte sich in Bewegung. Wir fuhren ein kleines Stück am *Kapiʻolani Park* entlang in Richtung Südosten, dann zurück durch Waikiki, und keine 20 Minuten später erreichten wir den „Daniel K. Inouye International Airport". Als der Taxifahrer unsere Koffer auf dem Bürgersteig abstellte, kam mir das wie ein Rausschmiss vor. Der Fahrer hatte natürlich nichts mit meinem seltsamen Gefühl zu tun. Ich glaube, ich empfand so, weil ich mir so sehr wünschte, dort bleiben zu können, und weil ich nicht abreisen wollte.

Dann ging alles sehr schnell. Auf dem Flughafen war man gut organisiert. Wir gingen durch die Kontrolle der *U.S. Agriculture Inspection*. Das ist wichtig! Die Inspektion durch das US-amerikanische Landwirtschaftsministerium erfolgt in jedem Fall, auch bei allen abgehenden Flügen, die mit dem Festland verbunden sind. So will man die Verbreitung von schädlichen Insekten oder gefährlichen Pflanzenkrankheiten unterbinden. An den Check-in-Automaten lasen wir unsere Reisepässe und Tickets ein. Es half nichts! Ich erwischte mich dabei, wie ich immer wieder zurückblickte zu den Glastüren, die einen Blick nach draußen freigaben. Doch es gab kein Zurück mehr! Wir passierten die Sicherheitskontrollen. Im Flughafengebäude waren die Geschäfte noch geschlossen. Es war ja erst 5.30 Uhr. Ein Coffeeshop hatte geöffnet. Da niemand von uns vieren Kaffee trinken wollte, zogen wir mit unseren Handgepäck-Trolleys auf direktem Weg weiter zu unserem Abfluggate. Ines und ich nahmen Platz. Unsere beiden Männer wollten noch ein wenig umherlaufen und sich startende und landende Maschinen ansehen. Das Gespräch zwischen Ines und mir fiel eher verhalten aus. Uns war einfach nicht so nach Reden zumute. Es nahmen immer mehr Reisende neben uns Platz, und eine rege Betriebsamkeit am *Boarding-desk* ließ erahnen, dass unser Flug recht bald aufgerufen würde. Das Boarding begann. Wir reihten uns in die Schlange wartender Flugpassagiere ein. In der kleinen Maschine überließ mir Lothar, süß, wie er ist, wieder einmal den Fensterplatz.

Als unser Flugzeug sich in Bewegung setzte, fuhren wir an anderen, noch auf dem Boden stehenden Maschinen vorbei. Ein Flugzeug der „Southwest Airline" glänzte im Licht der aufgehenden Sonne. „Southwest", das waren doch die Sponsoren des Popcorns und der *Coins* beim „Sunset on the Beach". Der aufregende Kinoabend am *Queen's Beach* fiel mir augenblicklich wieder ein. Dort! Eine Maschine der „Hawaiian Airline"! Das Flugzeugchassis war verziert mit dem Antlitz einer hübschen Frau, die in ihrem Haar eine Hibiskusblüte trug. Hula – war meine sofortige Assoziation. Unser Flieger zog eine Kurve am Boden. Mächtige Transportflugzeuge des Militärs standen bereit, um betankt zu werden. Pearl Harbor! Mein Kopf hörte einfach nicht auf, mir unentwegt Bilder zu senden. Unser Flieger positionierte sich auf dem Flugfeld. Beim Blick aus dem Fenster sah ich in weiter Entfernung die

Silhouette des *Diamond Head.* Von hier aus erschienen seine Konturen in einer anthrazitgrauen Färbung. Über ihm lichtete sich die Wolkendecke. Und dort, wo die Sonne sie aufgesogen hatte, war der Blick auf einen blau strahlenden Himmel freigegeben. Dieser Anblick begleitet mich heute noch. Tränen stiegen in meinen Augen auf. Ich konnte sie nicht zurückhalten. Es war wirkliche Traurigkeit, die mich in diesem Augenblick beherrschte.

Die Düsentriebwerke an der Tragfläche unseres Flugzeugs gaben unüberhörbare Geräusche von sich und kündigten den unmittelbar bevorstehenden Start an. Dann ging es los. Der Pilot unserer Maschine gab ordentlich Gas, und unser Flieger raste über die Betonpiste. Ich versuchte, solange es ging, Oahu im Blick zu behalten. Immer wieder musste ich mir die Tränen wegwischen, denn sie behinderten meine Sicht. Wir hoben ab. Unter mir erkannte ich die Flughafenanlage. Die strahlend weißen Gebäude und geparkten Flugzeuge wurden kleiner und kleiner. Dann verschwand die Landmasse aus meinem Blickfeld, und ich wusste, dass von nun an der Pazifik unter uns für viele Stunden unser Begleiter sein würde. Einige Schiffe, große Tanker konnte ich noch ausmachen, bevor auch diese als winzige Punkte, sich meinem Sichtfeld entzogen. Unser Flugzeug stieg höher und höher, und mein Herz wurde schwerer und schwerer ... Ich verstand die Welt nicht mehr! Ich hätte nie damit gerechnet oder niemals auch nur den Gedanken gehabt, dass mir der Abschied von Oahu so schwerfallen könnte! Nicht in dieser Intensität!

Mir war in diesen Momenten bewusst, was ich gemeinsam mit meinem Mann, den ich sehr liebe, sowie mit Ines und Detlef, meiner Familie, erleben durfte. Ein riesengroßes Abenteuer, angereichert mit Liebe, neuen Erfahrungen und Eindrücken und mit ganz viel *ALOHA*! Ich war nicht mehr dieselbe Frau, die vor drei Wochen ein Flugzeug auf dem Frankfurter Flughafen bestiegen hatte. Dass ich dies alles erleben und mich sosehr daran erfreuen konnte, dafür danke ich zutiefst meiner Familie, meinen Freunden und all den Menschen, welche mich während meiner Erkrankung unterstützt und ermutigt haben. Die mir zuhörten, ihre Gedanken und Gefühle mit mir teilten, mich bestärkten. Ich danke meinem Mann, Ines und Detlef, dass sie diese weite Reise mit mir unternommen haben und Momente des Glücks mit mir teilten. Ich danke der wunderschönen Insel Oahu mit ihrer unsagbar faszinierenden Natur und vor allem den Menschen, die mir dort begegneten, mir voller Stolz ihre Heimat ein Stück näher brachten und mich den *Aloha Spirit* durch Freundlichkeit, Liebenswürdigkeit, Herzlichkeit spüren ließen. Ich werde diese Reise niemals vergessen und sie für immer als ein einzigartiges Geschenk empfinden!

Es war wirklich geschehen ... Unser Traum hatte sich wortwörtlich erfüllt! Und unsere, meine Reise nach Hawaii wird für immer als etwas Außergewöhnliches, etwas Kostbares und Wertvolles in meinem Gedächtnis und in meinem Herzen bleiben.

Aloha!

Mahalo nui loa!

Danke von Herzen!

Mein herzlicher Dank gilt Sandrina und Christian, Vincent und Monique, meiner lieben Freundin Manuela, Frau Altmann sowie Thomas. Ihr alle hattet durch eure aufmerksamen Vorschläge und kritischen Anmerkungen positiven Anteil an meinem kleinen Werk. Danke für eure Zeit, eure mit mir geteilten Gedanken. Danke, dass ihr mich auf meinem spannenden Weg bei der Erstellung dieses Buches begleitet habt!

Liebe Ines! Du warst einer der ersten Menschen, die mich ermutigt haben, meine aufgeschriebenen Erinnerungen und Reflexionen in einem Buch festzuhalten. Deine Zuversicht und dein Zutrauen bedeuten mir sehr viel! Ich danke dir dafür!

Danke von Herzen, Lothar, mein Liebster! An vielen Abenden bist du mit mir durch mein Manuskript „gewandert", hast meine Erinnerungslücken mit deinen Betrachtungen der Vergangenheit gefüllt und hast mir beigestanden, wenn wir gemeinsam auf schmerzerfüllte Momente zurückgeblickt haben, über welche ich berichtet hatte. Du hast mich korrigiert, wenn ich mich an eine Begebenheit unseres großartigen Urlaubs anders als du erinnerte oder deiner Meinung nach etwas falsch aufgefasst hatte. Unsere Teamarbeit war eine anspornende, lebhafte, intensive Zeit und es hat Spaß gemacht, mit dir zu prüfen und zu diskutieren. Es war wundervoll, auf diese Weise noch einmal, in die vielen unvergesslichen Erlebnisse unserer Reise gemeinsam mit dir abzutauchen. Du hast mir deine ganze Aufmerksamkeit geschenkt, mich ermuntert, mich Hochschätzung spüren lassen. Dein Glaube an mich sowie dein Vertrauen in meine Fähigkeiten sind für mich von allergrößtem Wert! Aloha!

Es ist mir ein Bedürfnis und liegt mir sehr am Herzen einen Menschen nicht unerwähnt zu lassen – Undine. Wir lernten uns bei unserem gemeinsamen Studium kennen, vor nunmehr 37 Jahren. Von Beginn an waren wir auf einer Wellenlänge und haben uns gut verstanden. Im Laufe der Zeit entwickelte sich daraus eine tiefe Freundschaft. Nein, eigentlich ist es vielmehr! Wir sind Seelenverwandte, Schwestern im Herzen ...

Wenn ich beginne einen Satz zu sprechen, so beendet Undine ihn genau mit den in meinem Kopf gedachten Worten. Und ebenso verhält es sich, wenn Undine zu reden beginnt. Dann vollende ich verbal ihren augenblicklichen Gedankengang ... Es erstaunt uns immer wieder aufs Neue - aber so ist es!!! Und es ist eigentlich auch nicht verwunderlich, denn wir haben die gleichen Wertevorstellungen. Damit meine ich vor allem unsere Ziele im Leben und Erwartungen an das Leben, welche nicht an materielle Dinge gebunden sind, sondern verknüpft an den Wunsch nach Gesundheit für unsere Liebsten. Dem Trachten nach einem respektvollen, liebevollen und wertschätzenden Miteinander innerhalb unserer Familien. Gelebte Toleranz, Loyalität und gegenseitige Unterstützung lassen uns in eine gemeinsame Richtung blicken.

Obwohl wir 250 km entfernt voneinander wohnen, hat diese Distanz uns nie trennen können. Es gab immer Zeiten, da hatten wir mal mehr und dann wieder weniger Kontakt. Aber letzten Endes kam es gar nicht so sehr darauf an, wie oft wir voneinander hörten, sondern wie wir miteinander sprachen ... Denn gerade, wenn es einer von uns beiden schlecht ging, war die andere für sie da. Wir haben in 37 Jahren viel miteinander erlebt ... Geburten, Geburtstage, Taufen, Einschulungen, Jugendweihen, Hochzeiten. Aber auch schwere Schicksalsschläge, Krankheiten, den Verlust geliebter Menschen, Trennungen ... Dann war jede von uns für die Andere eine Art Zufluchtsort. Als ein verlässlicher, verständiger, mitfühlender Mensch. Mit Trost und Beistand, mit ehrlichen Worten, einem klugen Rat oder einfach nur als stumme Zuhörerin. Und manchmal, wenn wir keine Worte fanden, verbanden uns gemeinsam vergossene Tränen oder aber, was viel, viel schöner ist, ein gemeinsames Lachen.

Undine war es auch, welche sich 2016 von Deutschland aus darum kümmerte, dass wir unsere Papiere für einen vorzeitigen Rückflug von Honolulu nach Deutschland bekamen. Sie hat dafür gesorgt, dass sie an unser damaliges Hotel gefaxt wurden. Und wenn wir später über den vorzeitigen Reiseabbruch sprachen, so zeigten mir ihre Fragen, wie interessiert sie daran war zu verstehen, was letztendlich alles dazu geführt hatte.

Und nun, im Jahr 2020, Monate nach unserer zweiten und ganz anders verlaufenen Reise nach Hawaii, bestärkt und unterstützt Undine mich in meinem Bestreben, dieses Buch zu veröffentlichen. Sie hat mein Manuskript von Anfang bis Ende gelesen und es mit vielen Hinweisen und Vorschlägen markiert. Hat ihre Familie mit einbezogen. Alle waren für mich bei der Erstellung des Layouts meines Buches eine Quelle der Inspiration. Eine riesige Hilfe!!! Und sie alle haben ihre freie Zeit geopfert, für etwas, das mir am Herzen liegt!

Liebe Undine!

Ich bin so glücklich und gleichzeitig stolz dich als Freundin an meiner Seite zu wissen. Du bist für mich ein außergewöhnlicher, ein liebenswerter und wertvoller Mensch! Bitte lass mich das zum Ausdruck bringen, indem ich dir hier aus tiefstem Herzen danke!

Mahalo me ke Aloha!

Ein lieber Dank geht unbedingt an meinen Verleger, Herrn Schreiter. In unseren zig Telefonaten waren Sie es nie leid, mir meine vielen Fragen geduldig zu beantworten. Sie haben mir hilfreiche Tipps gegeben und mich ehrliches Interesse spüren lassen. Nach jedem unserer Gespräche konnte ich mich mit neuem Gedankengut und hoch motiviert in einen neuen Arbeitsabschnitt stürzen. Das hat mir sehr viel Freude bereitet! Danke für die äußerst angenehme und bereichernde Zusammenarbeit!

Liebe Leserin, lieber Leser!

Meine ursprüngliche Motivation bestand darin, mir im Stillen etwas von der Seele zu schreiben. Nun ist daraus ein Buch geworden. Etwas, das wir in den Händen halten. Ein zu Papier gebrachter Bruchteil meiner Gedanken, meiner Emotionen, meines Herzens, den ich nun teile, mit Ihnen. Danke dafür, dass Sie sich die Zeit genommen haben, mein Buch zu verinnerlichen. Ich wünsche mir sehr, dass ich Sie gedanklich mitnehmen konnte, auf meine Reise, die mir so viel bedeutet hat und mich immer noch beglückt. Vielleicht sogar, konnte ich Ihr Interesse an Hawaii erwecken – das würde mich unglaublich freuen!

Eure / Ihre Silke Wehmann